《增廣賢文》教你如何說話，也教你如何做人；
《小窗幽記》為人們洗滌心靈的塵埃，看透人性。

# 出社會太久
# 一片冰心成黑心？

掃除幽暗心靈，笑看人生苦難事，
讓古人帶你上一堂為人處世的必修課

編著——
恩維，老泉

**感覺到最近負能量太多，做什麼事都提不起勁？**

放下手邊的工作，拿起書來放鬆一下，
跟著前人的腳步，一起找回真實的自己。

# 目錄

# 目錄

# 目錄

## 第八章　任事者身居事中，當忘利害之慮——悟做事之道



## 第九章　一心可以交萬友，二心不可交一友——悟交際之道



## 第十章　處巧若拙，處明若晦，處動若靜——悟心態法則

# 目錄

# 前言

一個民族，支撐她的，是她的文化。中華傳統文化源遠流長，經歷了五千年的風風雨雨，至今仍左右著我們的一言一行。千百年來為普羅大眾所接受的，並不完全是先賢們的之乎者也，而是世人所認可的歷史上沉澱下來的文明精華！比如：歷史上的孝子名留千古，家家戶戶，不論識不識字，都能講出孔融讓梨的故事，不知經過了多少代人，到現在仍然是教育幼兒的頭號榜樣。這就是文明的薪火相傳，是我們中華五千年屹立不倒的根本支柱！

《增廣昔時賢文》為古代兒童啟蒙書目，又名《昔時賢文》、《古今賢文》，書名最早見之於明代萬曆年間的戲曲《牡丹亭》，據此可推知此書最遲寫成於萬曆年間。後來，經過明、清兩代文人的不斷增補潤色，才有了今天的模樣。《增廣昔時賢文》中絕大多數句子都來自經史子集、詩詞曲賦、戲劇小說以及文人雜記，可以說是歷代文人的智慧結晶。《增廣昔時賢文》的文字淺顯卻道理深刻，讀起來朗朗上口又生動鮮明。很多句子，直到今天還經常被人們作為口頭語引用，如我們在勸慰他人時喜歡說：「運去金成鐵，時來鐵成金」，在告誡他人時也許會說：「逢人且說三分話，不可全拋一片心」。因此，舊時流行一句口頭語：「讀了《增廣》會說話」。其實，《增廣昔時賢文》何止只教人會說話，它更教人做人。

《小窗幽記》是格言警句類小品文，也叫《醉古堂劍掃》，是明代的文學家和書畫家陳繼儒所編撰。《小窗幽記》收錄了明代以前歷代名家名作之嘉言格論，與白話式的《增廣昔時賢文》相比，《小窗幽記》的文字清雅，格調超拔，其中不乏多刻骨鏤心之句。全書始於「醒」，終於

# 前言

「倩」，雖混跡塵中，卻高視物外；在對世風澆漓的批判中，透露出哲人式的冷雋。作者描繪的美好而富情趣的生活理想、極簡樸而有趣的生活，知足的心態、淡泊的志趣、清高超俗的人格，為現代人滌去心靈的積埃、尋回本真的自我，超脫於塵世的喧囂、煩擾，獲得一份寧靜、淡泊、灑脫的心地，提供了指路的明燈。可謂「小窗雖幽，可觀乾坤」，讀者透過小窗幽記，可以看到包括人心、人性在內的大乾坤。

沒有多少人能傲視天下，也沒有幾個人能看透人生。世俗中難免為名利所累，眾人都說，視名利如糞土，但誰又能抵擋得住誘惑？據說晉朝的狄希釀得好酒，人飲後能醉千日。而今日醉心於名與利者，無一日不醉。高官厚祿、榮華富貴，自古皆然。如果能從醉中醒來，需要服上一劑清涼散，從這個意義上來說，《增廣昔時賢文》和《小窗幽記》都是一劑普惠人間的清涼散。

本書乃作者通讀兩本原著之後，結合古今的經典事例，對其蘊涵的立德修身、處世做人、惜時治學等人生話題作了精闢闡述和引申發揮。當然，在本書的編寫過程中，對於原書中反映的封建倫理和道德觀念，甚至帶有明顯的封建迷信、宿命論色彩的內容，或今天已失去借鑑的意義的內容，或一些含義比較模糊只有片面的真理性的內容，在本書中都做了正確的理解和處理，採取了批判的態度，明察揚棄，批判繼承，吸取其有營養的成分，古為今用。相信閱讀本書，定能讓你品出人生真味，使你悠然處世，從而人生美滿。同時希望讀者朋友能從中解悟經典，常讀常新，莫讓經典離我們遠去。

開卷有益。若能在百忙之中抽出一些時間，靜心翻閱此書，一定會給你的生活帶去一些感悟、歡樂與充實，有如輕掬一捧明月在手，清亮自己一生的心境。正所謂：

廣見增思愛品文，小窗兀坐悟人生。

人間豈有貴和賤，處世何妨富與貧。

編者

# 前言

# 上部　增思廣見品賢文

《增廣昔時賢文》是蒙學讀本中的佼佼者，它記錄了許多反映生活哲理的格言，這些內容不僅兒童喜歡，就連成年人也樂於閱讀，以至於其中許多格言至今仍廣為流傳，常被人們掛在嘴邊，這正是傳統文化的力量所在。所以《增廣昔時賢文》的價值是不能忽視的。

為人處世當看《增廣昔時賢文》，品味智慧人生當看《增廣昔時賢文》。

# 第一章
# 但行好事，莫問前程——行善即積德

勸人向善在《增廣昔時賢文》中占了很大篇幅，它告誡人們要向善、行善、揚善，始終懷抱善心、善意，善待所有的人，只有這樣，這個世界就會少了許多假、惡、醜，多了許多真、善、美，人們的生活才能稱得上真正的美好。

## 與人方便，自己方便 —— 善待他人就是善待自己

**【原文】**一毫之惡，勸人莫作；一毫之善，與人方便。

**【釋義】**如果把食物多送給飢餓的人，就是為兒孫們積了善德。哪怕是最小的壞事，奉勸大家都不要去做，哪怕是最小的好事，也會給人帶來方便。言外之意，就是要善待他人。

在《增廣昔時賢文》裡多處提到要積德行善，與人方便，比如「積德與兒孫，要廣行方便」，「一毫之惡，勸人莫作；一毫之善，與人方便」等。

人生在世，總得和別人打交道。與人打交道，實際上就是自己怎樣對待別人和別人怎樣對待自己。這件事每個人天天在做，但做的情況並不一樣。有的人做得較有自覺，有的人則比較盲目；有的人做得比較好，有的人做得不太好甚至很差。人與人友好相待，給個人、家庭、社會帶來了友誼、成功、進步和幸福；人與人不能很好相待，則造成了各式各樣的個人悲劇、家庭悲劇和社會悲劇。這些經驗與教訓使得今天的人們有了一個共識，人與人之間應該相互好好對待，就是人們常說的「善待他人」。

曾在某書上看過這麼一個故事，一個在外打工幾年才難得回家一次的男孩，當他深夜坐車回到家鄉路口，路見一陌生男子被車撞倒在地，肇事司機早已逃走。急於回家的願望讓他正想離開，忽轉念一想，他的家人是不是也會像自己父母那樣在等待他回家？於是他把那人送到了醫院，那人因此得救。後來，得知那人竟是他幾年未曾見過一面的親哥哥。幸虧他當時沒有袖手旁觀，否則到最後，於他將會是一生一世的悔恨和內疚。

還有一位朋友說起他自己身上的故事：在他剛出來社會跑業務時，經濟能力有限，步行在外，也不捨得掏錢吃飯，只是在深夜回宿舍煮一點稀

飯填肚子。有一次他很晚才回來，以為室友都睡了，卻見其中一位好友煮好了一碗湯麵在那等著他……後來，經過自己的努力終於出人頭地，在社會上有了很高的身分和地位。許多年了，他依舊還記得當初那位朋友給他煮的湯麵，在那個時候不僅僅是解決了溫飽問題，更重要的是溫暖了他的心扉，給了他從未有過的勇氣、信心和力量。當然，他成功後沒忘記朋友曾經的支持和幫助。現在，他們在同一家公司上班，同住一個屋簷下，好得像兄弟一樣，有福同享，有難同當。

由此可見，你善待了別人，生活也會善待你。你無意中做了一點點的善事，有時往往可以讓你得到意想不到甚至是十倍百倍於你付出的收穫，這也正驗證了「滴水之恩，當湧泉相報」的道理。人與人之間是相互的，你想別人怎麼對你，你就怎麼對別人；同樣，你不想別人怎麼對你，你也就不要怎麼去對別人。「己所不欲，勿施於人，以責人之心責已，以待已之心待人。」如果我們每一個人都可以這麼想這麼做，人與人之間的相處就簡單容易得多。

「瞎子點燈 —— 白費蠟燭」這句諺語幾乎是家喻戶曉，我也一直以為是這樣。直到後來有一天，我讀了一則很有哲理的故事，我才意識到自己的膚淺和狹隘。故事的大意是這樣的：一個漆黑的夜晚，一個苦行僧人走到了一個村子的黑巷子裡，他看見一盞暈黃的燈正從巷子的深處緩緩前行。僧人走近才發現，原來是一位雙目失明的盲人提著燈在行走，他百思不得其解：盲人提燈，豈不多此一舉？於是僧人好奇地上前問道：「施主，既然你什麼都看不見，為何還要提著燈啊？」那位盲人說：「黑夜裡如果沒有燈光照映，那麼全世界的人都會如我一樣成為瞎子。所以我就點了一盞燈，既為別人照亮了路，自己也不會被別人撞到，豈不是兩全其美。」「哦，施主是為了別人，同時也為了自己。」

「為了別人也是為了自己」，一個瞎子能有這樣精妙的大徹大悟，真是讓人欽佩不已！那位盲人是不幸的，他沒有健康的身體，但他卻擁有博大的胸懷，他能設身處地的為他人著想。人們常用「瞎子點燈 —— 白費蠟燭」來比喻徒勞無功、徒勞無益的事，其實也不盡然，「瞎子點燈」的故事不正是針對這一說法的有力批駁嗎？

南北朝時，有個叫陸慧曉的人。他學識淵博，品德高尚，在當時地位顯赫，重權在握。陸慧曉一向平易近人，從不擺大人物的架子。一次，他家鄉的一個農夫來看望他。這個農夫衣著土氣，說話笨拙。守門人想拒之門外，陸慧曉卻熱情地接待了他。

春秋時期有一個大家熟知的「帽帶」故事，最能說明「與人方便，自己方便」的深刻內涵。有一次，楚王請了很多臣子們來喝酒吃飯，席間歌舞妙曼，美酒佳餚，燭光搖曳。同時，楚王還命令兩位他最寵愛的美人許姬和麥姬輪流向各位敬酒。忽然一陣狂風颳來，吹熄了所有的蠟燭，漆黑一片，席上一位官員乘機揩油親澤，摸了許姬的玉手。許姬一甩手，扯了他的帽帶，匆匆回到座位上並在楚王耳邊悄聲說：「剛才有人乘機調戲我，我扯斷了他的帽帶，你趕快叫人點起蠟燭來，看誰沒有帽帶，就知道是誰了。」楚王聽了，連忙命令手下先不要點燃蠟燭，卻大聲向各位臣子說：「我今天晚上，一定要與各位一醉方休，來，大家都把帽子脫了痛快飲一場。」眾人都沒有戴帽子，也就看不出是誰的帽帶斷了。

後來楚王攻打鄭國，有一健將獨自率領幾百人，為三軍開路，斬將過關，直通鄭國的首都，而此人就是當年揩許姬油的那一位。他因楚王施恩於他，而發誓畢生孝忠於楚王。

## 但行好事，莫問前程 —— 行善積德不求回報

**【原文】**但行好事，莫問前程。

**【釋義】**一心去做好事，不必計較前途如何。

一位朋友的父親經常對我說，一個人要「但行好事」，更要「莫問前程」，只有與人方便才能自己方便。他有一個很要好的朋友姓趙，趙的老伴有病臥床多年，他又要照顧老伴，又要照顧孩子而心情總是不好。朋友的父親經常勸他，還給他寫了一首詩：「君家有病婦，終日待君奉，一旦出門去，念婦病房中，夫婦恩常念，義鳥伴雌雄，莫說床前累，君不感孤零。」

香港首富李嘉誠和比爾蓋茲一樣，一開始只知道賺錢，後來得到大智慧者的開示，立刻捐款多做善事，放生、救助貧困、捐助教育、修路架橋等等，他的慈善行善，默默奉獻，換來了人生的輝煌時刻，那就是世界首富、有價值的人生。他說，真正懂得如何奉獻國家、民族及世界的人，才是真英雄。

現在的人，生活節奏快，經濟壓力大。看到需要幫助的人的時候，即便有幫助別人的願望，也得權衡一下自己的時間、財力。所以每做一次志願者，每幫助一個貧困對象的機會都很難得。所以無論是志願活動的組織者還是慈善機構，應該每次都能讓他們的愛心得到最有價值的發揮。雖然他們的幫助不需要回報，但他們也希望看到自己努力的成就。

所以說，做好事的人都不求回報，但往往自有回報。

在一本書上讀到過這樣一個故事：

一天深夜，我沿著一條燈光昏暗的小徑走回家。經過一片厚厚的叢林，我突然聽到有人掙扎喘息聲。我慌亂地停下腳步，仔細的聆聽。果然

沒有錯，那是兩個人在扭打的聲音，間或夾雜著衣服撕裂聲。我立刻明白，就在這咫尺之隔，一定有一個女人被襲擊了！

我開始想，到底我該不該介入這個事件當中？

我一面擔心著自己的安危，一面詛咒著為什麼今天晚上要選這條小路回家。如果我也成為另一個犧牲者怎麼辦？是不是我該跑到附近的電話亭打電話給警察就算了？那個決定的過程好像永無止境，但實際上花不了幾秒鐘，而且我聽得出來那個女孩的呼吸掙扎聲越來越微弱了。我知道我一定要有所行動。我怎能袖手旁觀，就這樣溜之大吉？不行！

我終於決定。就算是冒著生命的危險，我也絕不能讓那個不知名的弱女子受到歹徒侵犯。我不是勇敢的人，我也不是身手矯健的人，我更不知打那裡來的道德勇氣與力量，我只知道當下我下了決定幫助這個弱女子時，我就變得孔武有力了。

我立刻衝到叢林後面，將歹徒從那個女人身邊拉開。我們兩人扭打成一團，倒在地上滾來滾去。最後，歹徒終於放棄，跳起來逃走了。我氣喘吁吁地爬起身來，那個蹲踞在黑暗之中的女孩仍然在啜泣，我看不清楚她的長相，只曉得她在不停的發抖。我不想再嚇壞她了，我跟她保持了一段距離，慢慢的說：「好了，那個人已經走了，你現在安全了。」

接著是一段長長的沉默，然後我才聽到她開口了，帶著不可思議的驚訝：「爸爸！是我呀！」然後，我最小的女兒凱薩琳在那片叢林之中站起身來。

許多人懷疑做了好事不一定有好的回報。我們也常聽人說：「好心沒好報！」同時也似乎有許多案例在支持這個論點。在這個故事當中，男主角冒著生命危險去援助一個受侵襲的不知名的弱女子，結果他救回的是他自己的女兒。在這個父親下了救人的決心之時，他變得不可思議的孔武有力。按照常理來說，他絕不可能打敗那個強暴犯，但是他勇敢的決心，使他獲得不知從何而來的力量，贏得了勝利。

我們其實不需要去想做了好事是不是就會有回報，就像這個父親一樣，他為陌生人做了一些好事，結果回報的卻是他自己。

當然，人類社會有好人必有壞人，為了倡導社會的文明與和諧，適當地給予做好事的人一些獎勵，也是未嘗不可的善舉 —— 儘管做好事的人並不要求回報。

南懷瑾的《論語別裁》裡有這樣一個關於孔子的故事：大家知道，魯國是以文化立國的 —— 打仗打不過別國，但是提倡禮教。魯國當時有一個這樣的規定：魯國（國君）是不能讓魯國人當別國人奴隸的。如果商人們在各國經商的過程中發現有魯國人做奴隸，就可以拿錢先把人贖回來，然後到國庫去報銷。孔子的徒弟子貢很有錢，經商經常各國跑，也遇到了這樣的事情。他把那人贖回來後，給孔老師說：「老師，我為國家作貢獻了，我有錢，就不去國庫報銷了。」子貢本以為會被老師誇獎，結果孔子卻教訓了他一通：「你不要錢，國君知道了，一定會表揚你，人們一定就會覺得應該向你學習才對……結果呢？行走各國的商人再贖回奴隸，就不好意思去國庫報銷了 —— 他們不想讓人家覺得他們覺悟低 —— 最後的結果就是：他們以後再看見魯國的奴隸就裝作不知道……因為你的行為，最後就會導致許許多多魯國人再也回不了家鄉了。」

孔老夫子深知人性，知道人們在一定情況下的行為規範是不能片面提升的 —— 提升了道德的標準，受害的人更多。但不管怎樣說，《增廣昔時賢文》裡的「但行好事，莫問前程」還是極在理的，一個人做了好事，不宣揚也會有人知道，不求回報也會自有回報的。做好事的人都有幫人的好習慣，我認識一位叫周瑋的女士愛做好事，但她極不願向別人提起，甚至她的老公都常常「蒙在鼓裡」。她常對人說的一句話是：「從小我媽媽就對我說，左手做的好事，不要讓右手知道。」

## 善有善報，惡有惡報 —— 要相信善德的力量

**【原文】**

善有善報，惡有惡報，不是不報，時候未到。

**【釋義】**

做好事就一定會有好的報應，做壞事也會有壞的報應，不是不報應，只是因為時間還沒有到。

這句賢文說的是人世的因果。世上有因果通三世之說：「欲知前世因，今生受者是；欲知後世果，今生作者是。」就好比你對著鏡子微笑，回報給你的也是一張笑臉，你對著它生氣，回報給你的一定是一張生氣的臉。

一位經商的朋友，多年前的一個夏天，她作為一名公司職員去美國芝加哥參加一個家用產品展覽會。午餐就在速食廳裡自行解決，當時人很多，她剛坐下，就有人用日語問：「我可以坐在這裡嗎？」抬頭一看，是一位白髮長者正端著飯站在面前。她忙指著對面的位子說：「請坐。」接著起身去拿刀、叉、面紙這類的東西，擔心老人家找不到，便幫他也拿了一份。一頓速食很快就吃完了，老人臨走時遞來一張名片，說：「如果以後有需要，請與我聯絡。」她一看，原來這位老人是日本一家大公司的社長呢！

一年以後，她自己註冊了一家小公司。生意做了不到一年，客戶突然不做了，而這時新一年的生產計畫已經定了！怎麼辦？真的一起步就要破產嗎？她突然想起那位日本老人，就抱著一線希望去了一封簡單的信，

說不知你是否還記得我，我現在自己開了一家小公司，希望能來看一看。信發出後一個星期，就收到了回信，老人說即日啟程來臺灣。他真的來了，還拿出樣品讓她試加工，在肯定了產品和品質之後，當場下單了足夠她做一年的大訂單。她驚喜地問：「您在臺灣有很多大客戶，而我這裡只是個小公司，您真的信得過我嗎？」老人從皮箱裡拿出一本書來，名字叫做《人心的儲存》，說：「當初你對我幫助時，你並沒有想到會有這樣的回報。就像我在書中所寫的：『人心就像一本存摺，只有打開來才知道到底有多少收益。』每本心的存摺正是用一點一滴的善去累積的。」

還有一個真實的故事：一位教師生活清貧，都四十多歲了還沒有自己的房子，一家三代六口人都擠在兩間小屋子裡。他很想買一間屬於自己的房子，但房價一年比一年貴，他那點薪資根本沒辦法趕上房價的上漲幅度。這一年，他家附近新蓋了一個社區，他咬了咬牙，和妻子一起去售屋處詢問情況，沒料想在售屋處碰到了開發公司的老闆。巧的是這位老闆和教師還有一段淵源。原來，教師已經去世的父親當年不僅救過這位老闆父母的性命，還經常接濟他們。後來，因拆遷兩家失去了連繫。這次機會湊巧，在售房處與朋友的後人相遇了。於是，帶著感恩的心情，老闆連賣帶送，以很便宜的價格賣了一間房子給這位老師，終於圓了他的購房夢。

這位教師的父親生前做的善事，竟然使子孫後代受惠。

去年，我還從一本佛教書上讀過這樣一段對話，頗具深意：

一位女士，家境非常富裕，不論其財富、地位、能力、權力，及漂亮的外表，都沒有人能夠比得上。但她卻鬱鬱寡歡，連個談心的人也沒有。於是她就去請教無德禪師，如何才能具有魅力，以贏得別人的歡喜。

無德禪師告訴她道：「你能隨時隨地和各種人合作，並具有和佛一樣的慈悲胸懷，講些禪話，聽些禪音，做些禪事，用些禪心，那你就能成為有魅力的人。」

女士聽後，問道：「禪話怎麼講呢？」

無德禪師道：「禪話，就是說歡喜的話，說真實的話，說謙虛的話，說利人的話。」

女士又問道：「禪音怎麼聽呢？」

無德禪師道：「禪音就是化一切聲音為微妙的聲音，把辱罵的話語轉為慈悲的話語，把毀謗的言詞轉為幫助的言詞，哭聲鬧聲、粗聲醜聲，你都能不介意，那就是禪音了。」

女士再問道：「禪事怎麼做呢？」

無德禪師：「禪事就是布施的事、慈善的事、服務的事、合乎禮法的事。」

女士更進一步問道：「禪心是什麼心呢？」

無德禪師道：「禪心就是你我一樣的心、聖凡平等的心、包容一切的心、普濟眾生的心。」

女士聽後，一改從前的驕氣，在人前不再誇耀自己的財富，不再自恃自我的美麗，對人總謙恭有禮，對眷屬尤能體恤關懷，不久就被稱為「最具魅力的女人」了。

這個故事告訴我們：並非有錢就是快樂，問心無愧心最安，一言一行都尊重別人，替別人考慮，給別人帶來利益的人，就是最受歡迎的人，最有魅力的人。做好事、說好話、存好心，幫助別人，且不圖回報，才是真正的善心。樂善好施，積善自會成福。做一個真正快樂的人。

## 殺人一萬，自損三千 —— 損人終害己

**【原文】**

殺人一萬，自損三千；傷人一語，利如刀割。

**【釋義】**

人不要做損人的事，因為損人終害己；也不要說傷人的話，話會像刀子一樣割人的肉。

曾有這樣一個「晏子使楚」的故事：

晏子是一個長得身材矮小的人，可是為人機智。有一次，晏子作齊國的使者，出使前去楚國京城談判。見到這樣一個貌不驚人的使者，楚王想藉機侮辱一下晏子，於是令人在城門旁邊開了一個小門，讓管禮賓的小官帶晏子從此洞進城來見他。

面對這樣的禮遇，晏子很不高興，不願從此小門入城。當他看到周圍正等著看他笑話的人群，故作驚訝地說：「這是怎麼回事呢，今天我恐怕是來到狗國了吧？要不怎麼只有一個狗門入城呢？」楚人自討沒趣，就只好引他從大門進城。

晏子進了楚宮，看到楚王正高高地站在臺階上，腆著肚皮，只傲慢地看自己，不屑地說：「你們齊國難道就沒有人了嗎？」

「怎麼會沒有人呢？」晏子馬上從容地應對，「我們齊國有七、八千戶人家，房屋一片連著一片；街上行人肩膀擦著肩膀，腳尖踩著腳跟，搧搧衣襟就像烏雲遮天，擦擦汗水就如暴雨滂沱。這怎麼能說沒有人呢？」

楚王只吭了一聲，又問：「既然這樣，你們齊國就派不出比你更厲害的人來嗎？」

晏子忽然仰天大笑起來：「怎麼會派不出人呢？只是我們齊國委派大使是有許多規矩的，有才幹的賢人才會派來會見有才幹的君王，而無能的

傢伙也只能派去見無能的君王，我晏子是齊國最無能的一個，所以就被派來見你了。」

從晏子與楚王針鋒相對的對話中，我們知道晏子所採取的鬥爭策略叫「以其人之道還治其人之身」。既然你讓我從狗門進城，那進的也無疑是狗國；既然你把我當作最無能的大使，那麼最無能的大使才般配會見最無能的君王。在辯論中，晏子抓住對方理論或邏輯上的謬誤，並加以引申發揮，得出更加荒謬的結論，最後又加以否定。這往往是對錯誤理論的最有力的駁斥。

還聽過這樣一則寓言：一隻鷓鴣鳥在樹林間蹦蹦跳跳地玩樂，偶爾也飛到地上捕食一些小昆蟲。陽光透過樹林的縫隙灑落到牠的身上，暖融融的。牠高興地邊玩邊唱歌：「鷓鴣鷓鴣真快樂……」正當鷓鴣鳥玩得開心的時候，一個捕鳥人悄悄地走到牠的身後，架起一張捕捉牠的網。鷓鴣沒有發覺，仍在起勁地唱著：「鷓鴣鷓鴣真快樂……」只聽「啪」的一聲，張開的網落下來，嚴嚴實實地罩住了鷓鴣鳥。鷓鴣大吃一驚，趕緊張開翅膀想飛走，可是翅膀已經被網纏住了，怎能飛走得了呢？鷓鴣終於成了捕鳥人的獵物。捕鳥人興沖沖地把鷓鴣帶回家，準備把牠燉了，美食一頓，鷓鴣既傷心又害怕，不住地哀求捕鳥人：「捕鳥先生，請你饒了我吧，您看我是只多麼幼小的生命，您怎麼忍心把我吃掉呢？」

捕鳥人看牠說得怪可憐的，也不禁心軟起來。他仔細地打量了一下鷓鴣鳥：背部和腹部長著非常好看的黑色相間的羽毛，頭頂是柔和的棕色羽毛，兩隻小腳發出金黃色的光澤。捕鳥人心想：「這隻鷓鴣鳥真的挺好看，殺了好可惜，還是放了吧，可是放了牠我又要餓肚子，怎麼辦呢？」正當捕鳥人猶豫不決的時候，鷓鴣又進一步討好捕鳥人說：「先生，您還是放了我吧，這樣對您會有更大的好處。因為我可以回去引誘更多的鷓鴣讓您捕捉，以報答您對我的不殺之恩。」鷓鴣心想：「許多許多的鷓鴣鳥換取我這一隻鷓鴣鳥的生命，捕鳥人是一定會同意的。」可是牠沒有想到，這番話反倒激怒了捕鳥人：「告訴你鷓鴣，本來我真的想把你放了，可是現在我改變了主意，因為你是一隻自私的鷓鴣，為了自己的命，竟然不惜陷害自己的同類，這樣的敗類留著你有什麼用呢？」

鷓鴣最終被捕鳥人燉來吃了。

這個故事使我想起了我們幼時下的跳棋，當我們一心想堵住別人的路，拆別人的橋時，回頭看看自己的棋，基本也是寸步難行的狀態，到頭來非但堵不了別人的路，多半還落個輸棋的結局。反之，如果下棋時自己懂得修橋鋪路，與己方便時也與人方便，大度寬宏，便娛己娛人，皆大歡喜。

我們生活在一個利益交織的社會，不可否認，追求利益是每個人的權利，古語云：「天下人『皆為利來皆為利往』」。不可否認，利己之心人皆有之。但是，現實生活中就是有些人，他認為，自己得不到的東西別人也休想得到。自己好逸惡勞，別人勤奮努力，當別人得到了，他就千方百計陷害、抹黑，到頭來，別人固然遺憾，他自己又何嘗不是落下一個「機關算盡太聰明，反誤了卿卿性命」的結果，最後得到的只會是眾人的鄙夷，可謂損人而害己。

所以，在現實生活中，我們每一個人都需要調整好自己的心態，冷靜清醒地看待自己，理性寬容地對待他人，切勿心生嫉妒去做那些小人行為，多看別人長處，多找自身短處，這樣才能不斷提升自己、完善自己，使自己的人生之路越走越寬。

## 種麻得麻，種豆得豆 —— 一善一德必有收穫

**【原文】**

種麻得麻，種豆得豆。天網恢恢，疏而不漏。

**【釋義】**

種下麻就會收穫麻，種下豆就會收穫豆，上天的眼睛就像寬大的網，看起來並不周密，卻不會放過一切壞人壞事。

先看這樣一個故事：

在一個又冷又黑的夜晚，一位老婦人的汽車在半路上拋錨了。她等了半個多小時，總算有一輛車經過，開車的男子見此情況便下車幫忙。幾分鐘後，車修好了，老婦人問他要多少錢，他回答說：「他這麼做只是為了助人為樂。」但老婦人堅持要付些錢作為報酬。中年男子謝絕了她的好意，並建議把錢給那些比他更需要的人。最後，他們各自上路了。

隨後，老婦人來到一家咖啡館，一位身懷六甲的女店員即刻為她送上一杯熱咖啡，並問她為什麼這麼晚還在趕路。於是老婦人就講述了剛才遇到的事，女店員聽後感慨這樣的好心人現在真難得。老婦人問她怎麼工作到這麼晚，女店員說是為了迎接孩子的出世而需要第二份工作的薪水。老婦人聽後執意要女店員收下 200 美元小費。女店員驚呼她不能收下這麼一大筆小費。老婦人回答說：「你比我更需要它。」

女店員回到家，把這件事告訴了她丈夫。然而，巧妙的是，原來她的丈夫就是那個好心的修車人。

這故事講出這樣一個道理：種瓜得瓜，種豆得豆。我們在「播種」的同時，也種下了自己的將來，你做的一切都會在將來某一天、某一時間、某一地點，以某一方式，在你最需要它的時候回報給你。

# 第一章　但行好事，莫問前程—行善即積德

曾聽一位老人談起他老家的一件事情。他說在他們老家他有一個遠房的孫子輩，年紀和他差不多，上次回家見到了，發家了。講起發家史，還蠻有趣的。當年在一起讀書時很不用功，後來小學畢業後就沒再念書了，後來回家幫家裡忙去了。前幾年在老家包了一個魚塘，生意一般。有一天來了幾個老頭，要在他這裡釣魚，他答應了他們，還說沒問題儘管釣。到了下午釣好了他還請幾個老人家吃飯，釣上來的魚也不要錢，以後儘管來好了，沒有關係。老人們說已經走過好幾家了，都不讓他們釣，還說你這個人真好。後來那幾個老年人一連來了一個月，都是一樣的，每次都是釣完魚吃飯，釣上來的魚也不收錢。有一天，老人們吃完飯問他想做些別的什麼事嗎？他說是什麼樣的事情？老人說是化糞。他想了想說可以。老人說那好，整個城鎮的都歸你了。他一聽都傻了。原來這幾個老人都是退休老幹部。就這樣這個年輕人越做越大，發財了。這真是應了那句話：種瓜得瓜，種豆得豆，你若積善就必有善報。我想，當初年輕人讓這幾個老人家釣魚，他也沒有想到會有這等好事。

易經的坤卦裡有一句：「積善之家，必有餘慶」，它告訴我們積善成德，造福人類，必定有回報，這個回報不一定是物質上，也有可能是精神上的快樂。我們做善事，雖然不求回報，但現在物質經濟下，有付出就會有回報，這個沒有錯。付出不一定要求索取，但有價值的投資必定會有回報，就像種一棵樹，用心它必定會結果。而做善事講究的主要是心靈上的回報，對於每個行善的人，肯定會有回報，比如一個人名聲，比如欣慰度，都是回報。

積善，是每個人應該有的美德，富人窮人都有，它不在乎量的大小，只講盡力而為。很多人信奉佛教，每月初一、十五，都在菩薩面前俯誠地叩首，在菩薩面前贖罪，祈求神靈的庇護，其實他們歸根結柢並沒有積善，拜菩薩還不如自己當菩薩，菩薩是因為行善積德才成菩薩的，而自己當菩薩，給人以幫助，豈不是樂哉。

古時候，窮鄉僻壤的地方若是出了個大人物，鄉里一定會稱讚這人「祖上積德！」這是上天報酬他祖上及他本人的善。這就是積善之餘慶。若是天下所有為人父母及為人子孫者能明白這個道理，天下就會更加趨向於秩序井然，人人賢善，世界和諧。

## 善化不足，惡化有餘 —— 要創造行善的社會環境

**【原文】**

善化不足，惡化有餘。

**【釋義】**

如果善意對你感化不夠，那麼惡意對你的改變就會更加厲害。

這句賢文的意思，和「近朱者赤，近墨者黑」一樣，說的都是環境對人的影響是很顯著的。

表面上，環境對於我們是固定的，比如你生長在一個家庭，你在某個學校讀書，或在某個公司上班，如果到了一個好的環境，當然要掌握好，以便更順利的成長或工作；如果到了糟糕的環境，那就要有意識的調整自己，讓自己更有機會。其實所謂好環境和差環境是相對的，同樣的環境對有的人可能很好，對另外的人就不好。比如進入到了喜歡造假的官僚體系，對於善於投機鑽營的人，就是好環境，你可以充分展示自己投機的才華；對於內心傳統的人就比較糟糕，你工作的同時內心排斥，所以很難做好。相反，如果是作風正派的環境中，投機的人可能就很痛苦，格格不入。所以適應的環境是相對的，是和自身因素相關聯的。

# 第一章　但行好事，莫問前程—行善即積德

曾經有「孟母三遷」的故事，告訴人們，成人可以選擇自己的環境，父母可以為孩子選擇好的生長環境。好的環境是指社會風氣良好，人與人之間善良和諧，並不是富有就是好環境。請看這樣一個故事：

漢宣帝的時候，有叔侄兩個人，一個叫疏廣，一個叫疏受。疏廣是叔叔，疏受是侄子，叔侄兩個人都當了比較大的官，一個是太子少傅，另一個是太子太傅，都是教育太子的大官。他們教育完太子以後，叔侄兩個覺得應該告老還鄉了。皇帝為感謝他們對太子的教育，就賞賜了他們一大筆錢。這叔侄倆回到老家以後，按照傳統觀念，該給孩子準備財富，留下錢財、不動產。但是，這叔侄倆很奇怪，回去以後沒看見他們有這個動靜，只看見他們兩人經常在村裡舉辦宴席，請自己的一些親友、村裡的孤寡老人，請附近那些沒有人去關心的、比較貧苦的人來赴宴，白吃白喝。日復一日，年復一年，皇帝賞賜的錢像流水一樣地在花。疏廣和疏受都有孩子。孩子們看著不敢說，但是心裡擔心：「你們這麼繼續的話，拿什麼留給我們呢？」就託族裡的長老去跟疏廣、疏受打招呼：「這麼花錢，孩子將來怎麼活？這樣花錢，給孩子留下什麼呢？」疏廣、疏受就跟長老講了這麼一段話：「我們做父親的，怎麼會不愛自己的孩子？我們當然知道該給孩子留點東西。但是，我們疏家已經薄有田產，如果孩子勤勞一點、刻苦一點的話，是不會比別人過得差的。我們把那麼多錢留給他們，只能使他們變得懶惰，變得依賴，從小錦衣玉食，消磨鬥志，對他們恐怕沒有什麼好處。」這個長老把疏廣、疏受的話傳給他們的孩子，他們的孩子一下子領悟到父親深意所在。

在家庭婚姻生活中，有時候聽身邊的人發出這樣的言論：「兩個人關係不太穩定，要趕快生個孩子來維繫關係」、「為了讓老人盡快抱上孫子，生個孩子吧」……這些人不顧自己的狀態，為了維繫脆弱的婚姻，或者僅僅為了延續生命而生個孩子，這樣的做法是多麼的自私。在自己尚未做好充分準備、還沒有一個平和健全的心態的時候，如何能夠承擔責任，影響另一個人的一生？自己還沒有成熟的心智，怎樣為人父母？我們有什麼資格，讓幼小的心靈遭遇畸形的摧殘？我們有什麼資格，在一張白紙上肆意塗抹？繁衍後代，是人類動物性的本能。可是，在現代文明環境中的人們是否能多一些社會性，在決定生小孩之前，認真考慮一下是否已經具備了條件，能夠給即將出生的寶寶們創造一個和諧、健全、完整的成長環境。

一個環境，怎樣是好？怎樣是「壞」？標準主要並不在環境本身，而在於人如何自處，置身其間，不迷失自己並保有生活的熱情，這樣的環境再「壞」也是好環境；反之，再好的環境也是壞的。

現於今，常常會聽到某某家的孩子考上了國立大學，而他們家往往是困難得連學費、住宿費也交不出來。而某某家富裕得什麼都有，可以說要什麼有什麼，而成績卻一塌糊塗，這就是心境，因為身為貧困生，他心裡肯定有一個要改變自身環境的目標，考上了大學是他改變的第一步，心裡有了這個目標，就有了學習熱情。就算環境再不好，只要能讓他讀上書，什麼樣的環境也是好的。

同樣，在工作中，也常有人抱怨自己工作環境不好，試想抱著這樣的心態工作，能有所作為嗎？也許，工作環境比你更差的很多，但他們或許就能在「壞」環境中成材。你為什麼就不能呢？安徒生在《醜小鴨》（*The Ugly Duckling*）裡說：「只要你是個天鵝蛋，就算是生在鴨圈裡，孵出來的也是天鵝。」

環境對於人有一定的影響，但更重要的還在於我們自己珍惜自己，掌握自己美好的明天，明天一定會屬於你。

# 第二章
# 力微休負重，言輕莫勸人 —— 做人與處世

做人處世是一門學問，更是一門藝術，要掌握這門學問，抓住其本質，就必須學習《增廣昔時賢文》裡那些先人的經驗，並對現實生活加以提煉總結，得出一些具有普遍意義的規律來，人們才能有章可循，而不至於茫然無緒。

## 愛人人愛，敬人人敬——做人要有仁愛之心

**【原文】**

愛人者人恆愛之；敬人者人恆敬之。

**【釋義】**

一個人只有真誠地關愛別人，才能得到別人永恆的愛；一個人只有真誠地尊敬別人，才能得到別人永恆的尊敬。相反，如果一個人不愛別人，那麼也不會得到別人的愛；如果一個人不尊敬別人，那麼也不會得到別人的尊敬。

從這句賢文可以看出，愛與敬是雙向的，沒有播種就不會有收穫。因此這句賢文啟迪我們，做人要有仁愛之心，正像一首歌詞所唱的那樣：「只要人人都獻出一點愛，這世界將變成美好的人間。」

仁愛是和諧社會的重要思想基礎。仁愛講究奉獻，不求索取；仁愛提倡扶危濟困，尊老愛幼。仁愛作為一種做人的美德，成為古今各界人士所崇尚的行為：

孟子曰：「老吾老及人之老，幼吾幼及人之幼。」

佛祖釋迦牟尼說：「恨不止恨，唯愛止恨。」

證嚴法師說：「這個世界上沒有不可以愛的人。」

李嘉誠說：「慈善不是我的責任，也不是我的義務，而是我的生活方式。」

元代皇帝元成宗說過：「蓋聞先孔子而聖者，非孔子無以明；後孔子而聖者，非孔子無以法。」意思是說，孔子以前的聖人，如堯、舜、夏禹、商湯、周文王、周武王、周公等等，如果沒有孔子，他們的真精神就流傳不下來；孔子以後的聖人，如：漢代的董仲舒、南宋的朱熹、明代的王守仁等，如果沒有孔子，就沒有了效法的榜樣。數千年來，孔子身為不朽的文化人被傳頌、被崇拜，地位基本上未發生根本性的動搖。孔子最偉

大的地方，就在於他的為人處世，也就是做人，提供了最高的榜樣，確立了基本的原則：仁愛。

「仁」是孔子最重視的道德範疇，是儒家的核心價值，也是以儒做人的根本原則，因此儒學又被稱為「孔門仁學」。「仁」字在《論語》中出現了109次，孔子每次對「仁」的解釋都不一樣，更準確地說，孔子每次都是針對不同的情況來解釋「仁」。就事論事，因材施教，具體問題具體分析，是孔子教學的特點，他從來不抽象地討論問題，對「仁」的解釋也是這樣，始終緊緊地圍繞著人們的日常表現，靈活機動，隨事指點，針對性非常強。但是它也有一個不可動搖的核心，那就是「愛」。

《論語》裡說：「樊遲問仁。子曰：愛人」（《論語．顏淵》）。這個答案十分樸素，但它卻是孔子對「仁」的最高概括。做人的第一個要求，就是要有一顆愛心。儘管十分樸素，其中卻蘊涵著豐富深刻的意義。

「仁」從對父母的「孝」開始，從對親人的「愛」開始，又推演擴充為對大眾的愛，這就是儒家經常強調的推己及人，也就是老百姓常說的將心比心。有句經典的老話，叫做「大人不記小人過」，這裡的「大人」可以說是厚道博愛之人，而「不記小人過」則可說是厚道人「大肚能容」，摒棄前嫌。「大人不記小人過」，是指包容對方，不對其進行仇恨的報復，而是對其報以微笑。此做法的意義是，可在氣度上戰勝對方，讓他感覺到自己是個斤斤計較的小人，這樣他在心理上便失去了招架之功，同時也可使其意識到自己所犯的過錯，有時我們的大度甚至會幫助別人改過自新，他們就會向我們報恩。

有一天，子路身著戎裝，全副武裝地來拜見孔子，見到夫子後，拔起劍就舞了起來，問：「夫子，古時的君子，也是用劍來自衛的吧？」孔子答道：「古時的君子，以忠義為人生追求的目標，用仁愛作為自己的護衛，雖然不出窄小的屋子，卻知道千里之外的大事。有不善的人，就用忠信來感化他；有暴亂侵擾的人，則用仁義來使他們安定。這樣，又何須持劍使用武力呢？」子路聽了非常的敬佩。

這個故事告訴我們，仁愛能治天下。現代人相信以暴制暴，而且各種影視媒體，甚至小朋友看的卡通也是這樣表演的。學習了傳統文化我們才明白，要宣德化，要以仁化暴，教育本身的力量就在於榜樣。為師者的榜樣，在他的言、行，更在那顆心。因為誠於中，形於外。我們有多少老師、家長，甚至主管都是採取嚴厲的處罰，嚴格的管制，去對待學生、孩子、下屬。甚至有的家庭、夫婦之間也用暴力。朋友之間因一點點的經濟問題就上了法庭，當今社會還有殺父弒母這樣的亂象。所有這些都是以暴制暴，或者以暴制暴的延伸。讀到這個故事，我們難道不能有所啟發嗎？

## 有容德大，無慾心閒——做人要寬容少欲

**【原文】**

有容德乃大，無慾心自閒。

**【釋義】**

一個人如果寬容大度，其美德就會擴大；如果沒有私慾，就會獲得心境的平靜，旨在教導我們做人要寬容。

寬容是一種素養、一種情操、一種美德。寬容不是懦弱、膽怯，而是大度與包容，是笑看風雲的情懷與爽朗。多一份寬容，就少一份紛爭；多一份寬容，就少一份干戈；多一份寬容，就少一份陰霾；多一份寬容，就多一份理解，多一份寬容，就多一份友愛；多一份寬容，就多一份感動。

世界很小，是個家庭，「人」字的含義就是相互支撐！在這個世界上，沒有絕對的對與錯；同一件事，立場不同，看法就不一樣，如果你覺

得受了委屈，那你為何不換個角度來看世界呢？也許，你的感觀就會有所改變。不要因為別人對你有十個好，只有一個不得已的原因，你就斤斤計較，心存怨恨，而要學會，以德報怨，寬容他人。因為，寬容他人，等於善待自己。遇到不開心的事，又何妨「難得糊塗」？豈不聞「退一步，海闊天空」？「寬容，有時可以改變一個人的心境，改變一個人的生活方向。寬容別人，也是善待自己，從某種意義上說，也就是放過了自己」。記不清這是哪位哲人說的了，一直以來我都在努力踐行著。

寬容就像酒吧中的調酒師，可以為你調出最美妙的滋味，調出最柔和的色彩，給自己好口感的同時也讓別人看得舒服；寬容好比夜幕降臨時的那一輪皓月，不僅能指引你前行的方向，也能給你一份溫暖的關愛。寬容別人，表面上看是你不計較他人的錯誤，而真正感到輕鬆的卻是你自己，寬容別人的同時也輕易地將堵在自己心口的那塊石頭搬掉，心清靜了、澄澈了，就是善待自己。所以寬容別人，實質上更加寬容的何嘗不是自己呢？

寬容他人，是對他人的最大鼓勵和尊重，你的以德報怨，沒有尖酸苛刻，沒有阿諛奉承，你自己的環境自然會是一派祥和。久而久之也會讓他人感懷於心，自慚形穢，自然會回報你微笑和感激。不寬容別人，甚至去打擊報復，撐一時之勇，也許可以解一時之氣，但卻是在人為地懲罰自己。將不快與對他人的怨恨堆積在心，真正累真正煩悶的是自己，等於將別人的錯誤強加於自己身上，懲罰自己遠離快樂，划算嗎？有必要嗎？

人與人之間，要互相理解，互相包容。這樣的事例，自古就有：秦王嬴政，聽取李斯的喻諫，收回逐客令，不計前怨，廣招賢才。若非如此，恐怕會失去一大批客臣的支持，難以創下如此豐功偉業。這樣的例子，現代也屢見不鮮；著名作家蕭伯納（George Bernard Shaw），一次飯後散步，碰見了一位與他有摩擦的官紳。蕭伯納退後一步讓官紳先走，可那位官紳毫不領情，板著臉說：「我從不對比我蠢的人微笑，也不會讓路。」蕭伯納聽後微笑道：「我卻正好相反。」如果那位官紳懂得以和為貴，就不會受到蕭伯納如此羞辱；反而，蕭伯納聽後不但不生氣，反而巧妙作答，給官紳小教訓，就避免了一場戰爭。

有一則阿拉伯的傳說：兩個朋友在沙漠中旅行，旅途中他們為了一件小事爭吵起來，其中一個還打了另一個一記耳光。被打的人覺得深受屈辱，一個人走到帳篷外，一言不語地在沙子上寫下：「今天我的好朋友打了我一巴掌。」他們繼續往前走，一直走到一片綠洲，停下來飲水和洗澡。在河邊，那個被打了一巴掌的人差點被淹死，幸好被朋友救起來了。被救起之後，他拿了一把小劍在石頭上刻下了：「今天我的好朋友救了我一命。」他的朋友好奇地問道：「為什麼我打了你後，你要寫在沙子上，而現在要刻在石頭上呢？」他笑著回答說：「當被一個朋友傷害時，要寫在易忘的地方，風會負責抹去它；相反，如果被幫助，我們要把它刻在心裡的深處，那裡任何風都不能磨滅它。」

真正的朋友的傷害也許是無心的，幫助卻是真心的，懂得寬容，銘記那些對你的真心幫助，你將會發現這世上真心的朋友將越來越多。

比大地寬廣的是海洋，比海洋寬廣的藍天，比藍天寬廣的是人的心靈。有的人，因為包容別人，而被別人尊重；有的人，因為被別人包容，而改變了自己的一生。有的人，因為包容別人而得到別人的幫助，成就偉大的事業；有的人，因為被別人包容而使自己走向成功之路，甚至為人類做出貢獻，流芳百世。總之，寬容是人與人之間相處的基本原則，還是走向成功的必經之路。它猶如一塊塊墊腳石，讓你越踩越高，直到人生的頂峰。

寬容是一種美德，它可以埋沒許多不必要的事情，也可使許多不可能的事情發生，是母對子的寬容，造就了偉大科學家愛迪生（Thomas Edison）；是君對臣的寬容，造就了一代名臣管仲；是自己對仇敵的寬容，造就了強盛一時的唐朝盛世。如果這些沒有「海納百川」的氣度，這些偉大的功績從何談起呢？

做人，要做寬容的人，利己利人利社會。生活的天地如此廣闊，我們沒有必要在彼此摩擦中浪費時間，浪費生命。每一個人寬容一點，大度一點，我們的生活就會更為精彩、和諧、美好！

## 自滿招損，謙虛受益——做人要謙虛謹慎

**【原文】**

滿招損，謙受益。

**【釋義】**

自滿會招致損失，謙虛可以得到益處，告訴人們不要驕傲，而要謙虛。也是我們現在所說的「謙虛使人進步，驕傲使人落後」。

孔子是古代著名的大思想家、教育家，學識淵博，但從不自滿。他周遊列國時，在去晉國的路上，遇見一個七歲的孩子攔路，要他回答兩個問題才讓路。其一是：鵝的叫聲為什麼大。孔子答道：鵝的脖子長，所以叫聲大。孩子說：青蛙的脖子很短，為什麼叫聲也很大呢？孔子無言以對。他慚愧地對學生說，我不如他，他可以做我的老師啊！

還有一次，孔子在路上遇到兩個小孩正爭論不休，孔子問他們爭論什麼？一個小孩說：「我認為太陽剛出來時離人比較近，而到了中午，太陽就離我們遠了。」另一個小孩卻認為太陽剛出來時離人遠，而中午離人近。第一個小孩的理由是太陽剛出來時大，而到了中午時小，因此他由遠

者小、近者大得出自己的結論。另一個小孩則認為太陽剛出來時涼，中午時熱，就由遠者涼、近者熱得出自己的結論。當他們請教孔子判定是非時，卻難住了大聖人孔子。孔子謙虛地承認自己不能做出判斷誰是誰非。可見，學問無止境，即使是聖人也有許多不懂的地方，何況我們普通人呢。因此，任何人都不該有驕傲自滿的理由，「謙虛使人進步，驕傲使人落後」就是這個道理。

謙虛謹慎是我們傳統美德。在人成長的過程中，不論自己取得多大的成績，自己都能做到不驕傲自滿，虛心聽取別人的意見，不斷努力，逐漸完善自己，才能使自己不斷進步。正如古人所說：「謙虛是智慧的源頭」。而驕傲自滿會阻礙我們的進步。無論是從修養的角度出發，還是從功利的目的考慮，謙虛都被世世代代的人們奉為日常生活的圭臬，以謙虛為評價某人能否有所作為的標準。

有一個泥塑的人偶和一個木雕的人偶。在一個天旱無雨的季節，泥偶和木偶曾有一段朝夕相處的經歷。時間一長，木偶漸漸看不起泥偶，因此總想找機會譏笑它。

一天，木偶帶著嘲笑的口吻對泥偶說：「你原本是河水的泥土，人們把泥土揉合起來捏成了你。別看你現在有模有樣，神氣十足，等八月一到，大雨嘩嘩而下，河水一下子猛漲起來，你很快就會被水泡成一堆稀泥了。」

那泥偶並不在意，它以十分嚴肅的口吻對木偶說：「謝謝您的關心。不過，事情並不像你所說的那樣可怕。既然我是用河水的泥土捏成的泥人，即使被水沖得面目全非，變成了一堆稀泥，也僅僅是還了我原來的面目，讓我回到河水罷了。而你倒是要仔細地想一想，你本來是一塊桃木，後來被雕成了人。一旦到了八月，大雨傾盆而下，引起河水猛漲，波浪滾

滾的河水將把你沖走。那時，你只能隨波逐流當漂流木，不知會漂泊到什麼地方。老兄，你還是多為自己的命運操操心吧！」

這則寓言告訴我們，那些自以為高人一等的「聰明人」，在嘲笑別人的時候，應該多想想自己的不足之處。只有這樣，才能夠保持謙虛謹慎，使自己進步得快一些。

謙虛是做人的基本準則。被稱為美國人之父的富蘭克林，年輕時曾去拜訪一位德高望重的老前輩。那時他年輕氣盛，挺胸抬頭邁著大步，一進門，他的頭就狠狠地撞在門框上，疼得他一邊不住地用手揉搓，一邊看著比他的身子矮一大截的門。出來迎接他的前輩看到他這副樣子，笑笑說：「很痛吧！可是，這將是你今天訪問我的最大收穫。一個人要想平安無事地活在世上，就必須時刻記住：該低頭時就低頭。這也是我要教你的事情。」

富蘭克林把這次拜訪得到的教導看成是一生最大的收穫，並把它列為一生的生活準則之一。富蘭克林憑這一準則受益終生，後來，他功勛卓越，成為一代偉人，他在一次談話中說：「這一啟發幫了我的大忙。」

謙虛的人受歡迎。富蘭克林在自傳中敘述了他如何克服好辯的習慣，不在任何時候都表現得比別人聰明，使自己成為美國歷史上最能幹、最和善、最老練的外交家的。

當富蘭克林還是個毛躁的年輕人時，有一天，一位教會的老朋友把他叫到一旁，尖刻地訓斥了他一頓：「你真是無可救藥。你已經打擊了每一位和你意見不同的人。你的意見變得太珍貴了，沒有人承受得起。你的朋友發覺，如果你在場，他們會很不自在。你知道的太多了，沒有人再能教你什麼，也沒有人打算告訴你些什麼，因為那樣會吃力不討好的，而且又弄得不愉快。因此，你不能再吸收新知識了，但你的舊知識又很有限。」

富蘭克林的優點之一，就是他接受那次的教訓。他已經能成熟、明智地領悟到他的確是那樣，也發覺他正面臨失敗和社交悲劇的命運。他立刻改掉了傲慢、粗魯的習慣。「我立下一條規矩，」富蘭克林說，「絕不准讓自己太武斷。我甚至不准自己在文字或語言上有太肯定的意見表達，比如：『當然』、『無疑』等等，而改用『我想』、『我假設』、『我想像一件事該這樣或那樣』或『目前，我看來是如此』。當別人陳述一件事而我不以為然時，我絕不立刻駁斥他或立即指正他的錯誤。我會在回答的時候，表示在某些條件和情況下，他的意見沒有錯，但在目前這件事上，看來好像稍有兩樣等等。我很快就領會到我這種改變態度的收穫：凡是我參與的談話，氣氛都融洽得多了。我以謙虛的態度來表達自己的意見，不但容易被接受，更減少了一些衝突。我發現自己有錯時，也沒有什麼難堪的場面。而我自己碰巧是對的時候，更能使對方不固執己見而贊同我。」

## 一言既出，駟馬難追 —— 做人要講誠信

**【原文】**

一言既出，駟馬難追。

**【釋義】**

一句話既然說出去了，即使是四匹馬拉的車也無法追回來。

像這種教人誠實守信的話，在《增廣昔時賢文》裡還有不少，如：「言而無信，不知其可也」、「許人一物，千金不移」等等。

歷史上為人誠信的人物很多，比如清朝乾隆年間的梁國志就是。他從小就聰明好學，可是他家裡很窮，父親想讓他放棄學業，做些小生意來養家餬口。梁國志為此苦苦哀求父親，讓他再讀幾年書。街坊鄰居見了，也

覺得梁國志不讀書太可惜了，就幫著說情，有的還願意幫他出學費。父親也盼著將來兒子能有些出息，於是就答應讓他繼續念書。

村子裡的鄉親們都是忠厚老實的人，心腸很好；雖然都不富裕，還是經常幫助貧困的梁家。全村的人都盼望著梁國志將來能出息，好為他們村子爭光。小國志知道，自己一定不能辜負鄉親們的期望，念書也就更加努力了。

西元 1741 年，年僅十七歲的梁國志就中了舉人；二十四歲那年，他又中了頭名的狀元。梁國志在朝廷當了官以後，不忘家鄉父老，經常用自己的俸銀為鄉親們做事。無論在哪裡當官，他都替老百姓著想，受到老百姓的好評。

梁國志不但學問高，人品好，而且還擅長書畫，誰要是得到他的書畫作品，都當做寶貝收藏起來。他的兒子受他的感染，很小的時候就對書畫產生了興趣，吵著讓梁國志教他畫畫。一天，兒子又拿著畫筆來找父親，還弄得滿臉都是墨汁。梁國志見了就想笑，幫兒子擦了擦臉，然後語重心長地對兒子說：「學作畫之前，要先學會做人，沒有人格的人永遠也不會成為優秀的書畫家。」

兒子抬起幼稚的小臉，很疑惑地問爸爸：「畫畫就畫畫，和做人有什麼關係？」梁國志說：「一個真正的畫家，是用心在畫，而不是用筆在畫。如果你是一個誠實、正直的君子，你的畫也就會充滿正氣，讓人一看就覺得充滿靈氣。」

兒子眨眨眼睛，好像還不是很懂，於是梁國志就講了宋朝有大奸臣秦檜的例子。他說：「秦檜其實是一個很有才華的人，他的書法相當好，但他是歷史上有名的奸臣，品行十分惡劣。他死了以後，人們一聽到他的名字就咬牙切齒地罵他，沒有人願意收藏他當時留下的書法作品，都認為留著他的字會帶來災難，他的作品不是被撕毀後扔到糞坑裡就是讓人用火燒掉。他的字現在留下的已經很少了，人們討厭他的字其實是討厭他這個人。」兒子點點頭，好像聽明白了。梁國志又說：「誠信是做人的第一步，不說謊話、講信用的人，才會挺起胸膛光明磊落地作人。」

兒子聽了，牢記父親的教導，一生堅守誠信的品格，後來他真的成了當時很受人尊敬的著名畫家。

誠信教育要從小時候開始。歷史上的曾子是孔子的學生，對待孩子的誠信教育上做得很認真。有一次，曾子的妻子準備去趕集，由於孩子哭鬧不已，曾子妻許諾孩子回來後殺豬給他吃。曾子妻從集市上次來後，曾子便捉豬來殺，妻子阻止說：「我不過是跟孩子鬧著玩的。」曾子說：「和孩子是不可說著玩的。小孩子不懂事，凡事跟著父母學，聽父母的教導。現在你哄騙他，就是教孩子騙人啊」。於是曾子把豬殺了。曾子深深懂得，誠實守信、說話算話是做人的基本準則，若失言不殺豬，那麼家中的豬保住了，但卻在一個純潔的孩子的心靈上留下不可磨滅的陰影。

## 寧可直取，不可曲求 —— 做人做事要講原則

**【原文】**

寧可直中取，不可曲中求。

**【釋義】**

寧可用正當的手段得到，不可用卑鄙的方式謀求。

這句賢文告訴我們：做人處事要講原則，要堂堂正正做人，要公平正直做事。

古有「志士不飲盜泉之水」，這句話源自「孔子過於盜泉，渴矣而不

飲，惡其名也」的典故。是說孔子路過「盜泉」，口很渴，但因為泉水的名字為「盜泉」，遂忍耐乾渴，不飲其水。孔子何人？聖人也。聖人忍住一時的口渴，不飲「盜泉之水」，是為了保持名節，因對「盜」的鄙視，而用自己的行為，言傳身教做人的道理。正因為這樣，一件生活中的小事，流芳千古，傳為佳話。

在戰爭年代，講原則就是一種氣節，一種視死如歸的精神。歷史上，這樣的英雄很多，文天祥就是如此一位錚錚鐵漢。那時，文天祥力主抗元，可是宋元力量相差懸殊，不久宋軍被元軍打敗，文天祥在海豐附近的五坡嶺被俘。元將張弘範陰險狡詐，看見文天祥連忙上前相迎，文天祥轉過身以脊背相對。張弘範恬不知恥地說：「文丞相，我敬佩你。古人說，識時務者為俊傑，只要你寫一封信給張世杰，叫他投降，那麼你還可以當丞相。」「無恥之尤！」文天祥一句話頂了回去。張弘範「嗖」地抽出寒光逼人的寶劍說：「你硬還是我的劍硬？」文天祥神色坦然，大步向劍尖撞去。張弘範連連退步，祈求地說：「文丞相，何必輕生，你就寫封信給張世杰吧！」文天祥站住，說：「拿紙筆來！」張弘範以為勸降成功，喜形於色，趕緊遞過紙筆，只見文天祥揮筆疾書：「辛苦遭逢起一經，干戈寥落四周星。山河破碎風飄絮，身世浮沉雨打萍。惶恐灘頭說惶恐，零丁洋裡嘆零丁。人生自古誰無死，留取丹心照汗青。」寫完，文天祥冷笑著說：「拿去吧！我兵敗被俘，不能捍衛父母之邦，深感無地自容，怎能寫信去叫別人背叛國家？只有你這樣的軟骨頭，才甘心做元軍的奴才！」元軍滅南宋後，張弘範又向文天祥勸降說：「現在宋朝已亡，你的責任盡到了。如果你投降元朝，仍然可以做宰相。」文天祥氣憤地說：「國家滅亡不能救，我怎能苟且偷生！」他決心以死報國。元朝統治者看到勸降無效，強行給文天祥上了刑具，把他關在一間陰暗潮溼的監牢裡。但元朝統治者看到文天祥不肯投降，還是不死心。元朝皇帝忽必烈決定親自勸降。見到忽必烈，文天祥不肯下跪，忽必烈的左右強行要他下跪，文天祥屹立不動，從容地說：「宋朝已經滅亡了，我應該趕快死。」忽必烈勸誘說：「你只要用對待宋朝的心來對待我，我就封你做宰相。」文天祥仍不理睬。忽必烈又說：「你不願做宰相，就請你做別的官，怎麼樣？」文天祥斬釘截的鐵地說：「我只求一死！」

在和平年代，由於地域、環境、文化層次、思維方式的不同，造成人們所追求的目標和理想也不盡相同，但是人生從自立做事那天起，每個人心中都應該有自己的做人原則。做人的原則會指導人一生的行為。樹立一個正確的做人原則，是人的立身之本。如果喪失了做人的原則，也就喪失了是非評判標準，你就會分不清敵我好壞，是非曲直，也就搞不清楚自己哪些事該做，哪些事不該做，一天到晚糊里糊塗，很容易走入歧途。因為人是具有社會屬性的，時時事事都要受到社會公認的法律和道德等準則的約束，你不可能置身於社會之外。

當然，做人要有原則，但還應考慮到原則與發展的關係。因為社會是向前不斷發展的，人的觀念也是在不斷更新，在不同的社會背景下，法律和道德準則會有所不同，這個時期你這樣做可能是對的，而同樣的做法放在另一個時期就是錯的，甚至是違法的。所以我們的做人原則，也要承受著時間的推移和社會的變革而不斷調整，絕不能讓原則成為一種定式，那樣很容易束縛和禁錮自己的思想。

## 得寵思辱，安居慮危 —— 做人要有憂患意識

【原文】

得寵思辱，居安思危。念念有如臨敵日，心心常似過橋時。

【釋義】

受到寵愛時就要想到遭受侮辱的時候，平安無事時要想到可能發生的危險。要念念不忘如臨大敵的日子，要一心想著像過獨木橋那樣謹慎。

做人要有危機意識。

什麼是危機意識呢？請看美國康乃爾大學做過一次有名的青蛙實驗：

經過精心的企劃，實驗人員開始把一隻青蛙冷不防地丟進熱水鍋裡，這隻反應靈敏的青蛙在千鈞一髮的生死關頭，迅捷地躍出那即將使牠葬身的熱水鍋跳到地面上安然逃生。

半小時後，實驗人員使用同樣大小的鐵鍋，這一回在鍋裡放滿了五分之四的冷水，然後把那隻剛剛死裡逃生的青蛙放到鍋裡，這隻青蛙在水裡舒服地不時地來回泅游。接著，實驗人員在鍋底下面用小火慢慢將水加熱。青蛙不知就裡，仍然自由自在地在水裡享受著「溫暖的快樂」。又過了一會，青蛙有些不適應了，可是等到牠開始意識到鍋裡的水溫讓自己已經熬不住了、必須奮力跳出才能活命的時候，一切為時已晚，牠欲躍乏力，全身癱軟，只能呆呆躺在鍋底，臥以待斃。

這個實驗，彷彿總結了我們的人生奮鬥歷程。當生活的重擔壓得我們喘不過氣來，挫折、困難堵住了四面八方的出口時，我們往往能發揮出意想不到的潛能，殺出重圍，找出一條活路、藍海來；等到了功成名就、志得意滿，甚至顧盼自雄的當下，反而陰溝裡翻船，弄得一敗塗地，不可收拾。

由此可見，險象環生的處境，對我們人生來說未必不是福祉，安逸、享樂、奢靡、揮霍的生活，則可能是足資警惕的災禍。我們所面臨的每一個困境，都可能變成一項挑戰，一次機遇，一種奮鬥，而不是難以自拔的陷阱。

我們在短暫的人生旅程中，也許很少會遇到青蛙進油鍋的那種危急處境，我們所遇到的更多的是溫水，在溫水中，人們不經意間就由一個對未來充滿無限憧憬的風華少年，變成了對一切都失去了熱情的白髮蒼蒼的老者，在這漫長但又快速的過程中，究竟有多少事情值得我們學習和徹悟？恐怕沒有人能說得清楚，因為我們對已經發生或將要發生的事情，常常是漠然而視，視若無睹。就此而言，我們跟這隻青蛙沒什麼本質上的不同。而且我們還有一套大道理「知足常樂。」於是，我們就在「比上不足比下有餘」的陶然自得中，被時間漸漸地消磨生命，稀釋熱情，蒸發精力……

青蛙實驗一直以來被作為激勵人們居安思危的範例。這是因為，許多人心裡往往缺乏一種潛意識 —— 危機意識！

具體地說，危機意識就是在國泰民安時政府官員仍日理萬機地操勞；在天下太平時國防人員仍嚴加防守警戒；在事業成功時商人仍不停占領市場的競爭；過平常日子時尋常百姓仍要省下一筆存款……通俗點說，就是在富有的時候不要忘了自己是從貧窮中來的，如果忘了本，不重節儉，恣意揮霍，仍可能會回貧窮中去。

當然，這並不是叫你杞人憂天，做一個人，時時有一些危機意識，能給你帶來壓力，讓你謹慎點，這未嘗不是件好事。

眾所周知，日本的企業在二戰之後臥薪嘗膽，經過數十年的奮鬥，在1970 年代終於有一批類似豐田、索尼、松下這樣的企業在國際市場登堂入室，取得世界性的成就。當這些企業成為巨人企業以後，事實上一種幾乎是很難避免的「大企業病」現象也滋生出苗頭。企業活力減弱、效率減低，市場反應能力變得緩慢，員工創業意識、危機意識衰退等等。這些現象都曾經是美國的大企業經歷過的問題。精明的日本人意識到這一點，他們沒等這一天降臨到自己頭上，而是主動地從1980年代初開始企業的「再造工程」。他們或者簡化自己的工作流程，減少環節提升效率；或者在企業內部倡導新的創業意識和創業管理，盡一切可能降低成本；或者是重新分析世界市場，調整企業的策略規劃等等。日本人的危機意識在這個時期展現得淋漓盡致。

《增廣昔時賢文》裡還有一句說得更為直接的話：常將有日思無日，莫把無時當有時。這些賢文告誡我們：處在安定的環境中要有清醒的頭腦，要想到自己的不足，同時要掌握各種應變技巧，未雨綢繆，做好準備，方能成為生活中的佼佼者。

## 時來運轉，倏忽之間 —— 做人做事要有耐心

【原文】

運去金成鐵，時來鐵似金。

【釋義】

機遇失去了黃金也會變成爛鐵，時來運轉的時候，即使生鐵也會貴如黃金。

賢文的真正含意是想告訴人們，不僅要抓住機遇，而且要有耐心，要懂得成功在於堅守。

人在生活中，不要急著要生活給予你所有的答案，有時候，你要拿出耐心等等。即使你向空谷喊話，也要等一會兒，才會聽見綿長的回音。也就是說，生活總會給你答案，但它不會馬上把一切都告訴你。譬如：一朵花的開放，一棵樹翠綠的成長。生活的美好，是在我們的等待中一點一點

接近我們的。所以，如果你是一個急性子，希望不要苛求生活為你變成急脾氣。請讓它在慢條斯理中，為你孕育美好。

曾經有一個旅人，行走在路上，在一條大河旁，他看到一個婆婆，正在為渡水而煩惱。已經精疲力竭的他，用盡渾身的力氣，幫婆婆渡過了河。結果，過河之後，婆婆什麼都沒說，就匆匆走了。旅人很懊悔，他覺得不值得耗盡力氣去幫助婆婆，因為他連「謝謝」兩個字都沒有得到。哪知道幾個小時後，就在他寸步難行的時候，一個年輕人追上了他，年輕人說：「謝謝你幫了我的祖母。祖母囑咐我帶些東西來，說你用得著。」說完話，年輕人拿出乾糧，並把胯下的馬也送給了他。

還有一個故事，說的是一個農夫，他在二十年前繼承了祖上傳下的幾畝地，在城郊種糧食，養家餬口，與鄉鄰們過著同樣清貧的生活。三年後，由於二十公里外的地方發現油田，城市熱鬧起來，經濟開始迅速發展。許多外地人湧進來，城市的地盤連年擴張。這位農夫所在的城郊出現條條寬闊大道，一幢幢高樓拔地而起，與鄉村的安靜與卑微形成鮮明對照。在這種形勢下，城郊的農夫們紛紛轉讓土地，有進城市工作的，有做小買賣的，反正錢也好賺，日子過得比以前富裕多了。但是，這位農夫沒有放棄田地，他對妻子說：「其他工作我都不在行，只有種地是我的專長。我希望一直守著它……」

三年過去了，農夫的幾畝地漸漸被住宅樓群包圍。他的家庭和土地成了樓上人眼中的風景，總是有三五成群的人到他的土地上散步、閒聊。這時的農夫已不種糧食，而改種花卉。因為花卉的價錢比糧食高。五年後，這位農夫的土地幾乎成了都市裡的一座私人花園，而農夫也成了一位優秀的園丁。他種植的花卉由於成本低，價錢相對便宜，且運輸方便，簡直供不應求。他每天都在賺錢。

時至今日，農夫已不再是二十年前的農夫了，變成本市一家花卉公司的老闆，管理手下 60 多名員工。雖稱不上巨富，但比起當年的所有鄉鄰，他是唯一獲得真正成功的人。

農夫最後說：「我就知道，只要我堅守自己，堅守我的土地，我才能成功。」

這個故事還告訴我們，機會永遠屬於有準備的人。

## 子孫愚兮，禮義必疏 —— 做人要知禮節

**【原文】**

倉廩虛兮歲月乏，子孫愚兮禮義疏。

**【釋義】**

倉庫裡如果沒有儲存的糧食，日子就會過得貧窮；子孫如果愚蠢，就不會懂得禮節。

這句賢文將精神層面的東西（禮義）與物質層面的東西（倉廩）相提並論，說明禮節對一個人是何等重要。一個家庭沒有吃穿，日子就無法過下去；同樣，一個家庭的子孫後代如果愚蠢無知的話，這個家庭還有什麼希望呢？因此，做人要講究禮節。

禮是規範人們的行為準則，一個社會不能沒有行為準則。在當今有些人缺少禮貌修養，以致產生了許多不和諧之聲。因此，要想創建和諧社會，有必要重視禮節修養，充分發揮這一社會「潤滑劑」的功效。

古語說：「不學禮，無以立」、「人無禮則不生，事無禮則不成，國無禮則不寧」、「文質彬彬，然後君子。」所以，禮儀是走遍天下的金拐杖，「禮」可以幫你更好地處理你的人脈關係，「禮」還可以實現人與人之間互惠互利，知禮、守禮，保持人的正常交往，你才擁有一個成功的人生。

歷史上的成功人士都深諳禮節之道，並由此助他們走向了成功。當年劉備三顧茅廬地請諸葛亮出山時，關羽和張飛都對他的低三下四頗有微詞，但沒過多長時間，二人就對劉備的英明決策佩服不已：若不是劉備如此禮數備至地以誠心打動諸葛亮，他怎會死心塌地地為劉備鞠躬盡瘁？若沒有諸葛亮這個人才，劉備的霸業怎能完成？其實，諸葛亮也知劉禪是扶不起的阿斗，但是，因為劉備待自己不薄，也只好兢兢業業地扶持。

一個不懂得禮節的人，儘管個人能力很強，但得不到主管的認可和團隊的支持，是很難獲得成功的。

有時，禮貌比知識更重要。曾有一個應屆畢業生，實習時被導師帶到國家某部門的實驗室去參觀。這時，有一位祕書給大家倒水，一起去的同學們都表情木然，只有他真誠地說：「謝謝您，大熱天的，辛苦您了！」祕書高興地看了他一眼，雖然這是很普通的一句客氣話，卻是她今天唯一聽到的一句令她高興的話。後來部長進來和大家打招呼，不知怎麼回事，會議室裡卻顯得靜悄悄的，沒有一個人回應。他左右看了看，猶豫了一下帶頭鼓起了掌，同學們這才稀稀落落地跟著拍手。有點尷尬的部長最後說：「我看同學們好像都沒有帶筆記本，這樣吧，王祕書，請你去拿一些我們部裡印的紀念畫冊，送給同學們作個紀念。」同學們都坐在那裡很隨意地用一隻手接部長遞過來的畫冊，部長的臉色很難看，只有他禮貌地站起來，身體前傾，雙手接過畫冊，恭敬地說了一聲：「謝謝您！」部長聞聽此言，覺得眼前一亮，伸手拍了拍他的肩膀：「你叫什麼名字？」他照實回答了。部長微笑地點頭回到了自己的座位上。早已汗顏的導師看到此景，這才稍微鬆了一口氣。

幾個月後，只有他收到了該實驗室寄來的接收函。有幾位填報了分配意向的同學頗為不滿地找到了導師，問憑什麼選他而不選我們？導師說：

「這是人家點名的。其實你們的機會是一樣的。不錯，你們的成績的確比他還要好，但做人要懂得禮貌，這是最起碼的要求，他在這方面比你們都要強，你們知道嗎？」導師的一席話，說得這些同學低下了頭。

這則故事說明，要做好事先要學會做人，而知禮是做人的重要道德修養之一。

在這個社會上，禮節在某種程度上是一個人在社會上的通行證，如果沒有這張通行證就有可能到處碰壁。有這樣一個年輕人，要到外地做事。他走了很長時間，想知道還有多少路程可到車站，便去問一位在田間耕作的長者：「喂！老頭，到車站還有多少里路？」長者看了看年輕人，想了一會說：「年輕人，到車站還有三『畝』路程。」年輕人一聽長者的回答，非常生氣地指責長者：「路只有多少里的，哪有講多少『畝』的。我問的是到車站還有多少『里』路。」長者不急不慢地回答道：「年輕人，我們這也是講多少『里』路程的，只是因為你不講『禮』，所以我也無法跟你講『里』。」年輕人這才明白了長者的意思，趕緊向長者賠禮道歉，這才得到了長者的諒解和幫助。

這則小故事說明，禮貌對我們做人是非常重要的。尤其是在需要別人幫助的情況下，就更需要講禮貌，否則你是難以得到別人的真誠幫助的。

## 貪一斗米，失半年糧 —— 處世不要存貪心

**【原文】**

貪他一斗米，失卻半年糧。爭他一腳豚，反失一肘羊。

**【釋義】**

貪圖他人的一斗米，卻失去了自己吃用半年的糧食；為了與別人爭一隻豬腳，反而丟掉了半隻羊。

此句賢文字面似乎是指做事得不償失，其意是勸告世人不要太貪婪。

貪婪是厄運的源頭，目光短淺的人為了享受一時之快，貪圖蠅頭小利，結果只會遺害無窮。曾有這樣一則寓言：一天，一個孩子追逐一隻貓，想抓住牠，這隻貓倉皇奔跑，一頭鑽進廚房裡，突然，「砰」地一聲，牠將一瓶蜂蜜打破了。蜂蜜灑了出來，甜味瀰漫在院子裡。有一群蒼蠅被蜂蜜的甜味吸引，紛紛從窗外飛進來，停在蜂蜜的黏液上大快朵頤。牠們沒注意到雙腳已被蜂蜜黏住了，依然享受著蜂蜜的甜味，沒多久，牠們飛不走也動不了，身體漸漸地凝在蜂蜜裡。這群蒼蠅越是想掙脫，越是被黏得牢，最後，用盡了力氣也沒有逃離。斷氣前，牠們嘶吼著：「我們真是傻，為了一點甜頭，竟然害了自己。」

一個學者曾經說過：「一個人的心臟只有拳頭大小，但是，如果你把整個地球全部裝進去，也裝不滿，還會有空隙。」這句話的意思說明了人是非常貪婪的一種動物。

「人為財死，鳥為食亡」。禽獸追求的只是活命的口糧，儲存一點過冬的食物，便是最大的積蓄了。人卻在無休止地拓廣自己的生活領域，有了基本的生存條件還要不停地讓生活更為豐富多彩，於是便拚命地攫取。人在各個方面都是永遠不會滿足的。這種不滿足既有好處，也有壞處。如果是正當的追求，這種「貪婪」可以讓人永遠進步，如果是貪天之「物」為己有，這種貪婪就可以把人送進監獄。

還讀到過這樣一則寓言，更把人性深處的貪婪暴露無遺：

一隻小鳥不解地問父親：「為什麼人類不如我們幸福？」

老鳥答道：「因為在人類心中生長著一根刺，這根刺無時不在刺痛和折磨著他們。他們自己為這根刺起了個名字，它叫做貪婪。」

小鳥又問：「貪婪？貪婪是什麼意思？爸爸，你知道嗎？我想親眼見識見識。」

「這很容易。若看見有人走過來，趕快告訴我，我讓你見識一下人類心中那根貪婪之刺。」

少頃，小鳥便叫了起來：「爸爸，有人走過來啦。」

老鳥對小鳥說：「聽我說孩子，待會我要自投羅網，主動落到他手中，你可以看到一場好戲。」

小鳥不由得十分擔心，說：「如果你受到什麼傷害……」

老鳥安慰它說：「別擔心，孩子，我了解人類的貪婪，我曉得怎樣從他們手中逃脫。」說完，老鳥飛離小鳥，落到來人身邊。那人伸手便抓住了牠，樂不可支地叫道：「我要把你宰掉，吃你的肉。」

老鳥說道：「我的肉這麼少，夠填飽你的肚子嗎？」

那人說：「肉雖然少，卻美味可口。」

老鳥說：「我可以送你遠遠比我的肉更有用的東西，那是三句至理名言，假如你學到手，便會發大財。」

那人急不可耐：「快告訴我，這三句名言是什麼？」

老鳥眼中閃過一絲狡黠，款款地說道：「我可以告訴你，但是有個條件：我在你手中先告訴你第一句名言；待你放開我，便告訴你第二句名言；等我飛到樹上後，才會告訴你第三名句言。」

那人一心想盡快得到三句名言，好去發大財，便馬上答道：「我答應你的條件，快告訴我第一句名言吧。」

老鳥說道：「這第一句名言便是：莫惋惜已經失去的東西！根據我們的條件，現在請你放開我。」那人放開了老鳥。

「這第二句名言便是：莫相信不可能存在的事情。」說完，牠邊叫著邊振翅飛上了樹梢，「你真是個大傻瓜，如果剛才把我宰掉，你便會從我腹中取出一顆重量達 120 克、價值連城的大寶石。」

那人聽了，懊悔不已，把嘴唇都咬出了血。他望著樹上的鳥，仍惦記著他們剛才談妥的條件，便又說道：「請你快把第三句名言告訴我！」

狡猾的老鳥譏笑他說：「貪婪的人啊，你的貪婪之心遮住了你的雙眼。既然你忘記了前兩句名言，告訴你第三句又有何益？難道我沒有告訴你『莫惋惜已經失去的東西，莫相信不可能存在的事情』嗎？你想想看，我渾身的骨肉羽翅加起來不足 100 克，腹中怎會有一顆超過 120 克的大寶石呢？」

那人聞聽此言，頓時目瞪口呆，好不尷尬，臉上的表情煞是可笑……

一隻鳥就這樣耍弄了一個人。

老鳥回望著小鳥說：「孩子，你現在可親眼見識過了？」

小鳥答道：「是的，我真的見識過了。可是這個人怎會相信在你的腹中有一顆超過你體重的寶石，怎會相信這種根本不可能存在的事情呢？」

老鳥回答說：「貪婪所致，孩子，這就是人類的貪婪本性！」

貪婪確實是人性中的一個弱點，值得每一個世人警醒。做人要看得長遠，懂得取捨，追求功名、權力、金錢、地位本也無可厚非，但不論追求什麼，總要適可而止。如果讓貪慾牽著鼻子走，最終一定會走向萬劫不復的深淵。

## 耳聽為虛，眼見為實 —— 凡事要身體力行

**【原文】**

口說不如身逢，耳聞不如目見。

**【釋義】**

嘴巴說不如親身經歷，耳朵聽不如親眼所見。

此句賢文言詞樸實，卻包涵深刻的做人之道：凡事都要身體力行，盡量不聽一面之詞，少依賴別人。

古時有個秀才，寒窗苦讀十五年後去進京趕考，投宿在京城附近的客棧，那天晚上秀才做了個夢，夢到了三件事。一、他在自家院子裡的牆頭上面種白菜；二、出門時天下著小雨，自己戴著一頂斗笠，手裡還撐著一把雨傘；三、自己和心愛的小姐背靠背睡在他床上。

第二天一早，秀才就去找解夢大師為他解夢。大師說：「你快回家吧，這次的京試和你無緣。」秀才說為什麼？大師解釋道：「在牆頭上面種白菜，這就是說你是白種（中）的，根基不穩徒勞；二、自己戴著一頂斗笠，手裡還撐著一把雨傘，就是說你多此一舉；三、你和心愛的小姐背靠背睡在床上，就是說你心愛的人都要和你分道揚鑣了。」秀才覺得有道理，我就認命吧，回到客棧收拾行囊就要回家。

客棧老闆問怎麼不去考了，秀才把昨晚的夢和解夢大師的解夢一五一十給客棧老闆說。客棧老闆說我也會解夢：「一、在牆頭上面種白菜是你高種（中）了啊；二、自己戴著一頂斗笠，手裡還撐著一把雨傘這說明你有備而來的，是有備無患；三、你和心愛的小姐背靠背睡在床上，該是你們翻身的時候到了。」

秀才一聽也有道理，於是就專心致志地參加了考拭，結果卻中了狀元。如果不是客棧老闆，他差一點就誤了自己的前程。所以說，凡事不要道聽塗說，走自己確認的道路。

史書記載，唐太宗李世民任命魏徵做宰相時，他問魏徵怎樣才能成為賢明皇帝。魏徵說堯舜善於聽取多方面的意見，所以就賢明，能保住天下；他又說秦二世、梁武帝和隋煬帝道聽塗說，不去了解真實情況，所以就亡國。唐玄宗認為言之有理。

大家一定聽說過，歷史上那個「三人成虎」的故事吧：

魏國大夫龐恭和魏國太子一起作為趙國的人質，定於某日啟程赴趙都邯鄲。臨行時，龐恭向魏王提出一個問題，他說：「如果有一個人對您說，我看見鬧市熙熙攘攘的人群中有一隻老虎，君王相信嗎？」魏王說：「我當然不信。」龐恭又問：「如果是兩個人對您這樣說呢？」魏王說：「那我也不信。」龐恭緊接著追問了一句道：「如果有三個人都說親眼看見了鬧市中的老虎，君王是否還不相信？」魏王說道：「既然這麼多人都說看見了老虎，肯定確有其事，所以我不能不信。」

龐恭聽了這話以後，深有感觸地說：「果然不出我的所料，問題就出在這裡！事實上，人虎相怕，各占幾分。具體地說，究竟是人怕虎還是虎怕人，要根據力量對比來論。眾所周知，一隻老虎是絕不敢闖人鬧市之中的。如今君王不顧及情理、不深入調查，只憑三人說虎即肯定有虎，那麼等我到了比鬧市還遠的邯鄲，您要是聽見三個或更多不喜歡我的人說我的壞話，豈不是要斷言我是壞人嗎？臨別之前，我向您說出這點疑慮，希望君王一定不要輕信人言。」

龐恭走後，一些平時對他心懷不滿的人開始在魏王面前說他的壞話。時間一長，魏王果然聽信了這些讒言。當龐恭從邯鄲回魏國時，魏王再也不願意召見他了。

看起來，謠言惑眾，流言蜚語多了，的確足以毀掉一個人。隨聲附和的人一多，白的也會被說成黑的，真是叫做「眾口鑠金，積毀銷骨」。所以我們對待任何事情都要有自己的分析，不要人云亦云，被假象所矇蔽。

這個典故還提示我們：人或多或少都會受到輿論的影響。一個人容易做到不信「一家之言」，但當輿論呈「一邊倒」的態勢時，卻不容易做到準確判斷形勢並正確決策。道聽塗說對普通人而言，損失的可能僅僅是個人的健康、財產乃至生命；而對國家、地區的決策者而言，不做調查分析道聽塗說所帶來的損失就難以估量。

人活在世上，無論是當主管還是普通百姓，要盡量保持清醒的頭腦，做到不偏信，做到身體力行，雖然不必事必躬親，但要努力去實踐，才能掌握真知灼見，才能處於不敗之地。

# 第三章
# 相識滿天下，仁義值千金 —— 人脈靠交際

人際關係是人生最大的財富。尤其是在 21 世紀中激烈競爭又緊密依存的社會裡，人際社交能力往往是決定一個人生存與發展的基本能力。學會與人共處以及與人合作尤為重要。《增廣昔時賢文》裡有許多倡導交際、建立人脈的令人稱道的經驗值得我們學習。

## 財如糞土，仁值千金 —— 助人為樂是交際的美德

**【原文】**

錢財如糞土，仁義值千金。

**【釋義】**

金錢和財物就像糞土一樣，仁義道理是無價之寶。

是的，在人際社交中，真情就是無價之寶，勝過所有的金銀財物。

在美國的一個小鎮上。有一個夜晚，刮著北風，透著刺骨的寒冷，一對老夫妻步履蹣跚地走在街上。由於夜深了，天氣寒冷，很多旅館不是人已經滿了，就是早早關了門。這對夫妻，又冷又餓，希望盡快找到住處。

當他們來到路邊一間簡陋的旅館，店裡的小夥計充滿歉意地說：「店裡客人都滿了。」「我們找了好多家旅館，這樣糟糕的天氣，我們該怎麼辦呢？」屋外，呼呼刮著寒風，眼看就要飄起雪花了，讓這對夫妻非常煩惱。

店裡的小夥計不忍心讓這兩位老人再繼續受凍，他說：「如果你們不計較的話，今晚就住在我的床位上吧！我自己在店面裡打個地鋪就好。」

小夥計見他們飢寒交迫，又為他們端來熱水和熱呼呼的飯菜，為老夫妻鋪好了床，老年夫妻非常感激。第二天的時候，付了雙倍的客房費，小夥計堅決不要。他說：「我僅僅做了一件自己力所能及的事情，讓你們這麼大年紀的人在風雪中，任何人都於心不忍。」

臨走時，老夫妻拍著年輕人的肩膀，語重心長的說：「年輕人，只有像你這樣的素養，這樣經營旅館的人，才有資格做一家五星級飯店的總經理。」

「那樣就太好啦！」小夥計並沒有在意，「起碼總經理的收入可以更好的養活我的媽媽啦。」他隨口應和道，哈哈一笑。

沒想到，兩年後的一天，年輕人收到一封來自紐約的信件，信中夾有一張往返紐約的雙程機票，並邀請他去拜訪一對老夫妻，就是當年睡他床位的那兩位老人。

年輕人來到大都市紐約，老年夫妻把年輕人帶領最繁華的街市，指著那裡的一幢摩天大樓說：「這是一座專門為你興建的五星級旅館，現在我正式邀請你來當總經理。

朋友們，這是一個真實的故事，年輕的年輕人因為一次舉手之勞的助人行為，美夢成真。年輕人不僅得到了好的職位，而且得到了別人的信任。年輕人是幸運的，但是他的幸運不是上帝賦予的，是來自他助人為樂的高貴素養。

古往今來，有許多慷慨解囊、助人為樂的故事，感動著一代又一代的人。而且，往往是人們不經意的一次相助，或者很隨意的「義氣之舉」，卻為今後的人生埋下了「福根」。

在戰國時代，齊國孟嘗君有一個門客馮諼。有一次，孟嘗君派馮諼去薛城收債。馮諼向孟嘗君辭行，並請示：「收完債，您需要買些什麼東西嗎？」孟嘗君順口答道：「先生看我家裡缺什麼，就買些什麼吧！」

馮諼驅車來到薛城，派人把所有負債之人都召集到一起，核對完帳目後，他便假傳孟嘗君的命令，免去所有的欠款，並當面燒掉了債券，百姓感激不已，皆呼萬歲。

馮諼隨即返回，一大早便去求見孟嘗君，孟嘗君沒料到他回來得這麼快，半信半疑地問：「債都收完了嗎？」馮諼答：「收完了。」「那你幫我買了些什麼回來呢？」孟嘗君又問。馮諼不慌不忙地答：「您讓我看家裡缺少什麼就買什麼，我考慮到您有用不完的珍寶，數不清的牛馬牲畜，美女也站滿庭院，缺少的只有『義』，因此我為您買『義』回來了。」孟嘗君不知所云，忙問「買義」是什麼意思。馮諼就把事情經過說了。孟嘗君聽罷心裡很不高興，只得悻悻地說「算了吧！」

一年後，孟嘗君由於失寵於齊王而被趕出國都，只好回到薛城。當孟嘗君的車子距薛城還有上百里遠時，薛邑百姓便已扶老攜幼，夾道相迎。孟嘗君好生感慨，回頭對馮諼說：「先生您為我所買的『義』，今天終於看見了！」

這個「馮諼市義」的故事，讓我們懂得，民心比金錢更重要。古人云：「得民心者得天下，失民心者失天下。」民心向背是決定一個政權盛衰興亡的根本因素。推而廣之，人際社交又何嘗不是如此呢？人與人之間，付出真情，講究誠信，比什麼都重要。

## 畫虎畫骨，知人看心 —— 交友要交心

**【原文】**

畫虎畫皮難畫骨，知人知面不知心。

**【釋義】**

畫老虎的外貌很容易，但要畫出老虎的骨骼卻很難；了解人的外表很容易，但要了解人的內心卻很難。

這句賢文說的就是看人不能看表面，交友要交心。同時它還提醒我們，在人際社交中，切忌只憑直覺經驗來辨人識人，這樣很容易出現重大的失誤。

唐玄宗李隆基的兵部尚書李林甫，其才藝很不錯，一手字、畫都很好，但他做官卻不正正經經地做事，而是一味遷就和迎合玄宗的意旨。不但如此，他還用些不正當的方法結交玄宗親信的宦官和妃子。因此，他很得玄宗的寵信，一直在朝中做了十九年的官。李林甫和一般人接觸，總是

在外貌上表現出和人很友好，非常合作，嘴裡並說盡所有可以說的好聽的、善意的話。可是實際上，他的性情和他的表面態度完全相反，他竟是一個非常狡猾陰險、常常使壞主意來害人的人。日子久了，人家就發現了地這種偽善，於是大家便在背地裡說他「口有蜜、腹有劍」。也就是說：口上甜甜蜜蜜，心中利劍害人。唐朝還有一個做中書侍郎的李義府，平常的行動和表情，顯得非常忠厚和溫和；而且他不管和誰說話，總一定先自己咧開嘴笑，表現出十分誠懇和善良的樣子。其實地的心地既刻薄，又奸詐，常使用陰險的計策害人。日子久了，人家也發現了他的這種假面具，就在背地裡說他「笑裡藏刀」。

像李林甫和李義府那樣的人是非常可怕的，因為他們表裡不一，若不小心，便要上當受害。所以「口蜜腹劍」可作我們交友的戒言。「口蜜腹劍」和「笑裡藏刀」雖出自兩個人的兩個故事，但其含義是相同的，都是形容人口是心非和表裡不一致；外面表現的很好，很討人好感，叫人願意結交，而心裡卻是盡想些壞主意計算人，謀害人。這個典故提醒我們，交際時要謹慎再謹慎。

常言說：「澆樹要澆根，交友要交心」，心靈之交才會肝膽相照。有權時多交清淡朋友，有錢時不交酒肉朋友，得志時慎交逢迎朋友，失意時要交知心朋友。

人生在世，誰也不願做「孤家寡人」，特別是當今市場經濟時代，沒有朋友，沒有熟人，確實有些事是不好辦的。但交什麼樣的朋友，卻是有學問的。古人說，君子交友先選擇而後交友，則少憂；小人先交友而後選擇，則多怨。因此我們交際時要特別記住：和正直的人交友，和講誠信的人交友，和學識淵博的人交友，不但能天長地久，而且能終身受益，反之則有害；和走邪道的人交友，和阿諛奉承的人交友，和善於花言巧語的人交友，不但沒味道，反而會麻煩纏身。朋友的朋友，可以成為朋友，敵人的敵人，不一定成為朋友。最好的老師，是公開的化敵，最大的危險，是偽裝的朋友。

今天，人們有一種普遍的心理：不信任。造成這種心理的原因之一大概是生活中「口是心非」的人太多了。口是心非，毫無疑問，就是表面上說得天花亂墜，而內心則全非如此；表面對你百依百順，而實際上則是我行我素；嘴裡說著對你的讚譽之詞，而內心則是詛咒你不得好死……試想一下，如果長期生活在這些人當中，吃過幾次虧之後，不論是誰都會增強戒備心，對他的話加上幾個問號。但是話又說回來，如果每個人都變成這樣，就像戴著一副面具一樣，那生活還有什麼意思呢？人與人之間的真誠、友愛都到哪裡去找呢？所以說，我們每個人，特別是年輕人，要努力去扭轉這個局面，要學會真誠，切不可做個口是心非的人。口是心非，對別人不真誠，會使你失去許多寶貴的東西。你嘴不對著心，表裡不如一，對別人人前一面，人後一面。反過來別人對你也是如此，仔細想一想，這樣的生活你還會覺得有意思嗎？

口是心非者終將失去人格——毀掉他人對他的信任。世界上恐怕沒有比失去人格更可悲、可痛的事了。

因此，在人際社交中要以心交心，交真心朋友，自己也要坦誠做人，用一顆真誠的心去對待別人，千萬不要做口是心非的小人。

## 牡丹雖好，棗花實成 —— 多結交踏踏實實的人

【原文】

牡丹雖好空入目，棗花雖小結實成。

【釋義】

牡丹花開得鮮豔卻只能供人觀賞，棗樹的花雖小卻能結出果實。

此句賢文的言外之意是勸告世人，交往時不要圖表面光鮮，要重實際，要多結識為人誠實可靠、做事踏踏實實的人。

世上踏踏實實的人很多，正是因為他們的踏實肯做，吃苦耐勞，才有了事業的成功和人生的輝煌。李奧納多·達文西畫出的雞蛋並不是一次亂塗鴉，在他很失敗時，他腳踏實地認認真真練習，耐得寂寞，堅持得住，審視自己的不足，苦練基本功，最後才成為赫赫有名的畫家；越王勾踐在遭到失敗後並沒有心灰意冷，他明白成功不會是一蹴而就，需要的是腳踏實地的作風，於是才有了「苦心人，天不負，臥薪嘗膽，三千越甲可吞吳」的神話，吳王敗就敗在缺少越王勾踐那股腳踏實地的作風上……

人這一輩子會結交很多朋友，有踏踏實實做人做事的，也有只想和你喝酒玩樂的。雖然那些和你吃喝玩樂的人可能有錢，也可能有勢，可能在某些方面能幫到你，而那些踏踏實實的朋友可能在經濟上幫不到你，但他們都是真心朋友，不能薄待他們，他們或許暫時沒有取得事業的成功，但他們的將來是不可估量的，要相信他們，更要鼓勵他們，有條件的話還要幫助他們。平時，我們要多交結這些踏踏實實的朋友，少結交那些華而不實的朋友。

一個人有什麼樣的朋友，直接反映著他的為人。要了解一個人，你只要觀察他的社交圈就夠了，從中可以看到他的價值取向。這就是我們經常

說的「物以類聚，人以群分」。但是朋友有好壞之分。良友益友可以給你帶來很多幫助，惡友佞友卻會給你帶來許多麻煩，甚至引你走上歧途。因此，選擇朋友就顯得非常重要。

孔夫子說，這個世界上對自己有幫助的有三種好朋友，就是所謂「益者三友」，是友直、友諒、友多聞。就是正直的朋友，誠實的朋友，廣見博識的朋友。在孔子生活的先秦時代，不像我們今天有電腦、智慧型手機、無線網路，有這麼發達的資訊，有各種形式的媒體。那個時候的人要想廣視聽怎麼辦呢？最簡單的一個辦法就是結交一個廣見博聞的好朋友，讓他所讀的書，讓那些間接經驗轉化成你的直接經驗。

同時，孔老夫子又說還有三種壞朋友，叫做友便辟、友善柔、友便佞，一是指專門喜歡諂媚逢迎、拍馬屁的人。我們在生活中經常會碰到這樣的人，你的什麼話，他都會說：「太精彩了」；你做的任何事情，他都會說：「太棒了」。他從來不會對你說個「不」字，反而會順著你的思路、接著你的話，稱讚你，誇獎你。二是典型的「兩面派」。他們當著你的面，永遠是和顏悅色，滿面春風，恭維你，奉承你，就是孔子說的「巧言令色」。但是，在背後呢，會傳播謠言，惡意誹謗。三是指言過其實、誇誇其談的人，就是老百姓說的「光會耍嘴皮子」的人。

這第三種壞朋友就是那種華而不實的人，那種從來不踏踏實實的人。孔夫子非常反感這種花言巧語的人。他認為君子應該少說話，多做事。他最看重的，不是一個人說了什麼，而是一個人做了什麼。

當然，在現代社會，人們的價值觀有了一定的變化，有真才實學的人，如果口才太過於笨拙，不善於表達自己，也會給自己的職業和人生帶來一些障礙。但是，如果只會言語，沒有真功夫，那種危害比前者要可怕得多。這樣的朋友可千萬不能交，否則我們將付出慘重的代價。

從某種意義上講，交到一個好朋友其實就是開創了一段美好生活。我們的朋友正像一面鏡子，從他們身上能看到自己的差距。我們交友並不要求去結交富豪和有權勢的人，並不要求能改變我們的現實生活條件，但透過交往品格好做事踏實的朋友，可以完善你的品德，提升你的修養，豐富你的內涵。

## 人不貌相，水不斗量 —— 不要以貌取人

**【原文】**

凡人不可貌相，海水不可斗量。

**【釋義】**

平平常常的人不能只憑外貌去判斷，大海的水也無法用斗來稱量。

此句賢文告訴人們，在人際社交時，特別是公司在用人之際，不能以貌取人，要注重一個人的真才實學，不然就可能失去真正的朋友和人才。

當然，這句賢文還有另外一層更深刻的意思，那就是不要老在別人面前炫耀你的成就與地位，要知道，山外有山，人外有人。

《史記》卷六十二《管晏列傳》裡面有一篇晏子的傳記。晏子就是齊國的名相晏嬰，「晏子使楚」的故事是大家所熟悉的。

晏嬰是五短身材，其貌不揚，看起來樣子有點猥瑣。他有一個車夫，卻長得特別帥，個子高高的，相貌堂堂。這個車夫很有意思，覺得自己給齊國的宰相駕車很風光。而且，他覺得自己的位置很好：每天坐在車前面，駕著高頭大馬，而晏子卻只能在車棚裡面坐著。他覺得車夫這個職業真是太好了！

有一天，車夫回到家裡，發現自己的夫人哭哭啼啼地收拾了東西要回

娘家。他吃驚地問道，你要做什麼？他夫人說，我實在忍受不了了，我要離開你。我覺得跟你在一起挺恥辱的。車夫大驚，你不覺得我風光嗎？他夫人說，你以為什麼叫做風光？像人家晏嬰那樣身負治世之才，卻如此謙恭，坐在車裡毫不張揚；而你不過就是一個車夫而已，卻覺得自己風光無限，趾高氣揚全在臉上！你整天跟晏嬰這樣的人在一起，卻不能從他身上學到一點東西來反省自己，這使我對你很絕望。跟你生活是我人生最大的恥辱了。

後來這個事情傳揚出來，晏嬰對這個車夫說：「就因為你有這樣的夫人，我就應該給你一個更好的職位。」反而提拔了這個車夫。

這個故事告訴我們，我們的周圍有很多人，他們的生活方式和他們處世態度，都可以成為我們的鏡子，關鍵是我們自己要做個有心人。下面這個《大帝與少校》的故事，更能說明「人不可貌相」這個千年不變的道理：

亞歷山大大帝騎馬旅行到俄國西部。有一天，他來到一個山村小鎮，為了能夠多了解一些民間情況，他決定改為步行。當他穿著布衣走了一段路程時，感到有些疲憊，於是便向站在路口的一個軍人打聽客棧的位置：「你好，朋友，能告訴我去客棧怎麼走嗎？」

那軍人叼著一支大菸斗，扭了一下高傲的頭，將眼前這個身穿布衣的旅行者上下打量了一番，傲慢地答道：「朝右走！」

「謝謝！你能告訴我客棧離這還有多遠嗎？」大帝又問道。

「一英里。」那軍人仍然生硬地答道，並瞥了一眼身旁的陌生人。

大帝抽身道別剛走出幾步又停住了，回來微笑著說：「冒昧請問，我還想問你一個問題。要是可以的話，請問你的軍銜是什麼？」

「猜嘛！」軍人猛吸一口菸說道。

「中尉？」大帝笑著說道。

軍人搖了搖頭，讓他繼續猜。

「上尉？」

「還要高些。」軍人高昂著頭說道。

「那麼，你是少校？」

「是的！」他高傲地回答。於是，大帝敬佩地向他敬了禮。

「如果你不介意，請問你是什麼官？」少校神氣十足地問道。

「你猜！」大帝樂呵呵地回答。

「中尉？」

「不是。」大帝搖搖頭說。

「上尉？」

「也不是！」

「那麼你也是上校？」少校走近仔細看看了說。

「繼續猜！」大帝鎮靜地說。

少校取下菸斗，那副高貴的神氣一下子消失了。「那麼，你是部長或將軍？」少校用十分尊敬的語氣低聲說。

大帝搖搖頭說：「不是，不過你快猜到了。」

少校看了看大帝，結結巴巴地說：「殿……殿下是陸軍元帥嗎？」

「我的少校，再猜一次吧！」大帝說。

「皇帝陛下！」少校的菸斗從手中一下掉到了地上，猛地跪在大帝面前，忙不迭地喊道：「陛下，饒恕我！陛下，饒恕我！」

「朋友，你並沒有做錯什麼，為什麼要讓我饒恕你呢？」大帝笑著說，「你沒傷害我，我向你問路，你告訴了我，我還應該謝謝你呢！」

這則故事除了告誡世人「人不可貌相」外。還表現了兩種人，一是喜歡自高自大、在別人面前亂炫耀自己的人；二是面對下級的非禮待遇卻十分寬容的人。

## 酒肉兄弟，急難不見 —— 患難之時見真情

**【原文】**

有茶有酒多兄弟，急難何曾見一人。

**【釋義】**

有茶有酒相待時，就有很多人稱兄道弟，但當你遇上危急困難的時候，卻看不到一個人了。

賢文所指，就是我們口頭上常常說到的「酒肉朋友」，在現實生活中，這種人是屢見不鮮的，在人際社交中，我們必須引以為戒。

其實，人只有在患難與共時最容易找到真心相護、心心相印的朋友，正所謂疾風知勁草，患難見真情。下面這個「羊左之交」的故事就是最好的印證。

春秋時期，楚元王招納賢士。西羌積石山有一讀書人，叫左伯桃，自幼父母雙亡，讀書多年。聽說楚元王招納賢士，便帶了一囊書，徑奔楚國而來。時值寒冬，風雪交加，途中他與另一位叫羊角哀的讀書人有緣相識。羊角哀讓伯桃烘衣，並準備酒飯，款待伯桃，十分殷勤。當夜兩人抵足而眠，商量決定同往楚國，施展自己的抱負。

走了一天又一天，雪更大了，山路積雪一尺多厚。伯桃凍得受不了，說：「我想此去一百多里，荒蕪人煙，糧食接濟不上，缺衣少食。若一人獨去，可以到達楚國；二人都去，就是不被凍死，也必定餓死在中途，我把身上衣服脫給賢弟穿了，賢弟帶著乾糧，掙扎著快走，我確實走不動了，寧願死在這裡。等賢弟見了楚王，必將受到重用，那時再來埋葬我也

不晚。」角哀說：「哪有這種道理？我二人雖然不是親兄弟，但義氣不亞於親骨肉。我怎麼可以獨自去求取功名呢？」說什麼也不答應，於是扶著伯桃前行。

又走了一段，風雪越來越大，正好路邊有一棵枯桑，還可遮擋風雪。那棵桑下只容得了一人，角哀於是扶伯桃進去坐下。伯桃讓角哀敲石取火，燒些枯枝抵禦寒氣。等角哀找回柴火，只見伯桃脫了所有的外衣放在一邊。角哀大吃一驚：「兄長你做什麼？」伯桃說：「我想不出什麼辦法，賢弟別耽誤了。趕緊穿上這衣服，背上乾糧快走，我甘願死在這裡。」角哀上前抱住伯桃放聲大哭，說：「我二人同生共死，怎麼能分離呢？」伯桃說：「如果都餓死了，誰來埋葬呢？」角哀說：「既然這樣，我情願解下衣服給兄長穿上，兄長可帶上乾糧走，我寧可死在這裡。」伯桃說：「我平生多病，賢弟年輕體壯，比我強得多，加上胸中學問，我更趕不上。如見到楚王，必然受到重用。我死何足道哉？賢弟不要耽誤了，快走。」角哀說：「兄長餓死在這裡，我獨自去取功名，這種不義之人，我不會做的。」伯桃說：「我從積石山來到賢弟家中，一見如故。知道賢弟胸懷大志，所以勸你求取上進。不幸被風雪所阻，這是我命該如此，如果讓賢弟死在這裡，那就是我的罪過了。」說完，就想跳入前面的山溪尋死。角哀一把抱住放聲痛哭，用衣服擁住伯桃，再扶到桑樹下。伯桃把衣服推開。角哀想再上前勸解時，只見伯桃神色已變，四肢僵硬，口不能言，勉強擺手示意角哀快走。角哀再次用衣服擁護，而伯桃已經奄奄一息，眼看不行了。

角哀心想：「再過一會兒，我也凍死了，死了誰來埋葬兄長？」於是在雪中哭拜到：「不肖弟此去，還望兄冥中相助，稍得微名，必來厚葬。」伯桃微微點頭，轉瞬氣絕。角哀只得取了衣服乾糧，一步一回頭，邊哭邊走。

角哀忍著寒冷，半飢半飽，來到楚國，面見楚元王。楚元王問角哀富國強兵的辦法。角哀獻了十條計策，都是當務之急。楚元王十分高興，設宴款待，並封角哀為中大夫之職。賞黃金百兩，綵緞百匹。角哀拜謝，痛哭流涕。元王大吃一驚：「你為什麼哭呀？」角哀把伯桃脫衣讓糧之事，一一說明。元王和眾大臣聽了很感動。於是追贈已死的伯桃中大夫之職，並厚贈喪葬費，派人跟隨角哀車馬一起去。

角哀告別了元王，直奔梁山地界。依舊找到那棵枯桑，只見伯桃屍身尚在，面貌還和生前一樣。角哀跪倒在地，痛哭不止，叫隨從召集附近鄉間父老，選了一個諸峰環抱，風水甚好的地方。將伯桃穿戴上中大夫的衣冠，趕置了內外棺，建起了高大的墳墓。四面建起圍牆，栽上松樹，離墳數十米處建了祠堂，塑起伯桃塑像，立起華表柱，上掛牌匾。牆側蓋了瓦房，僱人看守。造完後，就在祠堂祭奠伯桃，角哀哭得十分悲切，引得鄉人和隨從也悲傷不已。

這才是真正的人生患難之交，感天動地。

## 愚者千慮，必有一得 —— 要善待不如自己的朋友

**【原文】**

智者千慮，必有一失；愚者千慮，必有一得。

**【釋義】**

再聰明能幹的人也會有疏漏的時候，再平凡的人甚至有些看起來不開竅的人，也會有成果顯著的時候，或者說也有其閃光的一面。

《史記》卷九十二記載著這樣一個故事：有一天，晏子正在吃飯，齊景公派使者來找他。晏子把使者讓到屋裡一起吃飯。結果吃光了所有的飯菜，使者沒吃飽，晏子也沒吃飽。使者回去後，把這事報告了景公，景公感嘆地說：「唉呀！沒想到晏子家的生活這麼窮啊。我不知道這種情況，

是我的過錯啊！」於是，馬上派人給晏子送去許多銀兩，同時又特別給了晏子往後可以多收一些稅租的權利，好讓他用這些收入養活賓客。使者到了晏子家，說明了來意，晏子堅絕不要這些財物和權利。使者只好回去向景公匯報，景公再次讓使者送去。就這樣，使者來來回回跑了多次，晏子還是不接受。

最後，晏子親自到景公那裡，恭敬地說明了他不願接受的理由。景公聽完後，仍然不解地問晏子說：「當年我們的先君齊桓公，把登記入冊的五百社的人口和土地封賜給管仲，管仲沒有推辭，全都接受了。現在，我給你這麼一點財物，你卻推辭不肯接受，這是為什麼呢？」晏子回答說：「我聽說，聖明的人考慮問題非常細緻周密，但是也難免不犯一點過失；愚蠢的人如果能把問題多考慮一下，也不見得沒有一點可取之處。我想當年管仲也許會有他考慮不到的過失，而我的考慮或許會有一點可取之處吧！」

如果從另一個角度來考慮，這句賢文又告訴我們，平時要善待那些暫時不如自己的朋友。

據史書載，漢高祖劉邦曾派大將韓信、張耳率一萬餘新召募的漢軍越過太行山，向東挺進，攻打項羽的附屬國趙國。趙軍統帥成安君陳餘集中二十萬兵力於太行山區的井陘口，占據有利地形，準備與韓信決戰。李左車認為，漢軍千里匱糧，士卒飢疲，且井陘谷窄溝長，車馬不能並行，宜守不宜攻。只要嚴守，就可以萬無一失。於是，他向趙國主帥陳餘陳述其利害，並自請帶兵 3 萬，從間道出其後，斷絕漢軍糧草。陳餘不以為然，不嚴守井陘，堅決主戰。

韓信迅速挑選二千輕騎，半夜從小路迂迴到趙軍大營側翼，隱伏待擊。次晨，韓信和張耳率主力出井陘口，並在綿河東岸擺下「背水陣」，引誘趙軍出擊。果然，趙軍傾巢而出，追擊漢軍。漢軍伏兵乘虛搶占了趙軍營寨。趙軍見此大亂。漢軍乘勢前後夾擊，大敗趙軍。韓信斬陳餘，擒趙王，滅亡了趙國。

趙亡後，韓信懸賞千金捉拿李左車。不久，即有人將李左車綁送到韓信帳前。韓信立刻為他鬆綁，讓他面朝東而坐，以師禮相待，並向他請教攻滅齊、燕方略。李左車為人很有謀略，現作了俘虜，再三推諉。經韓信再三請求，便答道：「智者千慮，必有一失，愚者千慮，必有一得。」接著又說道：「目前不宜攻燕、齊。應撫卹百姓，犒勞將士，同時以優勢兵力向燕國進發，以造聲勢，迫使燕國順從。一旦燕王順從，齊國就會聞風而服。這就是兵書上說的先虛後實之法。」韓信採納了建議，不久就取得了燕、齊的國土。

以後，「千慮一得」便用來說明即使愚笨的人經過多次考慮也會有可取之處。

從這個故事中，我們也可以悟出，如果你自己成功了，要記得善待那些還沒有成功的朋友，如果你有某方面的才能，也要善待那些缺乏這些才能的朋友，因為，他們雖然這些不如你，在其他方面很可能勝過你，今天不如你，說不定以後會超過你。

## 城門失火，殃及池魚 —— 要多幫助有過錯的朋友

**【原文】**

城門失火，殃及池魚。

**【釋義】**

城門口著火了，護城河裡的魚也會遭殃。

從這句賢文中，我們可以引申出這樣一個意思，如果我們的朋友中有人犯了錯誤，或者曾經冒犯過自己，那我們也要伸出援助之手幫助他，不能坐視不管。很多時候，幫朋友就是幫自己。

生活中常常有這樣的事，有的人曾無意害過你，有的人因故對你生了怨恨，當他們遭遇困難的時候，你本來不想真心幫助他們，但由於各種的原因，還是幫助了，結果締造出一段美好的情誼，他高興，你也暢快。

人非聖賢，孰能無過。在《左傳．宣公二年》中就有：「人誰無過，過而能改，善莫大焉。」是說人誰能沒有過失呢，有了過失、有了錯誤改了就好。

學會寬恕別人的過錯，就是學會善待自己。仇恨只能永遠讓你的心靈生活在黑暗之中；而寬恕卻能讓你的心靈獲得自由，獲得解放。寬恕別人的過錯，可以讓你的生活更輕鬆愉快。

在歷史上有這樣一則故事：說晉靈公生性殘暴，時常藉故殺人。一天，廚師送上來熊掌燉得不夠熟，他就殘忍地當場把廚師處死。正好，屍體被趙盾、士季兩位正直的大臣看見。他們了解情況後，非常氣憤，決定進宮去勸諫晉靈公。士季先去朝見，晉靈公從他的神色中看出是為自己殺廚師這件事而來的，便假裝沒有看見他。直到士季往前走了三次，來到屋簷下，晉靈公才瞟了他一眼，輕描談寫他說：「我已經知道自己所犯的錯誤了，今後一定改正。」士季聽他這樣說，也就用溫和的態度道：「誰沒有過錯呢？有了過錯能改正，那就最好了。如果您能接受大臣正確的勸諫，就是一個好的國君。」

我還聽過這樣一個小男孩的故事；這男孩早年喪父，他是由其母一手帶大的，母親的辛苦可想而知。母親盼他長大成才，對他要求很嚴格，可是他出於一時的氣憤，對母親十分憎恨，但又害怕母親，不敢表露出來。

為了發洩心中對母親的不滿，有一次他跑到山上，對著山谷喊道：「我恨你！我恨你！……」接著山谷傳來回音：「我恨你！我恨你！……」小孩聽了很害怕，跑回家裡對母親說，山谷裡有個卑鄙的小孩子說恨他。母親把他帶回山邊，並要他喊：「我愛你，我愛你……」小孩照母親說的話做了，而這次他卻發現，有一個很好的小孩也在山谷裡高喊：「我愛你，我愛你……」

這個小故事對我們很有啟迪，尤其是對待犯錯的朋友，或者家長對待偶然失足的孩子，我們要伸出真誠的援助之手，才能走進他們的心靈，勸慰或挽救他們。生命就像是一種回聲，你送出什麼它就送回什麼，你播種什麼就收穫什麼，你給予什麼就得到什麼。只要你付出了，就會有收穫。

## 好言難得，惡語易施 —— 交際時要學會讚美別人

**【原文】**

好言難得，惡語易施。

**【釋義】**

說別人的好話比較難，說傷害人的話卻比較容易。

這句賢文說到了人性之上，就是說世人讚美別人的時候很少，而動不動就會蹦出一句刻薄、挖苦或譏諷的話來，不管傷沒傷到別人的自尊。從這裡，我們也可以得出，在人際社交中，雖然不主張巧舌如簧，更鄙視花言巧語，但掌握一定的說話技巧還是有必要的。

不會說話，常常會造成令人哭笑不得的局面，曾有一個大家熟知的笑話：

一個人在家中請客，請四位到了三位，他見交情最厚者未到，忍不

住說了一句：「唉，該來的不來。」說者無心，聽者有意，其中有一位就想了，「哦，這是說我不該來啊」，當即拂袖而去。主人詫異，連連說：「唉，不該走的又走了」，剩下的其中一位又想了：「哦，這是說我該走的不走啊。」也拂袖而去。最後一位就對主人說了：「你呀，太不會說話，把人都得罪了吧？」主人委屈地說：「我又沒說他們。」「哦，那你是說我，我也走吧。」於是客人都走光了。

民間也傳說這樣一個故事。說有一個人不會說話，經常因為說話不雅而鬧出笑話，丟盡了家人的臉面。所以一旦他出門，家人便千叮嚀萬囑咐，要求他到人家裡一定要少說話或者不說話，尤其到朋友家裡更要注意，最好不說話。有一天，他被邀請到朋友家裡去做客，他母親又如是囑咐他。他在人家吃完了飯，剛要抬屁股走時，卻對主人家說一句：「我今天可是什麼都沒有說，你家孩子死了可不能怪我。」主人一聽，非常氣憤，舉手就想打他。第二天找上門來，跟他母親說理。他母親一聽，當面罵了兒子一頓，又跟人家道歉，賠不是。說沒養個好兒子，真是作孽呀！這事一傳出，再也沒有人敢邀請他去做客了，即使是有一個半個的，也都被他母親以他不會說話為由拒之。據說「不會說話」的故事就是這樣來的。

說話，不僅要能說，而且還要會說。能說會道有時能夠成就大事。同樣一件事，讓一個能說會道的人去做就有可能做成，叫一個口才笨拙的人就有可能把事情搞砸。當然再會說也是不能亂說的。比如在機關工作的人都知道，說話要求嚴謹，做事要求穩當。說話嚴謹，不能胡說、亂說、瞎說，口無遮攔。不能說的，閉口不談。說話一定要有分寸，不該說的絕對不說。凡是出口傷人的話、吐出害人的話，最好絕對不說。

不會說話猶自可，千萬不能說出一些傷人自尊的話，因為語言的傷害有時超過肉體的傷害。外國有這樣一個寓言，令人深思：

一位樵夫在荊棘叢生的灌木林裡，見到一隻迷路的小熊。樵夫救起小熊，把牠還給了熊媽媽。熊媽媽十分感謝樵夫，她對樵夫說：「好人，上天會保佑你，你幫助我找到小熊，讓我們交個朋友吧。怎麼樣？」於是熊和樵夫便結成了朋友，兩人交往過從甚密。一個夜晚，樵夫在樹林中也迷了路，他只好到熊窩去借宿。熊媽媽用豐盛的晚餐款待了他，並安排他住了一宵。翌晨，樵夫起身要走，熊對樵夫說：「好朋友，我沒有好好招待你，請你原諒。」「熊大姐，你招待得很好！我謝謝你。」樵夫回答，「只是有一點，也是我唯一不喜歡你的地方，就是你身上那股臭味。」

熊聽了快快不快，熊身上確有一股熊固有的氣味，熊能說什麼呢？熊只好對樵夫說：「我身上的氣味使你不快，我對不起你。你去拿斧頭砍我一下頭，算我向你賠罪。」椎夫舉起斧頭，輕輕打了一下。「砍重點！砍重一點！」熊說。樵夫用勁砍了一下，鮮血從熊的頭上迸了出來。熊沒有吭一聲，樵夫就走了。

幾年後，有一天，樵夫不知不覺地到了離熊窩很近的地方，他想起熊，就去看望熊。熊衷心地歡迎他，又以豐盛的食品來招待。告辭時，樵夫問：「你傷口癒合了嗎？」「什麼傷口？」熊問。「我打你頭留下的傷口。」「噢，那次痛了一陣子，後來就不痛了，傷口癒合後，我就忘了。」熊說完，深深的低下頭，眼中含著淚，又說：「不過那次你說我身上有臭味的話，我一輩子也忘不了。」

俗話說得好：良言一句三冬暖，惡語傷人六月寒。也許是你不經意的一句話，可往往能讓別人耿耿於懷。母熊尚且如此，何況是人呢？

# 第四章
# 少年騎竹馬，轉眼白頭翁 —— 惜時與讀書

重視學習，珍惜光陰，是《增廣昔時賢文》裡的重要內容。

## 光陰似箭，日月如梭 —— 珍惜光陰，做時間的主人

**【原文】**

光陰似箭，日月如梭。

**【釋義】**

時光飛逝快似飛箭，日月往來快如穿梭。

逝者如斯夫，不捨晝夜。面對匆匆而逝的時光，我們要如何珍惜呢？

在一生有限的時間裡，充分利用每一分每一秒，不停地工作和創造 —— 這是很多名人的真實寫照。名人的時間觀念值得我們借鑑。

富蘭克林是一個不知疲倦的工作者，他盡可能縮減自己的用餐和睡眠時間，為的就是爭取多點時間用於學習。而他的一些優秀的著作，如：《冒煙的煙囪》和《航海的改進》，都是在海上航行期間完成的。

歌德曾在與一個地位尊貴的君主會談時，突然請求暫時告退，然後他進了旁邊一個房間並迅速記下了一閃而過的靈感，以作為正在創作的《浮士德》（*Faust*）的素材。

莫札特也是惜時如金的。他經常廢寢忘食投身音樂創作，甚至連續幾天工作兩個夜晚一個白天，他的名作《安魂曲》就是在他氣息奄奄的彌留之際，在病榻上完成的。

林肯一邊從事勘測土地的工作，一邊利用每一點閒暇時間學習法律。在照顧他的小雜店的同時，更是博覽群書，累積了廣博的知識。

科學家亞歷山大．馮．洪保德（Alexander von Humboldt）每一天都事務纏身，只有夜深人靜的晚上或許多人睡夢正酣的凌晨，他才能抽出時間來從事自己熱愛的科學實驗。

約翰．米爾頓（John Milton）是一位教師，同時他還是聯邦祕書和攝政官祕書。在繁忙的工作之餘，他刻意注重利用一些零碎的時間，珍惜每

一分每一秒，後來終於完成了名著《失樂園》（*Paradise Lost*）。

愛默生（Ralph Waldo Emerson）說過：「你若是愛永恆，就應該愛現在。昨日不能喚回，明天還不存在，你能確實掌握的只有現在。」

如何確實地掌握現在呢？答案就是：珍惜生活中的每一分每一秒！

在富蘭克林報社前面的書店裡，一位瀏覽了將近一個小時的男孩，終於向店員開口問道：「這本書多少錢？」

「1 美元。」店員回答。

「1 美元！」男孩又問，「你能不能便宜點？」

「它的價格就是 1 美元。」

這位男孩又看了一會書，然後問：「富蘭克林先生在嗎？」

「在。」店員回答，「他在印刷室忙著呢！」

「那好，我想見到他。」這個男孩堅持一定要見富蘭克林。

於是，富蘭克林出來了。

這位男孩問道：「富蘭克林先生，這本書你能出的最低價格是多少？」

「1 美元 25 分。」富蘭克林不假思索地回答。

「1 美元 25 分？你的店員剛才不是還說 1 美元嗎？」「是沒錯。」富蘭克林說，「但是，我情願給你 1 美元也不願意離開我的工作被打斷。」

這位男孩驚異了，心想算了，結束這場由自己引起的爭論吧！

他說：「好吧！你說這本書最少要多少錢吧？」

「1 美元 50 分。」

「怎麼又變成 1 美元 50 分啦？你剛才還說 1 美元 25 分呢！」

「對。」富蘭克林平靜地說，「我現在能出的最好價錢就是 1 美元 50 分。」

這位男孩默默地把錢放到櫃臺上，拿起書正要離開的時候，富蘭克林叫住了他，說：「我可以為你寫幾個字嗎？」

男孩高興地說：「太好了！」

這位美國歷史上著名的科學家，在書的扉頁寫下了廣為流傳的兩句名言：「時間就是生命，時間就是金錢。」然後，簽上了自己的名字。

男孩感激地說：「謝謝！這是我終生難忘的一課。」他明白，富蘭克林並不是想多賣幾十美分，而是告訴他，時間是寶貴的，不要在不重要的地方耗費寶貴時間。

如果你有幸遇上一位錯失金牌的百米短跑運動員，他就會告訴你，哪怕是極短的一秒，也有不可估量的價值。

## 為學宜早，轉眼白頭 —— 學習要趁早，莫錯過黃金時期

**【原文】**

黑髮不知勤學早，轉眼又是白頭翁。

**【釋義】**

年輕時如不知趁早勤奮學習，一轉眼就成了白髮老人了。

此句賢文，在嘆惜光陰飛快的同時，勸誡我們不要浪費時間，時間就是生命，時間就是金錢，從小要養成良好的時間觀念。

古時候有個學習書法的人，自以為學成了，告別師父離去。師父說：「我有一箱東西，不想送給其他人，希望放在山下面。」那個人接受了，由於東西封條封得不是很牢，於是就打開來看，箱子中都是幾個磨出洞的硯臺，才知道是師父從前用過的。頓時覺得十分慚愧，於是返回繼續學習，直到書法精通。

這個人到了看到磨穿的硯臺時才悟出了這個道理，但終究為時不晚。

西漢時，有一個大學問家名叫匡衡。他小時候就非常喜歡讀書，可是家裡很窮，買不起蠟燭，一到晚上就沒有辦法看書，他常為此事煩惱。這天晚上，匡衡無意中發現自家的牆壁似乎有一些亮光，他起床一看，原來是牆壁裂了縫，鄰居家的燭火從裂縫處透了過來。匡衡看後，立刻想出了一個辦法。他找來一把鑿子，將牆壁裂縫處鑿出一個小孔。立刻，一道燭光射了過來，匡衡就著這道燭光，認真地看起書來。以後的每天晚上，匡衡都要靠著牆壁，藉著鄰居的燭光讀書。由於他從小勤奮好學，後來匡衡成了一名知識淵博的經學家。

苦讀書的人都懂得光陰的珍貴，從小都有時間觀念。而現在，由於社會的進步、物質的富足，再加上大人對獨生子女的溺愛，許多孩子越來越沒有了時間觀念，做事拖拖拉拉。大人對孩子說，半個小時後吃飯，可是到那時候他依然玩得忘乎所以；大人對孩子說，明天要做什麼，他卻對你興致勃勃講昨天發生的事；大人叫孩子要準時起床，他卻老是賴床……是孩子調皮不聽話嗎？不一定，很可能是他並沒有建立起明確的時間觀念。

小時候，我也經常遲到，做事經常不準時，把時間忘在腦後，父親就為我買了一個五十塊錢的電子手錶。當時戴著電子錶感覺只是裝飾，沒覺出多少用場，因為我心中根本缺乏時間觀念。後來我覺得它的作用越來越大，無論是寫題目，上學放學，還是幫家裡做事，都能準時地掌握時間。我漸漸地有了時間觀念，也懂得了時間的寶貴，學會了既要珍惜自己的時間，也要珍惜別人的時間。這支錶一直伴隨我上到了高中。這個時候，很多事情都要自己去處理，時間觀念的重要性就突顯出來了，我終於發現小時候家長的教誨是非常正確的：黑髮不知勤學早，白首方恨讀書遲。

## 讀書用意，一字千金——要珍惜學習機會

**【原文】**

讀書須用意，一字值千金。

**【釋義】**

讀書應該用心體會，每一個字都價值千金。

這句賢文告訴人們，要取得工作和事業的成功，只有認真讀書，發憤學習，提升自己的綜合能力。

唐朝有一個「一字之師」的故事，正印證了讀書應該「用意」：

唐朝末年，詩人鄭谷回到故鄉江西宜春。他以文會友，經常和一些文人往來。當地有個叫齊已的和尚，對詩文很有興趣。他早就仰慕鄭谷的才名，就帶著自己寫的詩稿，前來拜會。齊已把詩稿一首一首地請鄭谷看。鄭谷讀到《早梅》這首詩時，不由得沉思起來。鄭谷吟道：「前村深雪裡，昨夜數枝開……」鄭谷面對齊已說：「梅開數枝，就不算早了。」鄭谷又沉吟了一會兒，說：「不如把『數』字改為『一』字。」齊已聽了，驚喜地叫道：「改得太好了！」恭恭敬敬地向鄭谷拜了一拜。文人們知道了，就把鄭谷稱為齊已的「一字之師」。

## 青勝於藍，冰寒於水——只有不懈奮鬥才能成功

**【原文】**

青出於藍而勝於藍，冰生於水而寒於水。

**【釋義】**

青色是從藍色的染料裡提取出來的，可是它比藍色還要青；冰是水結成的，可是它比水還要涼。

這句賢文告訴我們，學習是不應該停止和廢棄的。比喻人經過學習和教育之後可以得到提升，還有長江後浪推前浪、一代新人換舊人的含意。

然而，後浪要超前浪，新人要換舊人，要想得到提升和發展，不苦練功夫，不努力奮鬥，是絕對做不到的。任何成功，都經歷了一個艱難曲折的磨礪過程。

「揚州八怪」之一的黃慎從小喜歡畫畫，並拜同郡一位名畫家上官周做老師，恭恭敬敬地跟著他學。透過努學習，他把老師的全套技巧都學會。

有一回，外地有幾個畫師慕名來看畫。家人捧出幾軸人物畫讓客人觀摩。客人展開一看，齊聲說道：「這不是上官周先生的作品嗎？我們要看黃慎的畫。」家人連忙說：「這就是黃慎的畫，不是上官周先生的作品。」他見客人不相信，又到裡面翻出幾軸畫，說：「這才是上官周先生的畫。」客人們把兩人的作品放在一起，比較來比較去，只覺風骨相似，實在分辨不出哪個是上官周畫的、哪個是黃慎畫的，不禁嘖嘖驚嘆。看完畫，有個畫師說：「黃慎聰明靈巧，真是把老師的看家本領模仿到手了！可是這又算得了什麼呢？別人的東西總是別人的，模仿得再逼真也不算是自家的東西。你把黃慎的畫拿出去，人家看了，都會說這是上官周的作品，誰會說是他黃慎畫的呢？」

這話被黃慎聽到了，黃慎一想：「對呀！自己的畫，除了老師的東西外，哪一點算是自己的東西呢？懷素的字，上官周的畫，都有他們自己的筋骨，可是我黃慎的畫，自己的筋骨又在哪裡呢？若不能闖出自己的路來，豈不是永遠只能落在別人後面。」

可是，要怎樣才能創出自己的獨特風格呢？黃慎日夜在探索這個難題。他廢寢忘食，一會兒呆呆地想，一會兒推敲老師的畫，一會兒又持筆在紙上亂塗亂抹。

有一天，黃慎在街上邊走邊想，忽然靈感來了。他急忙跑到附近一家店鋪裡，向店老闆借來筆墨紙硯，在櫃臺上作起畫來。周圍過路人都不約而同地圍攏來，看著他畫畫。黃慎毫不理睬他們，只顧自己握筆作畫。只見他在白紙上三塗兩抹，眨眼工夫，就把畫畫好了。他把筆放下，拍著櫃臺喊道：「我成功啦！」

圍觀的人聽了他的話，感到莫名其妙，他們一個個伸長脖子，瞪大眼睛看著那畫紙，上面點點劃劃，彎彎曲曲，寥寥幾筆，像草書又不像草書，像畫又不像畫，誰也看不懂它上面畫的是什麼東西。黃慎高興地把畫貼在櫃臺裡邊的牆壁上。說來奇怪，剛才看上去還是莫名其妙的東西，這下隔著櫃臺往裡一看，畫面上竟清晰地出現了一個縴夫，向前傾斜著身子，拉著纖繩，頭上大汗淋漓，身上瘦骨嶙峋，腳下步履艱難。大家看著看著，越看越感到驚訝，都說：「怪人畫怪畫，近看莫名其妙，遠看明明白白，這真是又怪又好！」

上官周見黃慎學業猛進，畫風自成一格，十分高興，逢人便誇獎說：「古人云：『青出於藍而勝於藍。』果然不假，黃慎已超過我了。」

黃慎成了著名的「揚州八怪」之一後，他的這種畫法被人譽為「狂草筆法」。

如果沒有黃慎多年如一日的刻苦磨礪，即使有再高的領悟能力，也是無法超過老師上官周的，最多只是能模仿到酷似的程度。由此可知，學生勝過先生，後人勝過前人，不是神話，只要不懈努力，一代更比一代強。當然，教出勝過自己的學生是老師最大的驕傲，帶出勝過自己的徒弟，更是師傅的光榮。

## 不耕倉虛，不讀子愚 —— 不學無術最可悲

**【原文】**

有田不耕倉稟虛，有書不讀子孫愚。

**【釋義】**

有田有土不去耕種，倉庫必定空虛；有書籍而不去學習，子孫必定愚昧落後。

在這裡，《增廣昔時賢文》向我們提出了一個重大的課題：要重視教育。

在一本古書上看到這樣一個故事，說曾有一個富人，家財百萬，他有三個兒子，從小衣食無憂，過著茶來伸手飯來張口的日子，因此養成了好吃懶做的習慣。他們長大以後，便仗著家裡有錢，肆意揮霍，而自己卻不務正義。

地方上有幾位德高望重的老者，實在看不下去，就一起上富人家勸說富人：「你的這三個兒子全都游手好閒，不讀書，也不學本事，將來你百年之後，他們靠什麼自食其力啊？本來不關我們的事，但我們作為同鄉，好心來勸告你。你身為父親，應該告誡他們，要讀書學本領，將來才來保住自己的家業，才夠自立。」可是，那個富人卻聽不進去，仍然放任自己的三個兒子在外面東遊西蕩。

不久，這個富人暴病而亡，而他的三個兒子不但沒感覺到家業的衰落，而是更加揮霍無度。果然沒過幾年，他們的萬貫家財就被揮霍一空。眼看榮華富貴如煙散去，怎麼辦呢？他們三人一籌莫展，無可奈何。因為他們既沒有學識，也沒有本事，什麼事都不會做，最終落到了不如常人的地步：一個沿街乞討，一個到處行竊，另外一個餓昏了，倒在野草萋萋的路旁。

這就是不學無術者的最終下場。

前日看林語堂的散文，有一篇〈談讀書〉，很多話都說到我心裡了，特別是說「三日不讀書，便覺言辭乏味，面目可憎」。讀書，其實就是在學知識，長見識。

有善讀者說過讀書的感想：如果這段時間讀了很多書，腦子裡積聚的是活水，有從外流來的 —— 別人的思考；有自身冒出來的 —— 自己的創想，匯聚在一起，使人有靈氣，這種靈氣在聊天中可以看到，經常會有出人意料的想法，包括對於一件事新的很別具一格的看法，包括簡單的話而令人產生揣摩的深意，包括一些有趣的比喻聯想，諷刺，或者僅僅是把話說得更眉飛色舞。說出來讓自己不禁一笑，有點驚喜，還感染了別人，這種對話才是兩個人真正的交流，兩個人都身處其中。

相反，如果幾日不讀書，腦子想的總是那麼幾件東西，一灘死水，難免變渾，而且不會有新鮮的想法。想法是自然而來的，刻意的想像竭力掘那僅有的死水，只能精疲力竭而一無所獲。和人聊天甚至找不出話題，有時找到的話題越說越後悔，有時試圖用語氣來增加信心，結果產生適得其反的空虛，自己都開始自己瞧不起自己了。

曾有一個〈烏鴉學唱〉的寓言，正是不學無術之人的真實寫照：

在很早的時候，森林裡的鳥兒都不會唱歌。直到有一天，從很遠的地方來了一隻會唱歌的雲雀，牠的歌聲婉轉動聽，感動了森林裡所有的鳥兒。所有的鳥一致要求雲雀教牠們唱歌。經不住所有鳥兒的苦苦哀求，雲雀答應牠們了。

開始教歌的第一天，雲雀先教音符。牠一教，大家就唱一聲。教了一會兒，雲雀為了檢驗學生們的學習情況，讓牠們一個個站出來來單獨試唱。第一個點到名字的是烏鴉。烏鴉扭扭怩怩的站了起來，不好意思地低聲發出了聲音。因為牠的羞澀，發出的音符走了調，大家一下哄堂大笑了起來。這隻烏鴉羞得臉紅脖子粗，牠暗地裡想：「唉！多丟人呀！醜態百出！」雲雀制止了大家的笑，為了更準確的糾正烏鴉的發音，牠請烏鴉大聲再唱一遍。烏鴉卻想：「這不是存心讓我丟臉嗎？我才不願意再丟臉了！」牠一聲不吭，憤惱地飛走了。從此再也不接受雲雀的邀請。

雲雀後來又讓其牠的鳥站出來唱。其他好多鳥在最初幾次發音時也走音了，大家也同樣的嘲笑了牠們。但那些鳥兒卻都沒有像烏鴉那樣飛走，而是總結經驗，認真的聽雲雀的指導，耐心地學了下去。

後來，森林裡其牠的鳥兒都學會了唱歌，聲音悅耳動聽，唯獨烏鴉到現在還不會唱歌，偶爾叫喊幾聲仍然是當初走音的聲音。

在這個網路知識經濟的時代，你不學習就會落後，落後就會被人欺負。所以奉勸世人，還是多學點知識吧，多長點本領吧，不學無術與這個新的網路時代已是格格不入的了。

## 三人同行，必有我師 —— 人人都是自己的老師

**【原文】**

三人行必有我師焉。擇其善者而從之，其不善者而改之。

**【釋義】**

三個人一起走路，其中一定有人能做我的老師。要選擇那些優點認真學習，而對於不良言行則要引以為戒，加以改正。

從這句賢文裡，我們還可以引申出這樣一個意思：無論是治學，還是工作，人都有其特長，我們要多發現別人的長處，取長補短，從而更好地完善自己。而不要高高在上，目中無人，看不到別人的長處，只看到別人的不足，如果這樣，我們不僅學不到任何有價值的知識，而且還會造成人

與人之間的關係不和諧。

歷史上的熊十力為大家所熟知，關於他「罵人」的故事頗值得玩味：

1943 年，對陸軍少將徐復觀來說，是他的生命歷程發生轉折和最有意義的一年。說他的生命發生轉折並不是指這一年他受到蔣介石的器重並成為高級幕僚，而是指他成為新儒學大師熊十力的弟子。這一年徐復觀讀到了熊十力獨創的新儒家哲學體系「新唯識論」，敬佩之情油然而生，遂萌發了從師之意。正好，熊十力也在重慶梁漱溟先生主持的勉仁書院教書。徐復觀便試著寫了一封信，表示了仰慕之情。不幾天，熊十力便給他回了信。在信裡，熊十力除講了一番為人治學的道理外，還說到後生對前輩要有禮貌，批評徐復觀來信字跡潦草，誠意不足。這封信對徐復觀的啟發與感動，超過了《新唯識論》，他立即去信道歉。

經過幾次通信後，熊十力約徐復觀來書院面談。徐復觀第一次去見熊十力是身著陸軍少將軍服，這次會面徐復觀向熊十力請教該讀點什麼書，熊十力向他推薦了王夫之的《讀通鑑論》。然而，徐復觀對熊十力的指點不以為然，說這本書早已讀過了。熊十力面露不悅之色，說你並沒有讀懂，應該再讀。過了一段時間，徐復觀再見熊十力，報告《讀通鑑論》已經讀完。熊十力讓他談談心得，徐復觀就談了許多對王夫之的批評，熊十力還未聽完就開始破口大罵。這一罵，雖然不是中國歷史上老師對學生的最厲害的一罵 —— 因為現在能罵人的老師太多了，但大概是中國歷史上老師對學生最著名的一罵；這一罵不要緊，竟罵出了一位現代新儒家。「你這個東西，怎麼會讀得進書！任何書的內容，都是有好的地方，也有壞的地方。你為什麼不先看出他的好的地方，卻專門去挑壞的；這樣讀書，就是讀了百部千部，你會受到書的什麼益處？讀書是要先看出他的好處，再批評他的壞處，這才像吃東西一樣，經過消化而攝取了營養。譬如

《讀通鑑論》，某一段該是多麼有意義，又如某一段理解是如何深刻，你記得嗎？你懂得嗎？你這樣讀書，真太沒有出息！」這一番痛快淋漓的痛罵，罵得自我感覺良好的陸軍少將呆立當場，狼狽不堪，半天回不過味來，但也使他從此大徹大悟。

多年後，徐復觀回憶起這一番痛罵，還滿懷深情的寫到：「這對於我是起死回生的一罵。恐怕對於一切聰明自負、但並沒有走進學問之門的青年人、中年人、老年人，都是起死回生的一罵！近年來，我每遇見覺得沒有什麼書值得去讀的人，便知道一定是以小聰明耽誤一生的人。」

別人比自己強，別人能做自己的老師，就得承認，並虛心學習，幸而徐復觀大徹大悟，熊十力的「罵」讓他明白了這個道理，讓他受益終生。遺憾的是有些人一輩子也沒明白這個道理，狂妄自大，死要面子，最終什麼也學不到，從而失去發展的機會。

范仲淹是宋朝著名的政治家和文學家，他在寫作中十分嚴謹和謙虛。有一次，他寫了一篇文章，其中有四句是：

「雲山蒼蒼，江水泱泱，先生之德，山高水長。」

寫成後，他請李泰伯看。李泰伯讀後，一再稱讚文章寫得好，並建議范仲淹改動一個字，把「德」改為「風」。

范仲淹思考了一番，欣然同意。這一字確實改得很好，因為「風」字表達的範圍更寬，而且能與前面的「雲山」和「江水」相呼應。范仲淹對這一改動非常滿意，後來把李泰伯稱為自己的老師。從這個小故事可見，范仲淹之所以能成為歷史上的名人賢者，除了其學識本領外，與他謙虛處事的品德是分不開的。

## 無錢斷酒，臨老看經 —— 學習是持之以恆的事情

**【原文】**

無錢方斷酒，臨老始看經。

**【釋義】**

沒有錢了才想起來戒酒，到老了才知道要讀書，為時已晚矣。

此句賢文的言外之意告訴我們，學習是一輩子的事情，需要持之以恆的精神，只有不斷累積，才能造就自己。

晉代的大文學家陶淵明隱居田園後，某一天，一位少年前來拜訪他，向他請教求知之道，看看能否從陶淵明這裡學得獲得知識的絕妙之法。

見到陶淵明，那少年說：「老先生，晚輩十分仰慕你老的學識與才華，不知你老在年輕時讀書有無妙法？若有，敬請授予晚輩，晚輩定將終生感激！」

陶淵明聽後，捋鬚而笑道：「天底下哪有什麼學習的妙法，只有笨法，全憑刻苦用功、持之以恆，勤學則進，怠之則退。」

少年似乎沒有聽明白，陶淵明便拉著少年的手來到田邊，指著一棵稻秧說：「你好好地看，認真地看，看他是不是在長高？」

少年很聽話，怎麼看，也沒見稻秧長高，便起身對陶淵明說：「晚輩沒看見它長高。」陶淵明道：「它不能長高，為何能從一棵秧苗，長到現在這等高度呢？其實，它每時每刻都在長，只是我們的肉眼無法看到罷了。讀書求知以及知識的累積，便是同一道理！天天勤於苦讀，天長日久，豐富的知識就裝在自己的大腦裡了。」

說完這番話，陶淵明又指著河邊一塊大磨石問少年：「那快磨石為什麼會有像馬鞍一樣的凹面呢？」

少年回答：「那是磨鐮刀磨的。」

陶淵明又問：「具體是哪天磨的呢？」

少年無言以對，陶淵明說：「村裡人天天都在上面磨刀磨鐮，日積月累，年復一年，才成為這個樣子，不可能是一天之功啊，正所謂冰凍三尺，非一日之寒！學習求知也是這樣，若不持之以恆地求知，每天都會有所虧欠的！」

少年恍然大悟，陶淵明見此子可教，又興致極好地送了少年兩句話：

勤學似春起之苗，不見其增，日有所長；輟學如磨刀之石，不見其損，日有所虧。

陶淵明用生活中生動的例子指出了：要想真正學到一點知識，決心、信心、恆心是必不可少的。要想成就自己喜歡的事業，決心、信心、恆心同樣是必不可少的；人生猶如逆水行舟，不進則退，唯有持之以恆，方有希望達到目的地。

老少皆知的「愚公移山」的故事，是恆心和毅力的最古老版本。那個雄偉秀麗的王屋山相傳為軒轅黃帝祈天之所，名曰「天壇」。傳說中的「愚公移山」的地方在王屋山之陽，這是一條從王屋山主峰延伸下來的南北走向的大山樑。山樑西面為愚公村，東面是小有河，愚公村的人每天要繞過山樑到小有河去取水，愚公便帶領他的子子孫孫決心把它移走。現在這條大山樑中間，確實斷開一條很大的山口，遠遠看去，真似人工開挖的一樣。

認定一個目標，是完成一個事業的起點。有決心和信心，向著目標矢志不渝地努力工作，定能達到目標。愚公率領他的子子孫孫們，堅定不移地做下去，結果感動了上帝，搬掉了兩座大山。我們做事只要心誠，對事業充滿信心，堅定不移地努力工作，也會感動上帝而創造出人間奇蹟，使夢想成真。

## 如禾如稻，如蒿如草 —— 學會用知識改善新世界

**【原文】**

好學者如禾如稻，不好學者如蒿如草。

**【釋義】**

愛好學習的人就像田裡的禾苗和稻穀，一樣是有用之才；不愛好學習的人就像地裡的蒿草一樣毫無用處。

學習需要默默地付出，恆心和毅力是學習的一對翅膀。

據說世界上只有兩種動物能到達金字塔頂。一種是老鷹，還有一種是蝸牛。老鷹和蝸牛，以往我從來沒有把牠們放在一起。牠們是如此的不同：鷹矯健、敏捷、銳利；蝸牛弱小、遲鈍、笨拙。鷹殘忍、凶狠，殺害同類從不遲疑；蝸牛善良、厚道，從不傷害任何生命。鷹有一對飛翔的翅膀；蝸牛背著一個厚重的殼。

然而，與鷹不同，蝸牛也到達金字塔頂端。主觀上是靠牠永不停息的執著精神，客觀上則應歸功於牠厚厚的殼。蝸牛的殼，非常堅硬，牠是蝸牛的保護器官。據說，有一次，一個人看見蝸牛背著厚重的殼艱難爬行，就好心地替牠把殼去掉，讓牠輕裝上陣，結果，蝸牛很快就死了。正是這看上去又粗又笨、有些負重的殼，讓小小的蝸牛得以萬里長征，到達金字塔頂端。在登頂過程中，蝸牛的殼和鷹的翅膀，是同樣的作用。可惜，生活中，大多數人只羨慕鷹的翅膀，很少人在意蝸牛的殼。

學會了知識，就如同有了殼的蝸牛，我們不僅要保護好自己的思想，更要像蝸牛一樣創造奇蹟，創造新的世界。而創造世界，就得先有一個夢想，然後努力經營自己的夢想，不管別人說什麼，都不放棄。

要用知識改變這個世界，改寫自己和家庭的命運，改善新生活，並不是一件容易的事情，但確有許多人做到了。古今，這樣的事例很多。有個年輕人原本家境貧寒，在一家雜貨店當學徒，但他並不屈從於命運，而是自強不息，利用晚上自學數學，後來在大學旁聽，以至後來改變了自己的命運；還有美國的海倫·凱勒（Helen Adams Keller），一歲半時即雙目失明，雙耳失聰，但她不屈不撓地與命運抗爭，在家庭老師的指導下，學習盲文，拼寫單字，表達自己，還學會了說話，在20歲時，考進哈佛大學女子學院。如果她不曾努力學習，而是自暴自棄，相信只是一個讓人可憐的身心障礙者，但她用自己的毅力締造了「知識改變命運」的神話……

# 第五章
# 羊有跪乳之恩，鴉有反哺之義——人間倡孝悌

孝道是古代社會的基本道德規範，孝道文化貫穿於歷史。《增廣昔時賢文》裡的孝道思想是過去的孝道，一般指社會要求子女對父母應盡的義務，包括尊敬、關愛、贍養老人，為父母長輩養老送終等等。現在提倡的孝道文化涵蓋更寬泛，隨著社會文明的發展而不斷地豐富和賦予了新的內容。

## 千經萬典，孝義為先 —— 孝是做人做事之本

【原文】

千經萬典，孝義為先。

【釋義】

無數經書典籍講的都是一個道理，孝順父母、友愛兄弟應是第一要做到的。

胡適先生在1960年代曾非常感慨地說：「我在30年前曾主張廢止讀經，經過30年以後，我又要提倡讀經，尤其特別要提倡讀《孝經》」。胡適先生這段話也從一個側面反映了孝道傳統文化中的重要地位。

家庭是社會的細胞，也是國家的基本單位。有了家庭的安定和睦，才能有社會的和諧發展，國家的長治久安。而孝道思想，一直為人們所重視。

所謂「孝」，指善事父母，孝的本質是子女對父母的敬順。它一般包括以下六點：第一，贍養父母；第二，敬重雙親；第三，以愛心愉悅老人；第四，規勸父母錯誤言行；第五，不做有損父母聲譽道義的事；第六，不做無謂的有損父母所給予的軀體健康的事。

對不孝之子，要言傳身教，讓他明白孝義之本。北魏時，房景伯擔任清河郡太守。一天，有個老婦人到官府控告兒子不孝，回家後，房景伯跟母親崔氏談起這事，並說準備對那個不孝子治罪。崔氏是一個知書達禮、頗有頭腦的人，她得知情況後，說道：「普通人家子弟沒有受過教育，不知孝道，不必過度責怪他們。這事就交給我來處理好了。」

第二天，崔氏派人將老婦人和兒子接到家裡，崔氏對不孝子一句責備的話也沒說。崔氏每天和老婦人同張床睡眠，一起進餐，讓不孝子站在堂下，觀看房景伯是怎樣侍候兩位老人的。不到十天，不孝子羞愧難當，

承認自己錯了，請求與母親一起回家。崔氏背後對房景伯說：「這人雖然表面上感到羞愧，內心並沒有真正悔改。姑且再讓他住些日子。」又過了二十幾天，不孝子為房景伯的孝順深深打動，真正有了悔改的誠意，不斷向崔氏磕頭，答應一定痛改前非，老婦人也替兒子說情，這時崔氏才同意他們母子回家。後來這個不孝子果然成了鄉里遠近聞名的孝子。

一個人，假如對含辛茹苦撫養自己長大的父母尚且不去關愛，他又如何能去愛他人、愛工作、愛社會、愛國家、愛人民呢？孝已經不僅僅是個人的修養，而成了社會的需要。有這樣一個故事：日本某國立大學的畢業生，去一家公司求職，公司的社長（經理）審視了那位學生的情況後，突問：「你為你父母洗過腳嗎？」學生茫然。學生臨離去時，社長說：「明天你再來，但一定要給你媽媽洗腳一次。」學生照辦了，並被公司錄用。被錄用時，那學生激動地對社長說：「在給我母親洗腳時，見母親為我辛苦一輩子的雙腳，我流淚了，過去我對母親關心太少了，報答太少了，感謝你給我上了一堂真切的孝心、愛心教育課。」

一個孝順的人，首先要有一顆善良仁慈的心，有了這份仁心，就可能使許多人受益。在古代，曾有一個名叫周豫的書生，一天，一位朋友送來了他最愛吃的鱔魚，周豫一時技癢，決定親自煮上一鍋鱔魚湯來嘗嘗。他將魚放入鍋中，那些鱔魚仍悠閒地在鍋裡游著，周豫用小火緩緩加熱，水溫逐漸變高，鱔魚就被慢慢地煮熟了。但鱔魚在鍋中並未察覺水溫的變化，因而不會掙扎，所以口感非常好。

等到那鍋湯慢慢煮沸了，周豫掀起鍋蓋時卻發現一條鱔魚的腹部竟然向上弓起，只留頭部跟尾部在沸水中；一直到死，都把腹部露在外面不倒下。

周豫十分好奇，便將這條鱔魚彎起的腹部剖開來，想要看個究竟。在剖開的瞬間他發現裡面竟藏著滿滿的魚卵。

原來這條母鱔魚竟是護子心切，情願將頭和尾浸入在沸水中，直至死亡。看到這一幕，周豫不禁潸然淚下，想到母親對自己的百般呵護，自己對母親卻很少關愛，倍感慚愧。逐發誓終身不再吃鱔魚，並對母親加倍地尊敬與孝順。

從這個故事中可看出，母愛永無是無私而偉大的，面對孩子，母親始終都是一棵大樹，任憑風吹雨打，酷暑嚴寒，都毫不猶豫、心甘情願地庇護著自己的孩子。我們每個人都要孝敬自己的母親。

## 千里毫毛，禮輕義重 —— 孝要從細微處做起

**【原文】**

千里送毫毛，禮輕情意重。

**【釋義】**

不遠千里送一根鵝毛，禮特雖然輕，情義卻很重。

從孝道的角度來看，這句賢文還可說明，孝要從細微處做起，於細微處見真情。

孝是傳統美德，歷代帝王也皆以孝子自居，可見它的地位是很高的。在封建社會中是否孝順父母作為評價一個人的基本標準，若是不孝父母，那麼在當時就不能容於世間。如今的文明社會，人際關係複雜，社會節奏越來越快，孝的觀念有日漸淡化的趨勢，不孝的行為日益增多，至少子女對父母的關懷還有些不盡人意。

垷代社會，讀過《二十四孝》的人，已經不多了；知道《二十四孝》的年輕人，更是少之又少。古人盛讚的這《二十四孝》，有多少是我們今

天可以做到的呢？「鹿乳奉親」可以勉強做到，「負米養親」、「親嘗湯藥」、「拾葚養親」、「行傭供母」、「打虎救父」、「棄官尋母」等等，也許可以勉強做到。還有一些是我們絕對做不到的了，如「孝感動天」、「埋兒得金」、「懷橘遺親」、「哭竹生筍」等等。有些我們也許能做到，但已是沒有必要了，如「嘗糞心憂」、「賣身葬父」、「刻木事親」、「扇枕溫衾」「聞雷泣墓」、「臥冰求鯉」、「恣蚊飽血」、「親滌溺器」等等。

時代不同了，古人能做的，我們未必能做；古人須做的，我們未必必須做；古人做得很好的，我們未必做得到。當然，二十四孝故事有其歷史局限性，有些故事還帶有一定的迷信色彩，有些孝行則屬於愚孝。我們現代人應該積極、辯證地看待這些故事，不要以現代人的觀點去要求古人，而是應該汲取其精華，悟出其中的積極意義，不要教條地去學習、複製。更重要的是，我們要弘揚孝道美德，踐行孝道義務，做一個孝敬長輩的人。如果——個人對生養自己的長輩都沒有孝心，很難使人相信他會對別人有愛心，對事業有忠誠，因此這種人也很難得到社會和他人的信任和認可。

在現代經濟社會中，傳統家庭體系和家庭關係無論形式還是內涵都在發生演變，植根於家庭的「孝」也隨之發生變化。這種變化依照傳統的標準理解，就是一種「孝道式微」的表現。然而，事實上「孝」在千百年的社會演變中已經發生了很多改變，只是到了今天這種變化更加明顯而已。人們在激烈的市場競爭中，工作方式、生活方式都發生了急遽變化，異地工作、早出晚歸等同樣可以造成子女與父母的距離，在此意義上又形成一種只有老兩口生活的「空巢家庭」。雖然現代通訊工具可以消除他們和子女的空間距離，但無法完全消除情感距離。他們的生活沒有了儀式，子女的孝大多只展現在物質滿足上，愉悅父母這一精神層面的「孝道」從某種意義上看已經出現了缺失。也許，我們認為讓父母衣食無憂，就是盡了孝心，然而，老父老母在想什麼，他們有些什麼煩惱，他們又有怎樣的心願？你都知道嗎？我們看到，住在高級社區的老人一樣沒有幸福感，這是為什麼？單純物質上的豐富並不能填補老人們內心的空虛，深入老人的內心世界，從老人的真正需求入手來「孝順」，也許才是兒女的孝順之道。

總之，孝不是說大話，說空話，孝要從細微處做起。孝心對於每個人來說都是具體的，不管能否天天在父母身邊端茶送水、噓寒問暖，如果能努力做好自己的本職工作，做出好的業績，也是對父母盡孝的一種方式。

## 羊有跪乳，鴉有反哺 —— 從小要學會感恩

**【原文】**

羊有跪乳之恩，鴉有反哺之義。

**【釋義】**

小羊羔跪下來接受母乳，在於感謝母羊養育之恩；小烏鴉銜食反餵母鴉，在於銘記母鴉之深情厚義。

這句賢文正好點明了感恩和孝義是做人的根本，是使家庭和諧的重要基礎，我們從小就要學會感恩。

有句古語：「百善孝為先。」意思是說，孝敬父母是各種美德中占第一位的。一個人如果都不知道孝敬父母，感恩親人，就很難想像他會熱愛國家和人民。

子路，春秋末魯國人。在孔子的弟子中以政事著稱。尤其以勇敢聞名。但子路小的時候家裡很窮，長年靠吃粗糧野菜等度日。

有一次，年老的父母想吃米飯，可是家裡一點米也沒有，怎麼辦？子路想到要是翻過幾道山到親戚家借點米，不就可以滿足父母的這點要求了

嗎？於是，小小的子路翻山越嶺走了十幾里路，從親戚家背回了一小袋米，看到父母吃上了香噴噴的米飯，子路忘記了疲勞。鄰居們都誇子路是一個勇敢孝順的好孩子。

東漢時的黃香，是歷史上公認的「孝親」的典範。黃香小時候，家境困難，10 歲失去母親，父親多病。悶熱的夏天，他在睡前用扇子趕打蚊子，扇涼父親睡覺的床和枕頭，以便讓父親早一點入睡；寒冷的冬夜，他先鑽進冰冷的被窩，用自己的身體暖熱被窩後才讓父親睡下；冬天，他穿不起棉襖，為了不讓父親傷心，他從不叫冷，表現出歡呼雀躍的樣子，努力在家中造成一種歡樂的氣氛，好讓父親寬心，早日康復。

而在現實生活中，我們現代人的感恩盡孝做得如何呢？平時，我們偶爾看見有長長的送葬隊伍從門前經過，有樂隊、鑼鼓隊伴奏，有無數的鮮花和供品，還有豪華的墳墓，場面令人感到隆重非凡，親人們哭哭啼啼，可聽起來多數是後悔之聲，後悔願望未幫逝者實現，後悔平時沒好好侍侍老人等等。每當這時候，我心裡老是揣測，是不是非要等到失去時才去後悔，才想起沒有珍惜？現在，多數年輕人都沒日沒夜地忙著自己的工作。雖然有孝心，卻很少有時間陪伴父母。總想等把錢賺得再多一點，房子再大一點，職位再高一點，再來個衣錦還鄉以示榮耀以告慰老人，再讓老人享享清福。可是，等條件好些時，常常已經晚了。

樹欲靜而風不止，子欲養而親不待。社會上流傳著這樣幾句歌謠：「兒子一日長一日，爸媽一年老一年。勸人及時把孝盡，兄弟雖多不可攀。若待父母去世後，想著盡孝難上難。縱有豬羊靈前祭，爹媽何曾到嘴邊。不如活著吃一口，粗茶淡飯也香甜。」說的實在是太有道理了，與其死後哭斷肝腸，後悔曾經的許諾未曾兌現，不如生前善待老人，從些許小事做起，從點滴做起，從現在就做起，還是那句歌詞唱得好：「老人不求兒女為家作多大貢獻」，他們最大的心願就是兒女們能平平安安。

也許，我們無法挽住最終生離死別的那一刻，但我們能做到努力扮演好生命賦予我們做子女的角色，在可以表達孝心時，盡可能的來表達，因為這個角色相對於其他角色可能更為短暫。所以，盡孝還需盡早，從細微處入手，從平常的一點一滴做起；以免欲孝而親已不在，空遺無盡的未了願。

其實，來自真心的感恩和盡孝都是有回報的，有的回報生活中，有的回報在心靈裡。

從前，在一個鬧飢荒的城市，一個家庭殷實而且心地善良的麵包師把城裡最窮的幾十個孩子聚集到一塊，然後拿出一個盛有麵包的籃子，對他們說：「這個籃子裡的麵包你們一人一個。在上帝帶來好光景以前，你們每天都可以來拿一個麵包。」

瞬間，這些飢餓的孩子彷彿一窩蜂一樣湧了上來，他們圍著籃子推來擠去大聲叫嚷著，誰都想拿到最大的麵包。當他們每人都拿到了麵包後，竟然沒有一個人向這位好心的麵包師說聲謝謝，就走了。

但是有一個叫依娃的小女孩卻例外，她既沒有和大家一起吵鬧，也沒有與其他人爭搶。她只是謙讓地站在一步以外，等別的孩子都拿到以後，才把剩在籃子裡最小的一個麵包拿起來。她並沒有急於離去，她向麵包師表示了感謝，並親吻了麵包師的手之後才向家走去。

第二天，麵包師又把盛麵包的籃子放到了孩子們的面前，其他孩子依舊如昨日一樣瘋搶著，羞怯、可憐的依娃只得到一個比頭一天還小一半的麵包。當她回家以後，媽媽切開麵包，發現許多銀幣掉了出來。

媽媽驚奇地叫道：「立即把錢送回去，一定是揉麵的時候不小心揉進去的。趕快去，依娃，趕快去！」當依娃把媽媽的話告訴麵包師的時候，麵包師面露慈愛地說：「不，我的孩子，這沒有錯。是我把銀幣放進小麵包裡的，我要獎勵你。願你永遠保持現在這樣一顆平安、感恩的心。回家去吧，告訴你媽媽這些錢是你的了。」她激動地跑回了家，告訴了媽媽這個令人興奮的消息，這是她的感恩之心得到的回報。

## 堂上二老，如同世尊 —— 尊老愛老要從自己做起

**【原文】**

堂上二老是活佛，何用靈山朝世尊。

**【釋義】**

家中的二老雙親就是活菩薩，何必非要跪到靈山朝拜如來佛祖。

老人，是我們的長輩，他們辛勤勞動了一輩子，為社會做出了一定的貢獻，並在長期的實踐中累積了豐富的知識和經驗。所以，尊敬老人既是對老人的關心與照顧，又是繼承前輩們「財富」的需求。

敬老愛老的美德是黑夜裡的一盞燈；是寒冬裡的一把火；是沙漠中的一泓泉；是久旱時的一場甘霖。美德，其實就是需要幫助時，伸過來的一隻溫暖的手；需要談心時，遞上來的一顆火熱的心；需要關心時的一句親切慰問。只有在這種世界中的老人，才能感到人世間的溫馨與美好；才能遠離孤獨，才能欣慰地走完屬於他們的人生旅途，才能使整個世界充滿歡聲笑語。

尊敬老人，就是尊敬自己的未來。

## 一字之師，終身如父 —— 尊師重道，文明薪火相傳

**【原文】**

一字之師，終身如父。忘恩負義，禽獸之徒。

**【釋義】**

教會你認識一個字的人就是老師，就要一輩子像對待父親那樣尊敬他。忘恩負義的人就像禽獸一樣。

古語有云：「國將興，必貴師而重傳」、「師者，人之模範也」、「一日為師，終身為父」、「人有三尊，君父師是也」等等。這充分展現了「尊師」的道德觀念。古代流傳下來許許多多這方面的故事。如：〈子貢尊師〉、〈魏照尊師〉、〈李世民教子尊師〉、〈張良拜師〉、〈陸佃千里求師〉、〈程門立雪〉等等。而「重道」是傳統文化的重要特徵。傳統上把學問知識分為「道」、「經」、「術」三個層次。「道」是最高的學問。「經」是對「道」的闡述。「術」是實踐「道」的手段和方法。古代所有學派都把「道」作為最大的學問，最終的追求目標。孔子說：「朝聞道，夕死可矣」。

1903 年，瑪麗 · 居禮發現了一種新的物質 —— 鐳。這一發現，震驚了全世界。瑪麗 · 居禮成了世界上第一個獲得諾貝爾獎的科學家。從而，她享有盛譽，博得了人們的敬仰。可她對她過去的老師仍然十分尊敬。

瑪麗 · 居禮的法語老師最大的願望是重遊她的出生地 —— 法國北部的迪耶普。可是，她付不起由波蘭到法國的一大筆旅費，回鄉的希望總是那麼渺茫。瑪麗 · 居禮當時正好住在法國，她非常理解老師的心情，不但代付了老師的全部旅費，還邀請老師到家裡做客。瑪麗 · 居禮的熱情接待使老師感到像回到了自己家裡一樣。

1932 年 5 月，華沙鐳研究所建成，瑪麗 · 居禮回到祖國參加落成典

禮。許多著名人物都簇擁在她的周圍。典禮將要開始的時候，瑪麗．居禮忽然從主席臺上跑下來，穿過捧著鮮花的人群，來到一位坐在輪椅上的老年婦女面前，深情地親吻了她的雙頰，親自推著她走上了主席臺。這位老年婦女就是瑪麗．居禮小時候的老師。在場的人都被這動人的情景所感動，熱烈地鼓掌，老人也流下了熱淚。瑪麗．居禮就是這樣，當她成為一個偉大的科學家之後，仍舊沒有忘記曾經傳授給她知識的老師。

## 是親不親，非親是親 —— 不孝的人難成大事

**【原文】**

是親不是親，非親卻是親。

**【釋義】**

有些人是親人卻不像親人，有些人不是親人卻勝似親人。

這句賢文，原意怎麼理解恐怕各人有各人的見地，我在這裡引申出另外一種意思：世上有一些人從來不把自己的親人當親人看待，視若無睹，而把那些有錢有勢的主子當成了自己的親爺爺親奶奶，終日像條狗一樣，卑躬屈膝，搖尾乞憐。這種人是世界上最不孝的人，也是最令人不齒的人。

這是一個真實的發生在我身邊的故事，一對年過八旬的老夫婦，在眾多族人的見證下寫下了一份與自己的四兒子斷絕父子關係，活不養死不葬的協議。是什麼原因讓這對正需人來養老的老夫婦下了狠心，寧可餓死街頭也不要自己親生兒子的呢？

原來，老夫婦家四子一女，大兒子早年肺結核去世，二兒與三兒勤勞致富，四子家境不知什麼原因差許多，一女嫁到了外地。老夫婦家中早年討飯起家，經歷了許多苦難走到今天，現在二人生活不算富足但尚且沒有

和孩子們要過生活費，生活上自立，家中還有些地，雖二人已無勞動能力，但每年二老花錢僱人和在外地女兒農忙時回家幫忙的狀態下依舊堅持自己種地，收多收少老人總是說不要太拖累自己的兒子……

早年四兒媳就與家中老人不和，因此雖為父子，但兩家來往很少，只在過年四子到二老家中與兄弟一起去拜年，期間老人生病受傷也從未去探望過，但二老說只要四子家中無事，夫妻不再打架惹事非了他們就心滿意足了。

但就是這樣，四子與其妻子、兒子卻對老人現住房子和現種活來源土地掠奪式的搶奪，幾乎將二位可憐的老人逼上絕路，二位老人也開始了他們惡夢般的晚年……

誰沒有父母？誰沒有兒女？身為父母，你要有這麼不孝的兒女，怎麼辦？唯一值得慶幸的是，這位女兒一直在老人身邊陪老人，做一個兒女該做的事……

不孝者做不好人，也不能為好官。人生孝為先，對父母不孝，說明人品德性有缺陷，對品德方面有缺陷的人怎麼能當「父母官」呢？雖然孝子不見得能當好官，但是對父母不孝的人，一定是當不好官的。試想想：自古官者視人民為子女，一個不孝的人，怎麼可能愛那些和自己沒有多少關係的老百姓？他連他父母都不愛，他能愛窮苦百姓嗎？「官」首先是人，對他提出「孝」的要求，在什麼時候都是應該的。

因此，無論身為一個人來說，還是身為一個「官」來說，孝順、贍養生育自己的父母，都是最基本的道德要求和最起碼的品德，鳥雀尚且知道反哺，何況是人？

不忠者未必不孝，但不孝者必不忠！古人最重一個孝字，認為「萬惡淫為首，百善孝為先」，這還是很有些道理的，「孝」是衡量一個人是否

忘恩負義，是否對他人厚道，是否能夠與他人有福同享的一個標準。有一位富人說過，他結交人就看那人是否對父母孝，如果對父母都不好，更不可能對朋友好了，多半是奸佞之徒，天地也不喜歡。

由此可知，一個不孝的人，既不能做好人，也不能為好官，甚至無法取得人的信任，連朋友都沒有，當然更不能擔當重任，完成大事了。

早年我有一個同學，兄弟兩個，他媽媽對奶奶不是很孝順，常常讓奶奶生氣。同學是讀書人，對此很看不慣。有一天，同學和弟弟商量好，要教育一下自己的媽媽。他們直接和媽媽面對面地談：「媽，你現在不孝順我奶奶，到時候你老了，你怎麼對待我奶奶，我們就怎麼對待你！我們哥倆會找個籮筐把你抬出去，再也不問你的事。」後來同學的媽媽一想到自己的將來就害怕，於是就逐漸對婆婆孝順起來。

一個人，如果連自己的父母都不聞不問，還談什麼創業、報國。當然雙親健在時，你應該感到慶幸，你還有父母可以去孝順！你要想想老人究竟還能有多少個春秋？別讓日後自己徒增遺憾。常言道「為國盡忠，在家盡孝。」孝敬父母的事情永遠不能等！孝心不是用錢能夠得到全部表達的。有人說：「等我有錢了，我要把大把大把的錢塞給爸爸媽媽，讓老人家坐在錢堆上隨便花」、「等我有時間了，帶著爸爸媽媽出國旅遊，讓爸爸媽媽在有生之年瀟灑痛快！」我說：「那是不可能的，等你把錢賺到手了，爸爸媽媽的牙還能啃得動嗎？等你有時間了，想帶著爸爸媽媽去環遊世界，他們還能走得動嗎？他要那麼多的錢做什麼？他吃不了多少，穿衣也用不了多少，他所缺的應該是與兒孫共樂融融的相處。他們所缺的是在他難於動身時的一個代步，在他口渴時的一杯茶水，在他寂寞時候的陪伴，在他生病時的一次次問候……這些都是老人內心所渴望的！」

孝敬父母是不能等的，趁著現在他們還能叨嘮幾句，趁著我們還年輕還能為父母做些事情，現在就行動吧，發自內心的去孝敬我們的父母，不要等父母不在了而後悔。

# 第六章
# 兩人一條心，有錢堪買金——和氣促和諧

尊老愛幼，夫妻和諧，兄弟姐妹和睦，是優良傳統，也是家興國旺的前提。《論語》也講「禮之用，和為貴」，《增廣昔時賢文》更是如此。人生活在世間，不能離開社會，不能離開人群而獨自生存。和諧社會講究的就是和睦相處。

## 苗從地發，樹由枝分 —— 和諧是社會安定的基礎

**【原文】**

苗從地發，樹由枝分；父子親而家不退，兄弟和而家不分。

**【釋義】**

禾苗在土地裡發芽，大樹是由枝幹上分杈。父與子親和，家道就不會衰退，兄弟和睦相處，家庭就不會分裂。

馬克思曾有句名言：「對和諧之美的追求是人類的本能。」人類都追求幸福，其實幸福不只是一種願望，而是一種真實；幸福對於我們來說，也不只是物質生活的富足，更重要的，是人與人的和諧、人與社會的和諧、人與自然的和諧。

「和諧」真是一個美麗而溫柔的詞語，令人嚮往又令人深思。然而，究竟什麼是和諧，或者說，什麼樣的世界（包括我們賴以生存的外部世界和我們自己內心的世界）才能稱得上是「和諧」呢？

先說一個關於「和諧」的故事：

有個寒冷冬日的晌午，女主人準備打掃庭院，一出門就看見四個蜷伏在柴堆旁被凍得發抖的老人。出於善良的美德，女主人請四位老人進屋喝點熱茶暖暖身子，老人問：「你們家有男人在家嗎？」女主人說：「沒有，先生和兒子都上班去了。」老人們回答，他們不能進去，原因就是因為你們家沒有男人，女主人只好作罷。吃午餐之前，女主人和家人說起了先前的那件事，她先生立馬要她去請四位老人進屋吃飯。女主人來到柴堆前看見四位老人還在，就把先生的意思和他們說了，四位老人猶豫了一下，說：「我們不能一起進去，只能進去一人，原因是你們家都快吃飯了，不可能有那麼多飯。」，接著又說：「我們四人分別叫財富、成功、平安、

和諧，你去問一下你先生，看他願意請誰進去。」女主人只好回頭問先生。先生說「財富」最好，就請「財富」，兒子卻說還是請「成功」吧！在出現分歧的情況下，女主人自己倒是有點想請「平安」，於是她也說了自己的想法，一旁的女兒說話了：「我看最好請『和諧」。」先生聽了女兒的話覺得有道理，全家人終於達成了一致。女主人又出門把他們的決定對四位老人說了，於是她帶著「和諧」往家裡走，快進門時她回頭一看，四位老人都跟來了，女主人不明，就問其中原因：「你們不是說好只來一人嗎？」「和諧」笑著回答：「你們請了其他三位中的任何一位，就只來一位，你請了我就等於請了我們四個，我們是不可分的。」

從這個故事，我們不難看到和諧的重要。看完後，感觸良多。現實世界中，上至達官顯貴，下至升斗小民，無人不在追求更多的財富或更高的地位與聲譽，換句話說，人人都在追求發財，追求事業的成功，可是，要達到目的往往需要付出昂貴的代價，比如：有時就會因此而忽略心靈的成長，或者淡漠親情、友情和愛情。現實生活中，不少人事業成功後，反而感到孤獨空虛；得到名利後，卻發現失去了更可貴的事物。

反過來，如果擁有一個和諧的人生，那些名啊利啊與之相比，我個人認為，微不足道，更何況，在擁有和諧人生的前提下，所有的這些也並不是遙不可及啊！

清朝康熙年間有個大學士名叫張英，一天張英收到家信，說家人為了爭三尺寬的宅基地，與鄰居發生糾紛，要他用職權疏通關係，打贏這場官司。張英閱信後坦然一笑，揮筆寫了一封信，並附詩一首：千里修書只為牆，讓他三尺又何妨？萬里長城今猶在，不見當年秦始皇。家人接信後，讓出三尺宅基地。鄰居見了，也相讓三尺宅基地。結果成了六尺巷，這個化干戈為玉帛的故事流傳至今，它告訴我們，人要有坦蕩的胸懷，人與人之間要保持一種和諧的人際關係。

人與人之間要和諧，人與大自然之間也要保持和諧相處。提倡環保，珍愛動物，這都是和諧社會的好舉動。古時曾流傳下來一些老虎行善、人虎和諧相處的故事。

傳說唐朝天寶年間，福州漳浦縣有一個獵人叫勤自勵。有一天，路經一地，見一隻黃斑老虎落在陷阱裡，竟大發善心，將它救出來。

勤自勵從小就與同縣林家的女兒潮音訂了婚，那時候快要完婚了，不料這時安南叛亂，勤自勵投軍，一去三年杳無音訊。林家老頭料想他已經戰死沙場，便有心悔親，不顧女兒反對，將其另許人家。

迎親之日，潮音被強行拖上花轎。當迎親隊伍走過一處山林時，忽然一聲驚天動地的虎嘯，一隻吊睛黃斑虎竄了出來，眾人嚇得拔腿便逃。等到情緒穩定，查點人數，獨獨不見了新娘子。

說來也巧，勤自勵偏偏這一天從軍營還鄉，路過先前救虎的地方時，聽到有微微的呻吟聲，循聲探視，卻是一名年輕女子。便問她為何在此，女子自述為老虎馱來至此。進一步詢問，方知竟是未婚妻。兩人說起經歷，不禁感慨萬分。

## 遠水近火，遠親近鄰——要善於處理好鄰里關係

**【原文】**

遠水難救近火，遠親不如近鄰。

**【釋義】**

遠處之水無法撲救近處的火，遠方的親戚不如近處的鄰居能幫忙解困。言外之意是勸告人們要做好鄰里關係。

# 第六章　兩人一條心，有錢堪買金—和氣促和諧

俗話說：「鄰里好，賽金寶。」鄰里關係處得好，就可以互為助手、互為依靠，對各家的生活、學習、工作都有益處；反之，鄰里關係處理不當，不僅會影響街坊鄰里的安定，而且還會敗壞社會風氣。鄰里出現矛盾，要主動相讓。讓，不等於無能、不等於低人一等，而是展現一種寬容的胸懷、大度的風格、高尚的情操。鄰里之爭進一步則「狹路相逢」，退一步則「海闊天空」。鄰里遇到一些矛盾糾紛時，雙方都要禮讓、謙讓，設身處地為對方著想。同時，要嚴以律己，主動承擔責任，多作自我批評。只有這樣，鄰里方能和睦相處。

有許多古人就把鄰里關係處理得很好，值得今人學習。

漢代有個人叫羅威，鄰居家的牛多次吃了他家的莊稼，他和鄰居交涉，鄰居不予理睬。羅威並沒有火冒三丈，而是想，問題的焦點在牛，就從牛身上去尋找解決矛盾的途徑。於是，每天天不亮他就起床去打青草，然後悄無聲息地堆放在鄰居家的牛圈前。牛一聞到鮮嫩的青草，就大嚼特嚼起來，吃飽了就睡覺，再也不去吃莊稼了。鄰居每天起來，總看到牛圈前有一堆青草，頗感納悶，經觀察，知是羅威所為，頓覺愧疚，從此對牛嚴加看管。「羅威飼犢」的故事也就傳為美談。

司馬徽（人稱水鏡先生）是東漢末年一位善於識拔人才的有名學者。有一次，鄰居走失了一頭豬，因為司馬家的豬和他走失的豬相似，就誤認為是他家的。司馬徽並不爭辯，說：「是你的你就拿去。」鄰居便毫不客氣地把豬趕回家。過了幾天，鄰居從別處找到了自己的豬，很慚愧地把誤認的豬送還司馬徽。司馬徽不但沒責備他，反而說鄰里間發生這類誤會並不奇怪，還讚揚他懂道理、知錯能改。鄰居聽了十分感動。

現在社會進入了新時代，鄰里之間的關係處理有了新的內容，觀念也應有所發展。如何建設和諧社會，處理好鄰里關係的，應注意以下幾個方面：

◇ **適應環境**：當你購屋時，你可以選擇地理上的環境，卻無法去選擇人文上的環境。在鄰里關係處理上與其乾著急、亂抱怨，不如換個思維：既然不能讓環境來適應你，你何不去主動適應環境呢？比如鄰居素養較低，家庭常吵吵鬧鬧時，你就可以把電視音響聲音提升，或者索性就全家來幾段黃梅戲。營造出一個「我為了你，你為了我」的鄰里氛圍。

◇ **多想他人**：鄰里關係處理得好的關鍵，就是凡事要先想到他人。比如：當你白天準備放開音量收看電視或聽音樂時，應先想想鄰居有無上夜班的在家休息；當你在高樓陽臺為花澆水時，應先看看樓下是否有人，有沒有晒著衣被；當你的孩子與鄰居小孩吵架時，就應先看看別人的孩子有否受傷，並主動帶孩子去鄰居家問個究竟、道個歉……這不就避免了一些不必要的矛盾和糾紛了嗎？

◇ **串門走走**：平時還是常到鄰居家串門走走，這樣，不僅能融洽關係、增進感情，而且雙方有什麼事，彼此還能夠相互照應，既促進了鄰里關係的和諧，也有利於鄰里關係的穩定。但凡事都要有個適度，若頻繁的串門，可能令鄰里感到不快，也就是說要適可而止。

◇ **鄰里和睦**：人的一生能夠在茫茫人海中毗鄰而居，不論時間長短，也可以說是一種緣分。真想緣分能夠繼續，雙方就應該互相幫助和尊重。平常的生活中無論是通道碰面還是走廊碰面或大街上碰面相互點頭問候一聲，也是呵護鄰里緣分的良機。

◇ **寬容謙讓**：鄰里相處的重要一條就是要有寬容心，古人都能做到「讓一讓，三尺巷」，如今的我們就更要珍惜以和為貴，切不可「得理不饒人，無理攪三分」。當然，最好是每個人都能有良好的修養，那麼我們的社會也會美好很多了。

## 是非緣口，煩惱因強 —— 平時不要自己找氣生

**【原文】**

是非只為多開口，煩惱皆因強出頭。

**【釋義】**

招惹是非都是因為說話太多，遇上煩惱都是因為爭強好勝。

這句賢文的言外之意是，人啊千萬不要多嘴多舌，不要太張揚，這樣都會自己給自己找麻煩。

在做人做事時，為防出言惹禍，我們應該多做少說，多聽少說，不要多嘴多舌。一個搬弄是非的人會被人們深惡痛絕。他或許可以混跡在高尚的人群中，但他們只會把他當作一個笑話，而不是當作謹慎的榜樣。閒談莫論人非，說人壞話的人會聽到別人說他的更不堪入耳的話。

做人也不要太張揚。低調做人，不張揚是一種修養、一種風度、一種文化、一個現代人必需的品格。示人以弱乃生存競爭的大謀略，低姿態是收服人心的資本，藏鋒是一種自我保護，藏而不露也是一種魅力。過於張揚，烈日會使草木枯萎；過於張揚，滔滔江水將會決堤；過於張揚，好人也會變得瘋狂。

只因饒舌、只因比較、只因張揚，煩惱徒自生矣。據說，經常生氣的人容易短命，因此勸告人們，要時時想得開，事事放得開，不要讓自己生氣。

生活中的每一個人都不一樣，每一個人的環境條件，千差萬別，每個人都有自己的生活軌跡，就像宇宙間的行星，每個行星只能在自己的軌道上運行一樣，和別人比較，勢必產生心理失衡，產生不必要的煩惱。

記得有位名人說過：令人沮喪的往往並非事實，而是比較。總是與別人比較，這是一種很危險的狀態，它會使你慢慢變成牢騷專家。人比人，氣死人，與其時時羨慕別人，還不如好好珍惜現在自己擁有的。

## 是非緣口，煩惱因強—平時不要自己找氣生

有這樣一個故事：張玉明的朋友王姐因喬遷之喜請客，她和老公都去新居祝賀。當她坐在王姐新居寬敞的客廳裡，張玉明想起自己的蝸居，不禁氣餒。王姐的老公在桌旁高談闊論，滔滔不絕，而張玉明的老公只是端著茶杯坐在那裡傻乎乎地笑。

張玉明忍不住偷偷地將自己的老公和人家的老公比了又比，結果只是更加放大了她老公的缺點。真是越比越氣人，張玉明也越想越煩悶。「你看看人家，你再看看你！」張玉明經常對自己的老公「恨鐵不成鋼」。

過了一段時間，張玉明去給王姐送件物品，那天他們都在家。

只見王姐挽著袖子跪在地板上打蠟，而她老公則悠然自得地蹺著二郎腿看電視，並不時盛氣凌人地抬手指點王姐：這裡，對，還有那裡，沒擦乾淨，重擦吧。王姐忙得滿頭大汗。

張玉明實在看不下去，就對王姐老公說：「你怎麼不懂得憐香惜玉呀？這麼粗笨的工作竟讓王姐一個人做。」誰知，他竟不以為然地說：「哼，我出錢買了房子，難道還要我再做這種事啊？」張玉明愕然。

回家的路上，張玉明想，王姐好歹一個月也賺二萬多塊，雖然比她老公少，憑什麼就只有她做苦力？想想自己真可笑，居然還曾羨慕人家的老公。自己一家三口雖然住得並不寬敞，但也其樂融融。自己平時常將洗衣做飯之類的家務事都推給憨厚的老公，他也心甘情願地包攬下來，從無半點怨言，自己真是身在福中不知福啊。

這時候，張玉明終於明白了一個道理：千萬不能盲目地和別人比，煩惱都是自己找的。就好比月亮，你只看見了月亮皎潔的一面，沒有注意到月亮的背面，原來也有陰影。其實每個人都有各自的長處和短處，何必拿自己的短處去和別人的長處比呢？只要踏踏實實做人，不八卦人家的是非，不張揚不賣弄，煩惱就會遠去。

## 送雪中炭，濟急時無 —— 互幫互助和氣生財

**【原文】**

求人需求大丈夫，濟人須濟急時無。渴時一滴如甘露，醉後添杯不如無。

**【釋義】**

求人幫助應該去求真正的男子漢，接濟別人應接濟那些急需幫助的人。乾渴時一滴水也會像甘露一樣甜美，喝醉酒後再添酒不如不添。

這句賢文的主要思想就是講人要互幫互助，特別是要幫那些處在困境或逆境中的人。

在我們每個人自身或者身邊，都有需要別人幫助的時候和能幫助別人的時候，關鍵是我們的心態。獲得別人幫助時，我們要學會銘記不忘，學會感恩，學會報答；當我們有能力幫助別人時，我們要記住，幫別人就是幫自己。做任何事情都一樣，只有大家互相幫助，才能度過難關，才能爭取時間，才能贏得最後的勝利。互幫互助，和氣生財。

有一個故事，叫〈天堂和地獄〉，說的是有人和上帝談論天堂和地獄的問題。

上帝對這個人說：「來吧，我讓你看看什麼是地獄。」

他們走進一個房間，屋裡有一群人圍著一大鍋肉湯。每個人看起來都營養不良、絕望又飢餓。他們每個人都有一支可以夠到鍋子的湯匙，但湯匙的柄比他們的手臂要長，自己沒辦法把湯送進嘴裡。他們看上去是那樣悲苦。

「來吧，我再讓你看看什麼是天堂。」上帝把這個人帶入另一間房。

這裡的一切和上一個房間沒什麼不同。一鍋湯、一群人、一樣的長柄湯匙，但大家都在快樂地歌唱。

「我不懂，」這個人說，「為什麼一樣的待遇與條件，而他們快樂，另一個房裡的人們卻很悲慘？」

上帝微笑著說：「很簡單，在這裡他們會互相幫助 —— 餵食別人。」

沒有一個人可以不依靠別人而獨立生活，這本是一個需要互相扶持的社會，先主動伸出友誼的手，你會發現原來四周有這麼多的朋友。在生命的道路上我們更需要和其他的群體互相扶持，一起共同成長。

一個瘸子在馬路上偶然遇見了一個瞎子，而瞎子正滿懷希望地期待著有人來帶他行走。「嘿，」瘸子說，「一起走好嗎？我也是一個有困難的人，也不能獨自行走。你看上去身材魁梧，力氣一定很大！你背著我，這樣我就可以向你指路了。你扎實的腿腳就是我的腿腳；我明亮的眼睛也就成了你的眼睛了。」

於是，瘸子將拐杖握在手裡，趴在了瞎子那寬闊的肩膀上。兩人步調一致，獲得了一人不能實現的效果。

你不具備別人所具有的天賦，而別人又缺少你所具有的才能，透過類似的交際便彌補了這種缺陷。因此，請別抱怨上帝的不公！某些優勢，他沒有給你，而賜予了他人，這是一樣的，我們完全可以自己來交流。

一位著名的作家說過：「我們要盡自己所能幫助他人，因為我們自己也常常需要別人的幫助。」有的時候，看似微不足道的人也能夠給予你最大的幫助。接著他說了這樣一個小故事：

一隻小螞蟻在河邊喝水，不小心掉了下去。牠用盡全身力氣想靠近岸邊，但沒過一會就游不動了，在原地打轉，小螞蟻近乎絕望地掙扎著。這時，在河邊覓食的一隻大鳥看見了這一幕，牠同情地看著這隻小螞蟻，然後銜起一根小樹枝扔到小螞蟻旁邊，小螞蟻掙扎著爬上了樹枝，終於脫險，回到岸上。當小螞蟻在河邊的草地上晾乾身上的水分時，牠聽到了一個人的腳步聲。原來是一個獵人輕輕地走過來，手裡拿著槍，正準備射殺那隻大鳥，小螞蟻迅速地爬上獵人的腳趾，鑽進他的褲管，就在獵人扣動扳機的瞬間，小螞蟻狠狠地咬了他一口。只聽「哎呀」一聲，獵人的子彈打偏了。槍聲把大鳥驚起，牠急忙振翅飛遠了，互相救了一條命。

你幫助了他人，在你最困難的時候別人也會幫助你！互相幫助是傳統美德！

## 饒人非痴，痴不饒人 —— 寬宏大量，一笑泯恩怨

**【原文】**

饒人不是痴漢，痴漢不會饒人。

**【釋義】**

能寬恕別人的人不是傻的人，而傻的人是不會懂得寬恕別人的。

從前，有一隻小豬、一隻綿羊和一頭乳牛，被關在同一個畜欄裡。有一次，牧人捉住小豬，牠大聲號叫，猛烈地抗拒。綿羊和乳牛討厭牠的號叫，便說：他常常捉我們，我們並不大呼小叫。小豬聽了回答道：捉你們和捉我完全是兩回事，他捉你們，只是要你們的毛和羊乳，但是捉住我，卻是要我的命呢！

立場不同、所處環境不同的人，很難了解對方的感受；因此對別人的失意、挫折、傷痛，不宜幸災樂禍，而應要有關懷、了解的心情。要有寬容的心！

有一位著名的音樂家，在成名前曾經擔任過俄國彼德耶夫公爵家的私人樂隊的隊長。突然有一天，公爵決定解散這支樂隊，樂手們聽到這個消息的時候，一時間全都面面相覷、心慌意亂，不知道如何是好。看著這些和自己一起同甘共苦許多年的親密戰友，他睡不安寢、食不甘味，絞盡腦

汁、想來想去，忽然有了一個主意。

他立即譜寫了一首《告別曲》，說是要為公爵做最後一場獨特的告別演出，公爵同意了。

這一天晚上，因為是最後一次為公爵演奏，樂手們表情呆滯、萬念俱灰，根本打不起精神，但是看在與公爵一家相處這些日子的情分上，大家還是竭盡所能、盡心盡力地演奏起來。這首樂曲的旋律一開始極其歡悅優美，把與公爵之間的情感和美好的友誼表達得淋漓盡致，公爵深受感動。漸漸地，樂曲由明快轉為委婉，又漸漸轉為低沉，最後，悲傷的情調在大廳裡瀰漫開來。

這時，只見一位樂手停了下來，吹熄了樂譜上的蠟燭，向公爵深深地鞠了一躬，然後悄悄地離開了。過了一會兒，又有一名樂手以同樣的方式離開了。就這樣，樂手們一個接著一個地離去了，到了最後，空蕩蕩的大廳裡，只留下了他一個人。只見他深深地向公爵鞠了一躬，吹熄了指揮架上的蠟燭，偌大的大廳剎那間暗下了下來。

正當他也像其他樂手一樣，要獨自默默地離開的時候，公爵的情緒已經達到了頂點，他再也忍不住了，大聲地叫了起來：「這到底怎麼一回事呢？」他真誠而深情地回答說：「公爵大人，這是我們全體樂隊在向您做最後的告別呀！」這時候公爵突然省悟了過來，情不自禁地流出了眼淚：「啊！不！請讓我再考慮一下。」

就這樣，他用一首《告別曲》的奇特氛圍，成功地使公爵將全體樂隊隊員留了下來。他就是被譽為「音樂之父」的世界著名音樂家——海頓（Franz Joseph Haydn）。

在滾滾紅塵中，身為芸芸眾生的一介凡人，有不少人會這樣做：你對我不好，我也不會對你好。比如：在被拋棄、被資遣、被退學的時候，往往會憤憤離去，甚至採取報復行為；還有這樣一種情況，有的人在拋棄對方或者準備跳槽時，也不願意給對方留下一個好的印象，結果出現了一種糟糕的結局。相反，海頓深知，即便是最後的時光，也要一樣無限美好地離去，為的是給雙方留下一些更美好的或是更值得他日回憶的東西。結果，他的真情大度告別扭轉了局面。

因此我認為，當你對他人多一點寬容，多一點大度，多一點容忍，多一點體貼，多一點諒解，與此同時，你自己也會少一些憂愁，少一些煩惱，少一些煩悶，少一些悶悶不樂，少一些不快，降低了耗氣傷神的砝碼，增加了健康快樂的基數。

寬恕別人的確是一種美德，益人也益己，但不是針對所有的人事，有些像狼一樣的惡人，如果你盲目地寬容，就會既損害自己，也會遺害社會。〈東郭先生與狼〉的故事想必大家都知道，從這個故事裡我們想到了什麼呢？針對當今的社會現實，人要想做好事，沒有高度的智慧是不行的。比如東郭先生，他以為自己做了一件大好事，殊不知因為他的無知，差點致使自己命喪狼口。不僅如此，如果不是農夫及時相救並將狼打死，這惡性不改的狼不知還要禍害多少人。

## 說是非者，是是非人 —— 和諧也需要排除小人的干擾

**【原文】**

來說是非者，便是是非人。

**【釋義】**

前來對你議論別人是非的人，其實他本人就可能是一個喜歡搬弄是非的人。

所謂搬弄是非的人，簡單的說，就是那些喜歡在背後說別人的壞話、挑撥離間的人。和這樣的人相處，需要正直、坦蕩。換句話說，就是對閒

言閒語要不聽、不信、不傳。

背後議論別人是一種不道德行為。幫助他人改變這種惡習，行之有效的辦法是：尊重對方，以朋友式的態度，善意的規勸對方；設法巧妙地引導對方獲得正確地認識人的方法，比如：當對方談論他人時，可以先順著對方的話，談這個人確實存在的缺點，然後再談談他大量的長處，從而形成一個正確的結論。如果有些人搬弄是非的惡習已成為其性格特點，那麼你就乾脆別理睬她，聽見了他們的議論也只當耳邊風。

要特別注意，不要一聽搬弄是非的話，就立即找那人對質，這樣會使大家都很難堪，也解決不了什麼問題；有時反而會讓大家把你和他畫等號，認為你是沒有見識的人。

假如你知道，古今到處都有這一種人，而且你明白他們是多麼可憐，你就不會為他們而生氣了。因為他們多半受的教育不多，見聞也少，眼光短淺，生活圈子狹小，他們除了他們周圍的那一片小天地和那一小群人之外，不知道還有廣大的世界，他們多半很悶，生活單調，缺少變化和刺激，因此，他們願意製造一些故事，好使一潭死水似的生活起一點波瀾。如果你憐憫他們的淺薄，你就不會再為他們的行為而氣惱了。

只有排除了這些人為的干擾，你才能專心致志地做事，才能勇敢地向成功邁進。「專心致志」是形容一個人做事全神貫注，一心一意。這就是告訴我們，在觀察時就專心觀察，在思考時就專心思考，無論做什麼事，都用全部精力去做。

家庭和社會也一樣，要達成和諧，除了人們互相理解、幫助，互相學習、敬重，互相寬容、愛護之外，也要提防那些小人的無聊算計和干擾。害人之心不可有，但防人之心不可無。

現代社會，無論哪個地方，都存在一些小人，而君子生活的環境也並

不一定全部都是君子，所以，要學會深藏不露，無論什麼時候都要提防小人的「變臉術」，即使他說得再好，也不要輕易地相信他，因為小人往往都是花言巧語的專家，所以，他們的話最好不要相信太多。

從前，有一個地方住著一隻蠍子和一隻青蛙。蠍子想過池塘，但不會游泳。於是，牠爬到青蛙面前央求道：「勞駕，青蛙先生，你能背著我過池塘嗎？」

「我當然能。」青蛙回答。「但在目前情況下，我必須拒絕，因為你可能在我游泳時蜇我。」

「可是我為什麼要這樣做呢？」蠍子反問。「蜇你對我毫無好處，因為你死了我就會淹死。」

青蛙雖然知道蠍子是多麼狠毒，但又覺得牠說得也有道理。青蛙想，也許蠍子這一次會收起毒刺，於是就同意了。蠍子爬到青蛙背上，牠倆開始橫渡池塘。就在牠們游到池塘中央時，蠍子突然彎起尾巴蜇了青蛙一口。傷勢嚴重的青蛙大喊道：「你為什麼要蜇我呢？蜇我對你毫無好處，因為我死了你就會淹死。」

「我知道。」蠍子一邊下沉一邊說。「但我是蠍子，我必須蜇你。這是我的天性。」

俗話說：「江山易改，本性難移。」小人當然也是這樣，所以，處處都要小心提防著小人。社會上的小人是很險惡的，歷史上有多少功勛卓著的政治家、軍事家在辭別人世時所痛恨的並不是戰場上的對手，而恰恰是那些令他們說不清道不明卻又像陰影一樣揮之不去的小人；就算是老百姓，提防小人也是不得不時時注意的問題，所以就有了「寧得罪君子，不得罪小人」的告誡。小人之所以不可得罪，其原因就在於小人的報復慾望特別強。在他報復別人的時候，又小心地提防著別人對他進行報復。小人注定要連續不斷地傷害別人。俗語說「明槍易躲，暗箭難防」，小人對別人的報復打擊通常都是用「暗箭」，一般人在明處，小人在暗處，通常都是防不勝防。而小人報復的程度遠遠大於別人損害他的程度。也正是因為這樣，許多被小人攻擊、傷害過的人在蒙受損失後竟然搞不清自己究竟在哪個地方得罪了小人，他們根本不敢相信一些匪夷所思的緣由竟然可以成為小人報復他們的原因。

# 下部　小窗兀坐悟人生

讀《小窗幽記》，如沐春風，如飲甘霖，全身湧動著一股酣暢淋漓的快感。《小窗幽記》共有一百九十四則，每一則都很簡短。你可以當它是一篇耐人尋味的小品文，可以當它是一組精闢凝練的散文詩，也可以當它是一通發人深省的人生感悟。篇幅雖短，包含的思想卻博大精深，容納了參透生死、看淡名利的佛家，崇尚自然、拋卻俗塵的道家以及以德修身、追求中庸的儒家。內容豐富，涉及到「出世」與「入世」，「愛情」與「友情」，「安身」與「立業」等諸多處身立世的問題。

# 第七章
# 人生不得行胸懷，雖壽百歲猶夭也——悟做人之道

如何做人？怎樣做人？做一個什麼樣的人？這是一門藝術，更是一門學問。很多人一輩子都沒有弄明白。平時我們經常聽到「做人難，難做人」的感慨，也經常能感受「先做人，後做事」的領悟。可見，做人不是個小問題，而是大問題，是每個人一生的必修課。

## 寧以風霜，不為魚鳥 —— 做人要保持人品人格的獨立

**【原文】**

蒼蠅附驥，捷則捷矣，難辭處後之羞；蔦蘿依松，高則高矣，未免仰扳之恥。所以君子寧以風霜自挾，毋為魚鳥親人。

**【釋義】**

蒼蠅依附在駿馬的尾巴上，固然可以不費力氣地迅速跑到很遠的地方，卻難以推辭處於骯髒馬屁股上的羞辱；蔦蘿順著松枝向上攀爬，固然可以爬得很高，卻難以免除攀附依賴的恥辱。所以正直的人寧可像高潔的風霜一樣不討眾人喜歡，也不願像小魚小鳥一樣靠賣弄媚態去博取眾人的歡心。

做事先做人，這個道理人人會講，但真要做好人卻不是一件容易的事。你可以說做人很簡單，他可以說做人太複雜。如果你是抱著玩世不恭，遊戲人間的態度，你可以嘻嘻哈哈地過日子。但假如你認為生命實在可貴，應該如何好好地度過才有意義的話，那問題可就不簡單了。但不管做人有多少條條框框，放在首位的，應該是做人的人格。

一個人，有兩種力量最具魅力，一種是人格的力量，一種是思想的力量。品行是一個人的內涵，名譽是一個人的外貌。人格如金，純度越高，品味越高。道德可以彌補智慧上的缺陷，但智慧永遠彌補不了道德上的缺陷。

無法想像，一個缺乏獨立人格的人，一個沒有人品沒有尊嚴的人，能做成什麼大事。

很多很多年前，有一位學大提琴的年輕人去向本世紀一位偉大的大提琴家卡薩爾斯討教：我怎樣才能成為一名優秀的大提琴家？卡薩爾斯面對雄心勃勃的年輕人，意味深長地回答：「先成為優秀而大寫的人，然後成為一名優秀而大寫的音樂人，再然後就會成為一名優秀的大提琴家。」

聽到這個故事的時候，我還年少，對老人回答中所透露出的含義理解不多。然而，在以後的工作生涯中，隨著採訪接觸的人越來越多，這個回答在我腦海中便越印越深。

在採訪北大教授季羨林的時候，我聽到一個關於他的真實故事。有一年秋天，北大新學期開學，一個外地來的學子背著大包小包走進了校園，實在太累了，就把包放在路邊。這時正好一位老人走來，年輕學子就拜託老人替自己看一下包，自己則輕裝去辦理手續。老人爽快地答應了。近一個小時過去，學子歸來，老人還在盡職盡責地看守著。學子謝過老人，兩人分別。幾日後北大舉行開學典禮，這位年輕的學子驚訝地發現，主席臺上就座的北大副校長季羨林，正是那一天替自己看行李的老人。

我不知道這位學子當時是一種怎樣的心情，但我聽過這個故事之後卻強烈地感覺到：人格才是最高的學位。

後來，我又在醫院採訪了世紀老人冰心。我問她：「您現在最關心的是什麼？」老人的回答簡單而感人：「是老年病人的狀況。」

當時的冰心已接近自己人生的終點，而這位在「五·四運動」中走上文學之路的老人，對芸芸眾生的關愛之情歷經 80 年的歲月而仍然未老，這又該是怎樣的一種傳統！

冰心的身軀並不強壯，然而她這一生卻用自己當筆，拿歲月當稿紙，寫下了一篇關於愛是一種力量的文章，在離去之後給我們留下了一個偉大的背影。

當你有機會和經過「五·四」或受過「五·四」影響的老人接觸，你就知道，歷史和傳統其實一直離我們很近。這些世紀老人身上所獨具的人格魅力是不是也該作為一種傳統被我們延續下去呢？

不久前，我在北大又聽到一個有關季先生的清新而感人的新故事。一批剛剛走進校園的年輕人，相約去看季羨林先生，走到門口，卻開始猶豫，他們怕冒失地打擾了先生，最後決定每人用竹子在季老家門口的地上留下問候的話語，然後才滿意地離去。

這該是怎樣美麗的一幅畫面！在季老家不遠，是北大的博雅塔在未名湖中留下的投影，而在季老家門口的問候語中，是不是也有先生的人格魅力在學子心中留下的投影呢？

聽多了這樣的故事，便常常覺得自己像只氣球，彷彿飛得很高，仔細一看卻是被浮雲托著；外表看上去也還飽滿，但肚子裡卻是空空。這樣想著就不免有些擔心：這樣怎麼能走更長的路呢？於是，「渴望老年」四個字，對於我就不再是幻想中的白髮蒼蒼或身分證上改成60歲，而是如何在自己還年輕的時候，能吸取優秀老人身上所具有的種種優秀品質。於是，我也更加知道了卡薩爾斯回答中所具有的深義。怎樣才能成為一個優秀的主持人呢？心中有個聲音在回答：「先成為一個優秀的人，然後成為一個優秀的新聞人，再然後就會成為一名優秀的節目主持人。」

一個人的人格是在遺傳、環境、教育等因素的交互作用下形成的。不同的遺傳、生存及教育環境，形成了各自獨特的心理點。人與人沒有完全一樣的人格特點。所謂「人心不同，各有其面」，這就是人格的獨特性。

一個人的人格是在遺傳、環境、教育等因素的交互作用下形成的。不同的遺傳、生存及教育環境，形成了各自獨特的心理點。人與人沒有完全一樣的人格特點。所謂「人心不同，各有其面」，這就是人格的獨特性。

余秋雨說，人格的獨立是文人的第一生命，推而廣之，人格的獨立也是為人處世的第一法則。一個人，一定要有獨立的人格，獨立的思想，有時候，一個經過獨立思考而堅持錯誤觀點的人，比一個不假思索而接受正確觀點的人更值得肯定。

## 不近人情，舉世畏途 —— 做人要懂人情世故

【原文】

不近人情，舉世皆畏途；不察物情，一生俱夢境。

【釋義】

不考慮人之常情，到處都是難走的路；不研究事物的知識，一輩子都糊里糊塗。

一個人不管有多聰明、多能幹，背景條件有多好，如果不懂得如何做人、做事，那麼他最終的結局肯定是失敗。很多人之所以一輩子都碌碌無為，是因為他活了一輩子都沒有弄明白該怎樣去做人做事。我們生活在一個現實的社會。一些人和事，你無法改變的時候，就需要改變自己，努力讓自己適應這個社會。如果不想處處碰壁，你就必須懂得一些人情世故，掌握一些交際禮儀和溝通技巧，適時宜地「來事」，靈活地處世。學會一些人情世故，並不是教你違心、虛偽、奸詐地迎合別人，鑽漏洞，占便宜，而是告訴人們在處世方面，在善良、真誠、寬容的基礎上，做事掌握分寸，謹言慎行，禮行天下，智慧靈活地待人接物。如果能做到這些，我們會少很多煩惱，對自己的生活和工作必定會有所幫助。

想必大家都知道孔子這人，但對孔子的身世不一定都清楚。其實，孔子的身世很可憐，父親去世的時候，他還有一個半殘廢的哥哥和一個姐姐，古時女子一般是沒有太多途徑去謀生的，所以養活家人的擔子要由孔子來擔，他的責任很重。他說自己十五歲的時候，開始立志做學問，經過十五年的磨練，累積了各式各樣的人生經歷，到了三十歲而「立」。現在我們常說成家立業，說是討了老婆，有了穩定的工作，這樣就叫而立了。孔子在這裡說的「立」則不是這個意思，這個「立」指的是不變動了，做人做事處世的道理已經確定了，不變了，用現在的話說，就是確立了自己

的人生價值觀，有了自己判斷是非的準則，不再隨波逐流了。能做到這樣，就算是一個流浪漢，如果他執著地追求自己的人生目標，有自己明確的好惡標準，那麼他的學問也算到家了的，也算「而立」了的。三十雖然「立」了，目標既定了，但在實踐的過程中，還是有些懷疑的，有些事情自己還是很急躁，甚至有些時候，為了實現自己的目標，會採取一些急功近利的手段。我想大多數人都有過這樣的經歷，甚至很多人都還正處在這樣的經歷之中。

孔子的人情世故，也是隨著年紀的增加，慢慢懂得的。二千多年前的孔子尚知道要懂點人情世故，何況這年頭的我們呢？在這年頭，人不可能僅靠自己的力量生存，你不可能避免和別人打交道，打交道就要學會處理人際關係，這些都是人情世故的內容。比如：你如果是一個直性子的人，直性子的人挺好，但是請注意不要因為自己的口無遮攔而傷害你的朋友。因為很多時候，傷人的同時也是在傷害自己，在責怪周圍人帶你不善的同時，是不是也反省一下自己呢？

曾聽辦公室的室友說過這樣一件事：某屆昔日同窗大學畢業後，同住一個宿舍的七名男生中有六名進了大公司，只有小張到了學校教書。畢業後第一年，七人相約聚會，盡歡而散。第二年，七人再次相聚，仍盡歡而散。第三年，六人已是管理階層，六人便與小張話題沒什麼交集。第四年，六人相聚，沒有邀請小張，六位主管盡歡而散。以後三年相聚，都沒有人想到要邀請小張。

第八年，小張因教學成績突出，破格提拔為為校長。考慮到日後子女入學，六位主管便決定邀請小張，可是卻怎麼也請不來張校長。

這件看起來很小的一件事，說明了什麼呢？說明了這六位同窗都不懂人情世故，都太「勢利」，都患了人性的「近視症」。

生活在大千世界裡，你我都不是孤獨的。親朋好友、主管同事、街坊鄰居，即便是收破爛買廢報紙、賣菜、賣瓜的，每天都會遇見，打聲招呼，人人為我，我為人人，你中有我，我中有你，誰都離不開誰，哪個人不會求人呢？

一年下來，除了工作上的應酬，大部分週休基本上都有一些「應酬」。親情、友情、愛情一個都不能少。今天你的兒子結婚、女兒出嫁，明天他的兒子或女兒上大學，後天我喬遷新居，大後天老婆過生日……或祝賀，或恭喜，或祝福，來也匆匆，去也匆匆，自是辛苦，但不覺得累，這是人之生活的一部分，不可或缺的重要部分。

生活是平凡的，但又是豐富多彩的，人情世故不可少。

因此，我們可以得到一個結論：不管為政或做事，都要靠人生經驗的累積。而人生經驗會累積成什麼東西呢？簡單的四個字——「人情世故」。現在人們把「人情世故」給想歪了，把它當成了貶義詞，認為那些油腔滑調、拍馬屁之徒才應該背著「人情世故」這四個字。其實不然，「人情」就是人與人的性情，人與人融洽相處的方式與情感，用現在的專業詞語叫做「人際關係」。「世故」指的是（過去的、現在的、將來的）社會百態的變遷，包括文化的變遷，風俗的變遷，道德的變遷等等。綜合來說就是了解人的特性，知道社會的發展趨勢，了解各個層面細微的變化。如此一來，真若能做到「人情世故」那麼又還有什麼事情是做不了的呢？

## 如若市恩，不如報德 —— 做人名利心不能太重

**【原文】**

市恩不如報德之為厚，要譽不如逃名之為適，矯情不如直節之為真。

**【釋義】**

要別人感恩沒有報答別人的恩德厚道，追求名聲沒有逃避名聲妥當，偽裝自己沒有坦誠對人真實。

有位名人說過：誰要是為名利的惡魔所誘惑，他就不能保持理智，就會依照不可抗拒的力量所指引給他的方向撲去。但在名利面前，真正能不被誘惑的又有幾人？為了追逐名利，有多少人不擇手段，鉤心鬥角，因此淡漠了親情，失去了友情，他們費力心機得到了名利，但他們失去的更多，名利雙收，可是他們並沒得到想像中的幸福。名和利生不帶來死不帶去，也許直到他們終老的那一天，他們才會明白這個本來很淺顯的道理。

當今娛樂圈，一個最大的名利環境，在這個名利環境中，多少人採取陰暗的競爭手段來達到自己名利雙收的目的；有多少人擠得頭破血流，想躋身於這個名利環境中；許多人成為這個名利環境的犧牲品，但名利的誘惑又讓多少人奮不顧身，前仆後繼。

還有許多的公務員，在名和利的誘惑下，遺失了本性，濫用了人民賦予他們的各種權利，在名利環境中失去了自我，最終把自己送上了審判庭。但這些前車之鑑並沒有警醒那些在名利環境中沉淪的人，貪汙腐化一直是我們社會的一顆難以杜絕的毒瘤，許多人仍然不顧忌法律的莊嚴，在追逐名利的泥淖中越陷越深。

其實，這個世界並不是人人都在追名逐利，無論是還是國外，都有許多智者、高者一生淡泊名利，瀟灑人生，值得我們學習。

瑪麗．居禮天下聞名，但她既不求名也不求利。她一生獲得各種獎金10次，各種獎章16枚，各種名譽頭銜117個，卻給人一種全不在意的印象。有一天，她的一位女朋友來她家做客，忽然看見她的小女兒正在玩英國皇家學會剛剛獎給她的一枚金質獎章，女朋友大吃一驚，忙問：「瑪麗，現在能夠得到一枚英國皇家學會的獎章，是極高的榮譽，你怎麼能給孩子玩呢？」瑪麗．居禮笑了笑說：「我是想讓孩子從小就知道，榮譽就像玩具，只能玩玩而已，絕不能永遠守著它，否則就將一事無成。」

做人不能名利心太重，如果太重，名利會像枷鎖一樣鎖住你。

人生在世，誰不希望自己出名，為眾人所矚目；也渴望生活殷實，衣食無憂，這是人之常情，無可厚非。但這名怎樣出法，這利如何獲得，則因人而異了。

人無名，似乎總怕被別人忽視了自己的存在，因此，人們總想透過各種事件和社會活動，來擴大自己的影響。助人為樂、見義勇為可以出名，吃喝嫖賭、偷雞摸狗也可以出名；克己奉公、建功立業可出名，投機鑽營、沽名釣譽同樣可以出名；但名雖是一個，義卻迴然不同。

為爭得一個配角的名份，而去赴演藝界的潛規則，這是某些人的出名之道；為獲得一個虛無的「家」的名份，有人不惜用重金投其所好，這是某些人的沽名釣譽之道；為求得一官司半職，有人傾盡全力，在仕途上瞞天過海，爾虞我詐；為換得一個欺世之名，不少人紛紛解囊出書，企圖也來個後世永傳；為博得一個模範勞工指標的光環，有人對上阿諛奉承，對同事落井下石，可謂不擇手段。

人無利，似乎難以在社會上存在。因為人要生存，總是離不開物質作基礎。求利，本是人的生存之道。憑知識和技能、勤勞可以獲利；憑投機鑽營、巧取豪奪亦可獲利；靠正常經營、合法收入可獲利，靠逃漏稅、貪汙受賄也可獲利；立功受獎可獲利，以權謀私也可獲利；

為了貪利，鬼有錢，當官願為鬼推磨；

為了圖利，該退休，死皮賴活不退休；

為了逐利，耍權術，買官之後再賣官；

為了謀利，變戲法，中飽私囊填己欲。

人們啊，請記住：「名不可不要，但要名正言順，切不可沽名釣譽；利不可不得，但要取之有道，切不可唯利是圖。」

幸福與否，冷暖自知，我們要生活得更快樂些，就要學會調適自己的心態，不要有太重的名利得失心，學會辯證地看待周圍的事物，做自己生活的主人。

## 倚才玩世，飾貌欺人 —— 做人要低調，不能傲慢自滿

**【原文】**

倚高才而玩世，背後須防射影之蟲；飾厚貌以欺人，面前恐有照膽之鏡。

**【釋義】**

憑藉自己才能高而玩世不恭，要防止背後有人陷害中傷；裝出一副忠厚的外表來欺騙別人，要提防早晚會被當面揭穿。

山不解釋自己的高度，並不影響它的聳立雲端；海不解釋自己的深度，並不影響它容納百川；地不解釋自己的厚度，但沒有誰能取代它滋養萬物的地位……

人生在世，我們常常產生想解釋點什麼的想法。然而，一旦解釋起來，卻發現任何人解釋都是那樣的蒼白無力，甚至還會越抹越黑。因此，做人不需要解釋，便成為智者的選擇。那麼在當今社會，與人相處，我認為關鍵是要學會低調。

# 第七章　人生不得行胸懷，雖壽百歲猶夭也—悟做人之道

低調做人，是一種品格、一種姿態、一種風度、一種修養、一種胸襟、一種智慧、一種謀略，是做人的最佳姿態。欲成事者必須要寬容於人，進而為人們所悅納、所讚賞、所欽佩，這正是人能立世的根基。根基堅固，才有繁枝茂葉，碩果纍纍；倘若根基淺薄，便難免枝衰葉弱，不禁風雨。而低調做人就是在社會上加固立世根基的絕好姿態。低調做人，不僅可以保護自己、融入人群，與人和諧相處，也可以讓人暗蓄力量、悄然潛行，在低調中成就事業。

低調做人就是謙卑，不傲慢，永不自滿。而謙卑是一種智慧，是為人處世的黃金法則，懂得謙卑的人，必將得到人們的尊重，受到世人的敬仰。

競標其實成功者往往是恪守低調作風的典範，低調做人不僅是一種境界、一種風範，更是一種思想、一種哲學。低調不是河水低流，不是唯唯諾諾，更不是低聲下氣。反之，如果高調做人，懶散做事，那勢必驕傲自滿，抬高自己，看低他人，應付工作，無績無效，自己也沒多大前程。

請看這樣一個教育故事：

徒弟學藝多年，出山心切，就去向師傅辭行：「師傅，我已經學夠了，可以獨闖天下了。」

「什麼叫夠了？」師傅問。

「就是滿了，裝不下了。」徒弟答。

「那麼你裝一大碗石子來。」徒弟照辦了。

「滿了嗎？」師傅問。

「滿了。」徒弟十分自信。

師傅抓起一把細沙，摻入石中，沙一點沒溢出來。

「滿了嗎？」師傅又問。

「這回滿了。」徒弟面有愧色。

師傅又抓來一把石灰，輕輕撒下，還是沒有溢出來。

「滿了嗎？」師傅又問。

「滿了。」徒弟似有所悟。

師傅又倒了一盅水下去，仍然一滴水也沒有溢出。

「滿了嗎？」師傅笑問。

徒弟無言以對。

這個故事告訴我們，傲慢自滿是做人的大忌。

## 須有遠圖，寧無壯志 —— 做人要有抱負和自信

**【原文】**

丈夫須有遠圖，眼孔如輪，可怪處堂燕雀；豪傑寧無壯志，風稜似鐵，不憂當道豺狼。

**【釋義】**

男子漢要有長遠的打算，要目光遠大，不要像寄居在人家堂屋下的燕子、麻雀那樣苟且偷生；做豪傑豈能沒有雄壯的志向，要鐵骨錚錚，不懼怕擋在路上的凶殘豺狼。

「先天下之憂而憂，後天下之樂而樂」展現了范仲淹憂國憂民的偉大抱負。

翻閱古今，上下五千年的歷史，有哪一位流芳百世、功彪千秋的偉人的業績不是建立在遠大的抱負和堅毅的意志的基礎上的？這種人除了抱有遠大理想之外，還具有堅韌的素養和奮鬥精神。如果沒有遠大的抱負，范仲淹就不會提出「先天下之憂而憂，後天下之樂而樂」的政治主張；勾踐就不會在吳國臥薪嘗膽，最終也就不會出現「三千越甲可吞吳」的局面。

這些人都因自己艱苦的奮鬥而實現了自己的遠大抱負。

多年前，一位貧苦的牧羊人帶著兩個年幼的兒子以替別人放羊來維持生活。一天，他們趕著羊來到一個山坡。這時，一群大雁鳴叫著從他們的頭頂飛過，並很快消失在遠處。牧羊人的小兒子問父親：「大雁要往哪裡飛？」「牠們要去一個溫暖的地方，在那裡安家，度過寒冷的冬天。」牧羊人說。他的大兒子眨著眼睛羨慕地說：「要是我們也能像大雁一樣飛起來就好了。那我就要飛得比大雁還要高，去天堂，看媽媽是不是在那裡。」小兒子也對父親說：「做個會飛的大雁多好啊！那樣就不用放羊了，可以飛到自己想去的地方。」牧羊人沉默了一下，然後對兩個兒子說：「只要你們想，你們也能飛起來。」

兩個兒子試了試，沒有飛起來。他們用懷疑的眼神瞅著父親。牧羊人說，讓我飛給你們看，於是他飛了兩下，也沒飛起來。牧羊人肯定地說：「我是因為年紀大了才飛不起來，你們還小，只要不斷努力，就一定能飛起來，去想去的地方。」兒子們牢牢記住了父親的話，並一直不斷地努力，他們長大以後果然飛起來了。他們發明了飛機，他們就是美國的萊特兄弟。

一個人除了有遠大的志向和頑強奮鬥的毅力還不夠，還應具備良好的自信，要堅信自己一定能成功。

有這樣一個故事，說的是古希臘的一位大哲學家在臨終前有一個不小的遺憾——他多年的得力助手，居然在半年多的時間裡沒有為他尋找到一個最優秀的閉門弟子。

事情是這樣的：這位哲人在風燭殘年之際，知道自己時日不多，就想考驗和點化一下他的那位平時看來很不錯的助手。他把助手叫到床前說：「我的蠟所剩不多了，得找另一根蠟接著點下去，你明白我的意思嗎？」

「明白，」那位助手趕緊說，「您的思想光輝是得很好地傳承下去……」

「可是，」哲人慢悠悠地說，「我需要一位最優秀的承傳者，他不但要有相當的智慧，還必須有充分的信心和非凡的勇氣……這樣的人選直到目前我還未見到，你幫我尋找和挖掘一位好嗎？」

「好的，好的。」助手很溫順很尊重地說，「我一定竭盡全力地去尋找，以不辜負您的栽培和信任。」

哲人笑了笑，沒再說什麼。

那位忠誠而勤奮的助手，不辭辛勞地透過各種管道開始四處尋找了。可是他帶來一位又一位，都被哲人一一婉言謝絕了。某一次，當那位助手再次無功而返地回到哲人病床前時，病如膏肓的哲人硬撐著坐起來，撫著那位助手的肩膀說：「真是辛苦你了，不過，你找來的那些人，其實還不如你……」

「我一定加倍努力，」助手言辭懇切地說，「找遍城鄉各地、找遍五湖四海，我也要把最優秀的人選挖掘出來，舉薦給您。」

哲人笑笑，不再說話。

半年之後，哲人眼看就要告別人世，最優秀的人選還是沒有眉目。助手非常慚愧，淚流滿面地坐在病床邊，語氣沉重他說：「我真對不起您，令您失望了！」

「失望的是我，對不起的卻是你自己。」哲人說到這裡，很失意地閉上了眼睛，停頓了許久，才又不無哀怨地說：「本來，最優秀的就是你自己，只是你不敢相信自己，才把自己給忽略、給耽誤、給遺失了……其實，每個人都是最優秀的，差別就在於如何認知自己、如何發掘和重用自己……」話沒說完，一代哲人就永遠離開了他曾經深切關心著的這個世界。

為了不重蹈那位助手的覆轍，每個嚮往成功、不甘沉淪者，都應該牢記一位哲人說過的這樣一句至理名言：「每個人都有大於自身的力量。不是因為有些事情難以做到我們才失去自信，而是因為我們失去了自信，有些事情才顯得難以做到。」我們每個人就是一座金礦，關鍵是如何發掘自己。

## 大名天地，安用長生 —— 做人要自強自立

**【原文】**

吾名在天地間，只恐盛著不了，安用長生！

**【釋義】**

我的大名在天地間，只怕還盛不下，我要長生做什麼！

小時候聽過兩首啟迪人生的歌，一首是〈愛拚才會贏〉，另一首是〈男兒當自強〉，這兩首歌常常讓歌唱者熱情奔放，對未來充滿嚮往。它們的主題思想就是教人要自立自強。

有這樣一則民間故事，說一對夫婦晚年得子，十分高興，把兒子視為掌上明珠，捧在手上怕飛，含在口裡怕化。兒子長大後什麼事都不讓他做，連基本的生活也不能自理，一天，夫婦倆要出遠門，怕兒子餓著，於是想了一個辦法，烙了一張大餅套在兒子的頸上，告訴他想吃時就咬一口。但等他們回到家裡時，兒子還是餓死了。原來他只知道吃頸前面的餅，不知道把後面的餅轉過來吃。

故事可能有些演繹，但寓意深刻警人。當今社會是一個競爭的社會，每個人都要在激烈的競爭中求生存謀發展，如果不能自立自強，將來必定會敗下陣來。

古今自立自強的人很多，比如愛迪生，他小時候因為家裡窮，只上了3個月學，十一、二歲就開始賣報。他熱愛科學，常常把錢節省下來，買科學書報和化學藥品。他做實驗的器具，是從垃圾堆裡揀來的一些瓶瓶罐罐。據說他在火車上賣報的時候，火車上有一節給乘客吸菸的專用車廂，車長同意他在那裡占用一個角落，他把化學藥品和瓶瓶罐罐都搬到那裡，賣完了報，就做各種有趣的實驗。

有一次，火車開動的時候猛地一震，把一瓶白磷震倒了。磷一遇到空氣馬上燃燒起來，車長幫愛迪生一起把火撲滅了，但把愛迪生做實驗的東西全扔了出去，並打了他一個耳光，把他的一隻耳朵都打聾了。即便這樣，愛迪生鑽研科學的決心仍沒有動搖。他省吃儉用，重新做起化學實驗來。有一次，硫酸燒毀了他的衣服；還有一次，硝酸差一點弄瞎了他的眼睛。他沒有被危險嚇倒，還是頑強地做實驗。

愛迪生試製電燈，他常常在實驗室裡一連工作幾十個小時，實在太累了，就躺在實驗臺上睡一會兒。他這樣不懈地努力，找到了合適的燈絲，發明了電燈。後來，愛迪生又發明了電影、留聲機……他一生中發明的東西有1,000多種。

沒有自立，何談自強；沒有自強之精神，何談自立之根本。面對困難和問題應該勇敢樂觀地去面對，對於榮譽和機遇也應冷靜、理智地去處理。順境之下不驕奢淫逸，逆境之中不自暴自棄。我們從成功人士身上看到的正是這種自立、自強的高尚精神，但願這種精神能夠給各種境遇的人帶來某種啟迪。

生活要我們自立，社會要我們自立，命運要我們自立，唯有自立才能夠自強，也唯有自立自強我們才可能成為真正的強者。

美國盲聾女作家、教育家海倫·凱勒用身殘志不殘的成功事實告訴我們：人需要自立自強，不能向命運低頭。

有一則小寓言，對人生的啟發極其深刻：

小蝸牛問媽媽：「為什麼我們從生下來就要背負這個又硬又重的殼呢？」

媽媽：「因為我們的身體沒有骨骼的支撐，只能爬，又爬不快。所以要這個殼的保護！」

小蝸牛：「毛蟲姐姐沒有骨頭，也爬不快，為什麼她卻不用背這個又硬又重的殼呢？」

媽媽：「因為毛蟲姐姐能變成蝴蝶，天空會保護她啊！」

小蝸牛：「可是蚯蚓弟弟也沒骨頭也爬不快，也不會變成蝴蝶，他為什麼不背這個又硬又重的殼呢？」

媽媽：「因為蚯蚓弟弟會鑽土，大地會保護他啊！」

小蝸牛哭了起來：「我們好可憐，天空不保護，大地也不保護。」

蝸牛媽媽安慰他：「所以我們有殼啊！我們不靠天，也不靠地，我們靠自己。」

## 人不求真，百歲猶夭——做人要坦蕩磊落

**【原文】**

人生不得行胸懷，雖壽百歲猶夭也。

**【釋義】**

一個人如果不能奮發進取，去實現自己的理想和抱負，那是庸庸碌碌；一個人如果在生活中不敢坦露真實的自我，整天在瞞和騙中生活，那是苟且偷生。像這樣的人，就算活到一百歲也是白活。

常言道：「做人要正直、做事要正派，堂堂正正，公公正正，才是立身之本、處世之基。」人正不怕影斜，腳正不怕鞋歪，身正心安魂夢穩。這些話都說明了一個道理，即做人要坦坦蕩蕩，光明磊落，有一說一，有二說二，該說的就說，該做的就做，說的都是真話，做的都是正事。而不要心術不正、故弄玄虛、口是心非，用心計，耍手腕，當面一套，被後一套，臺上說君子言，臺下行小人事。只有這樣，做人才有底氣，做事才會硬氣，心底無私天地寬，表裡如一襟懷廣。

人若襟懷坦白，心意澄明，行事自然光明磊落，公正無私，即使有些誤解也會澄清，有些怨恨也會化解。歷史上有許多以德報怨的故事，正是這種思想的最好註腳。

做個胸懷坦蕩的人，大膽地向前走，不用怕路上會有失敗和困難。走路的人，不管怎麼走，目標一定是在地平線，既然如此，那你留給世界的只能是背影，其他的你什麼都不會留下，又何必在意太多。大膽地把自己的話說出來吧，不用怕別人說你標榜自己，那不是標榜，那是坦誠與率直的心靈，那是對自己的肯定，試想如果連自己都不能相信自己，還有什麼你可以信賴？相信這份坦坦蕩蕩的心會帶給你無窮的信心。

從一本書上讀到過這樣一個故事：

警察局裡有一批遺棄或收繳來的自行車無人認領，警察決定將其拍賣。第一輛自行車開始競標了，站在最前面的，一位大約 10 歲的小男孩說：「5 塊錢。」叫價持續了下去，拍賣員回頭看了一下前面的那位男孩，他沒出價。跟著幾輛自行車都被拍賣走了，那小男孩每次總是出價 5 元，從不多加。

5 塊錢的確是太少了，幾乎每輛自行車最後的成交價都是在三、四十元上下，參加拍賣的自行車漸漸地越來越少了，人們有些奇怪了，趁著休息時間，拍賣員和幾個人問小男孩為什麼不再加價。小男孩說：「我只有5塊錢。」

拍賣就快要結束了，現場只剩下最後一架非常漂亮的自行車，拍賣員依例問大家：「有誰出價嗎。」？這時，站在最前面幾乎已經失去希望的小男孩怯生生地說了一句：「5塊錢。」

拍賣員停止了唱價，觀眾也靜坐著，沒有人舉手，也沒有人喊出第二個價。

最後，小男孩拿出握在手中已經被汗水浸得皺巴巴的5元，買走了那輛全場最漂亮的自行車，現場的觀眾紛紛鼓掌。

小男孩只有5元，他毫無保留的亮給大家看，坦坦蕩蕩的去參加競標，結果他贏得了自己想要的東西，因為在現實生活中能像小男孩那樣毫無保留的勇於亮出自己底牌的人實在不多，像他那樣坦坦蕩蕩地去競標的人實在是太少了……

其實，做人也好，做事業也好，做情侶也好，真誠和執著應該是達到目標、完成夢想、結成良緣最好的方法，而坦蕩則是真誠和執著的試金石，所謂「君子坦蕩蕩」應該就是說為人君子必須具備的是一種大度、無私、胸懷坦蕩的情操，以裸露的襟懷示人，以博大的關愛於眾，以赤誠寬厚之心為民，我們的國家、社會、家庭都需要這樣的人，如果有多一些這樣的人組成一支隊伍，相信這世界會明亮許多許多……

## 事系幽隱，要思回護 —— 要養成尊重別人隱私的習慣

【原文】

事系幽隱，要思回護他，著不得一點攻訐的念頭；人屬寒微，要思矜禮他，著不得一點傲睨的氣象。

【釋義】

如果知道了某人的隱私，要想到回護他，不能有一點藉機攻擊的念頭；對待地位低下的人，要想到尊重他，不能有一絲傲慢的樣子。

所謂隱私，就是不願告訴人或不願公開的個人的事，這是詞典上對隱私的註釋，而我理解的隱私，是不願與他人共享的事情。我認為，不僅個人有隱私，大到國家、群體，各行各業，小到家庭、個人，各有各的隱私，國家的隱私那就是國家機密，行業的隱私那就是行業機密，軍事的隱私那就是軍事機密等等。個體間要想和平共處、融洽相處，那就要保持之間有適當的距離，這個適當的距離就是以看不見他人隱私為界線，一旦超越這個界限，你勢必會引起對方的警戒，對方也因此會對你處處設防，甚至可以以不與你相處為代價，其實在你伺機窺探他人隱私的同時，他人就已經不能與你相處了。

所以，我們要學會尊重別人的隱私。

每個人的心中都有屬於自己的隱私，那是神聖不可侵犯、不可碰觸、不被他人所知的領域。或許是最浪漫的一角，或許是最傷痛的一角，是至死也不會說出的祕密。而偏偏有些好事者，專門以打聽他人的隱私為樂趣，自己知道還不夠，還到處宣揚，一旦得罪了他，他就用揭露他人隱私的方式來報復，輕者使他人失去工作，重者則使他人失去家庭。這樣的人不僅面目可憎，而且損人不利己。遺憾的是，在現實生活中，這樣的人卻大有人在。

同時，我們還要了解到，不僅在同事之間、朋友之間有隱私，夫妻之間也存在隱私。如果夫妻一方不想說的隱私，另一方堅絕不要去問，給對方一個屬於他自己的心靈空間。這不僅是相信對方，尊重對方，更是愛對方的表現。而有的夫妻，結婚之後互相猜疑，非要挖出對方所有的過去史才肯罷手，這不僅侵犯了對方的隱私而且也傷害了感情。更有甚者，在彼此坦白了曾經的隱私之後，每次吵架的時候，就把對方的隱私當成吵架的利器，無以復加的全盤托出，來攻擊傷害對方，使對方遍體鱗傷，無地自容。久而久之，造成了對方心靈的壁壘，從此把自己的心靈封閉起來，不再信任對方，導致雙方永遠無法溝通，以致婚姻破裂，分道揚鑣。

在生活中，有時是由於生活習慣或別的原因，無意地侵犯了他人的隱私，使對方受到心靈的傷害，因此我們平時要特別注意，凡事多為他人想想。

曾經讀過一篇文章，說的就是婆婆無意識地侵犯了兒媳的隱私：

朋友瓊結婚五年了，夫妻感情還不錯，但瓊就是不願接近婆婆，跟婆婆有一種疏離感，一看見婆婆心裡就不舒服，更不願與婆婆多說一句話，婆婆也感覺出瓊對自己拒之千里，自然心存不滿，就常常向兒子訴說對瓊的不滿，久而久之，瓊的丈夫也對瓊報以怨言，說瓊不尊敬父母、不孝敬父母等等，雖說不是什麼大事情，但時間長了，又確確實實影響了夫妻間的感情。為此，夫妻二人還因此常吵架。

婆婆家住農村，瓊家住城裡，婆婆經常去瓊家小住，這是合情合理的，媽媽住兒子家天經地義，沒有什麼可說的，何況瓊並不反對婆婆在自家住。可是有一次，瓊打開櫥櫃找東西，發現衣物全都換了位置，而且有點散亂，想找的東西自己找不到，而婆婆卻能一口說出在什麼位置。瓊頓時愣了，她知道是婆婆動了櫥櫃，儘管心裡很是不快，但也沒立刻表現出來，心想興許婆婆是好意，想幫自己整理櫥櫃。可是櫥櫃並沒有整理的必要，因為瓊是勤快俐落之人，什麼東西放在什麼位置都是經過考慮的，而且非常整潔，根本不需要重新整理。瓊弄不明白婆婆的用意，就把這件事告訴了丈夫，並說出自己對此事很反感，希望以後不會再發生這樣的事情，丈夫也承諾以後會讓婆婆注意的。可隨著與婆婆相處時間久了，瓊發覺自己很難與婆婆融洽相處了，她覺得婆婆像賊，根本不懂什麼是隱私，每次來瓊家，都把所有的櫥櫃翻看一遍，瓊發現只要能看得見摸得著的地方都讓婆婆翻遍看遍了。瓊想，家裡要是有老鼠洞，婆婆會不會也要看個究竟呢？婆婆到底在找什麼呢？更令瓊厭惡的是，有時候瓊在臥室裡換衣服，婆婆也會突然闖進來，門也不敲一下，眼睛還不住地向瓊身上飄，說瓊這裡胖了那裡又瘦了。儘管都是女人，可瓊還是窘得渾身汗毛都豎起來了，厭惡之感難以言表。瓊真切的感受是，在自己的家裡自己卻沒有一點私人空間，或者說是隱私，家裡處處充滿了婆婆那雙賊眼、那雙賊手。婆婆在，瓊甚至不敢和老公親熱，她擔心萬一在親熱過程中，婆婆突然闖進臥室，那該是多麼尷尬的事情呢……

瓊說：「站在婆婆面前，就像自己被剝光了衣服一樣，什麼隱私也沒有，赤裸裸的，這樣的感覺讓瓊厭惡透頂。」

我相信，不是只有瓊討厭這樣的感覺，我們絕大部分人都討厭這種感覺。俗話說，人要臉，樹要皮，誰也不願被剝光了衣服放在他人眼前呀。

從這篇文章裡我們明白了一個道理：害人之心不可有，防人之心不可無，要小心保護你的隱私，不要被那些不懂尊重別人隱私的人窺探；同時，也要管住自己的好奇心，不要隨便窺探他人的隱私，一定要記住，非禮勿視。只有這樣，他人才會放下戒心，真誠與你相處，也只有這樣，你才能與他人和平共處、融洽相處。

尊重他人的隱私，就是尊重我們自己。尊重他人的隱私不僅是一種美德，也是一種難能可貴的素養。

# 第八章
# 任事者身居事中，當忘利害之慮 —— 悟做事之道

成功者之所以成功，在於做人的成功；失敗者之所以失敗，在於做事的失敗。做人有法則，做事有規律。身為一個現代人，只有熟練掌握這些法則和規律，才能步入成功者的行列。成功之道，在以德而不以術，以道而不以謀，以禮而不以權。成大事的人往往都智勇雙全，專一而博采眾長，嚴格而寬宏大量，都有一顆謙虛謹慎的心，都是不把自己的真正實力暴露出來的人。

## 柳密能開，風狂可住 —— 做事要智勇雙全

**【原文】**

花繁柳密處撥得開，才是手段；風狂雨急時立得住，方見腳跟。

**【釋義】**

能處理好錯綜複雜的局面，那才叫手段高明；能應對危急多變的形勢，那才叫立場堅定。也就是說，善於在錯綜複雜的局面中做出正確的選擇，可稱為智；勇於在生死成敗之際不動搖，可稱為勇。要做大丈夫，二者缺一不可。

歷史上，有智的人不少，有謀的人也很多，而有智有謀智勇雙全的人同樣不計其數。明末起義領袖張獻忠就是一個智勇雙全的農夫英雄。

張獻忠作戰非常勇敢，每次戰鬥都是親臨前線指揮。西元 1639 年冬天，張獻忠作戰接連受到挫折，被明軍圍困在白土關，形勢危急。張獻忠對將士們說：「現在是敵眾我寡，敵銳我疲。我們只有破釜沉舟決一死戰，否則都要成為俘虜了。與其死在官吏手裡，不如死在戰場上。」他的一席話鼓舞了大家的鬥志。張獻忠迎著敵人的箭雨，親自率領將士與明軍浴血奮戰。農夫軍勇氣百倍，很快就把幾萬明軍消滅了。由於他作戰勇敢，武藝高強，身材魁梧，聲如巨雷，臉色微黃，起義軍還給他起了個渾名叫「黃虎」。

張獻忠不但有勇，而且有謀。封建統治階級舊史書裡，異口同聲地說張獻忠「用兵最狡」。這正反映了他在對敵作戰中的足智多謀。據史載，張獻忠在谷城駐紮期間，謀士徐以顯曾教他孫吳兵法，他認真學習鑽研，還率將士操演，大大提升了農夫軍的作戰能力。在許多戰鬥裡，張獻忠都是以智取勝的。例如：他在 1635 年和高迎祥一起攻打占領了明朝中都鳳陽城，就是智取的。鳳陽是明朝開國皇帝明太祖朱元璋的老家，有重兵把守。那時候正是元宵佳節，守城的官吏沒想到農夫軍敢來攻打，都在縱情淫樂。張獻忠和高迎祥就祕密派遣三百名軍士，化裝成商人、車夫、和尚、道士和乞丐等，混入鳳陽城，作為內應。然後再出動重兵攻城。混入城內的農夫軍戰士在四處放起火來。城外農夫軍乘機攻入城內。明軍來不及抵抗，就潰逃了。因此鳳陽城迅速被農夫軍攻取占領。

成大事者都是如此，要當斷則斷，不可有婦人之仁。漢朝劉邦外表看起來像個地痞，當他獎勵起部屬時從不吝嗇，危難時候可置妻兒父親都不顧，是典型的豆腐嘴、刀子心。而項羽外表看起來英雄威猛，但獎勵起部屬卻小氣計較，看到小貓狗受傷都會掉淚，劉跟他講幾句吹嘘之言就不知所向，不忍結拜之情誅殺劉邦，是典型的刀子嘴、豆腐心。兩人的性格和為人處世的不同準則，注定了兩人的命運。

做大事要智勇雙全，過尋常日子也要有智有謀，才能在生活的激流中不被厄運擊倒。

## 眼無灰塵，胸無渣滓 —— 做事要專一

【原文】

眼裡無點灰塵，方可讀書千卷；胸中沒些渣滓，才能處世一番。

【釋義】

眼裡沒有一點灰塵，才能讀很多書；胸中沒有各種雜念，才能在社會上立身。

無論是讀書還是做事，要想有較大的成就，都必須集中全部的精力去做才行，如果心中充塞著各種私心雜念，就不可能把事情做好。

有個老木匠的故事令人深思：

有個老木匠準備退休，他告訴老闆，說要離開建築行業，回家與妻子兒女享受天倫之樂。老闆捨不得他的好工人走，問他是否能幫忙再建一座

房子，老木匠說可以。但是大家後來都看得出來，他的心已不在工作上，他用的是軟料，出的是粗活。房子建好的時候，老闆把大門的鑰匙遞給他，說：「這是你的房子，」並告訴他說，「這是我送給你的禮物。」

老木匠震驚得目瞪口呆，羞愧得無地自容。如果他早知道是在給自己建房子，他怎麼會這樣呢？現在他得住在一幢粗製濫造的房子裡。

很多時候，我們又何嘗不是這樣？為自己做事時，精耕細作，仔仔細細，而給他人做事時就馬馬虎虎，草草了事。殊不知，人在許多時候，為別人做事也是在為自己做事。

從前，波蘭有個叫瑪妮雅的小女孩，學習非常專心。不管周圍怎麼吵鬧，都分散不了她的注意力。

一次，瑪妮雅在做功課，她姐姐和同學在她面前唱歌、跳舞、玩遊戲。瑪妮雅就像沒看見一樣，在一旁專心地看書。

姐姐和同學想試探她一下。她們悄悄地在瑪妮雅身後搭起幾張凳子，只要瑪妮雅一動，凳子就會倒下來。時間一分一秒地過去了，瑪妮雅讀完了一本書，凳子仍然豎在那裡。

從此姐姐和同學再也不逗她，而且像瑪妮雅一樣專心讀書，認真學習。

瑪妮雅長大以後，成為了一個偉大的科學家。她就是居禮夫人。

像瑪麗·居禮這樣為了事業專心致志甚至廢寢忘食的人，還有法國的著名作家巴爾札克（Honore de Balzac），他是批判現實主義文學的巨匠。

有一天，巴爾札克正埋頭寫作。一個朋友來探訪他，見他專心致志，不忍打擾，便悄悄地坐在一旁。不久，僕人給作家送來了午餐，他視而不見。朋友誤以為是給自己送來的，便不客氣地把飯吃光了。又待了一會，見巴爾札克還沒有停筆的意思，這位朋友便悄悄告退了。過了好久，作家終於感到肚子餓了，便擱下筆來找飯吃。當他發現桌上飯菜狼藉的餐具時，便自己責備自己說：「真是個飯桶，剛吃了飯還想再吃！」

還有一個早晨，巴爾札克在外出散步時，特地在門上寫了幾個大字：「巴爾札克先生不在家，請來訪者下午再來。」他一邊散步，一邊考慮著小說的結構、人物的對話、細節的安排……想著、想著，他感到有點餓了，便返回家去。到了門口，正要推門，忽見門上那兩行字，便不勝遺憾地說：「唉！原來巴爾札克先生不在家。」說完，轉身便走了。

一心不可二用，是人人知道的道理，可並非每個人都能做得到。我曾在一本書上看到一個寓言故事，大人們也不妨讀讀，或許還真有所啟迪：

有一天，天氣很好。貓大姐和貓小弟扛著魚竿，提著小水桶去河邊釣魚。牠們到了河邊，先掛上魚餌，再甩下魚線，就認認真真地釣起魚來。

不一會兒，蝴蝶飛來了，貓大姐像沒看見一樣。可是，貓小弟把魚竿一扔，去追蝴蝶了。蝴蝶飛走了，貓小弟就回到河邊釣魚，這時，貓大姐釣了一條大魚。過了一會兒，一隻蜻蜓又飛過來了。貓大姐沒理會，可是，貓小弟又去追蜻蜓了。蜻蜓飛走了，貓小弟又空著手回到了河邊釣魚。這時，貓大姐又釣上了一條很大的魚。貓小弟釣了一會，沒釣著魚，就生氣地對貓大姐說：「你把大魚都釣完了，我都釣不到了。」貓大姐說：「你自己不專心，怎麼能怪我呢？釣魚就是釣魚，不能三心二意，你一會追蝴蝶，一會追蜻蜓，怎麼能釣到魚呢？」貓小弟慚愧地低下了頭。於是，貓小弟就開始認認真真地釣魚。蜻蜓飛來了，貓小弟沒理會。蝴蝶飛來了，貓小弟跟沒看見一樣。不一會兒，牠覺得魚鉤一沉，就猛地一拉魚竿，哈哈，牠釣上來一條好大的魚。

天黑了，貓大姐和貓小弟提著滿滿一桶魚興高采烈地回家了。路上，貓小弟對貓大姐說：「只有一心一意才能釣到大魚。」

人生不是正如釣魚一樣嗎，如果三心二意，必將一無所獲。

## 儉過慳吝，讓過足恭 —— 凡事不能過頭，要學會適可而止

**【原文】**

儉，美德也。過，則為慳吝，為鄙嗇，反傷雅道。讓，懿行也。過，則為足恭，為曲謙，多出機心。

**【釋義】**

節儉，是美的品德，過了頭就是吝嗇，就是寒酸，反而有損於好的品行。謙讓，是好的行為，過了頭，就是討好，就是過謙，往往暗藏著另外的打算。

老子在《道德經》裡曾強調，一要知足，也就是做事要做到恰到好處，二要知止，也就是做事要做到適可而止。老子的話很有道理，值得玩味，人活在這世上，如果聰明過了頭，就變成了奸詐，如果厚道過了頭，那就是窩囊了。無論是人或事，太滿了就要適時停止，太露了就要注意藏斂，一個人如果富貴到了驕橫的地步，那是給自己留下了禍根。這都是符合自然規律的事情。

在一本雜誌上，有這樣一段小故事吸引了我：三個年輕人一起外出度假，傍晚時看見有一幢五層樓的旅館，於是決定在這裡過夜。旅館經理很有趣，笑著對他們說：「我們旅館一共有五層樓，你們可以一層一層地走上去，一旦覺得某一層的設施令你們滿意，就可以停留下來居住。為了幫你們做出決定，我們在每一層樓都設立了告示牌，上面註明了這一層都有些什麼。但你們一定要記住，一旦決定住某一層，就不能反悔。」年輕人明白規則後十分感興趣，答應按規則進行。

在第一層樓，他們看到告示牌寫著：「這裡的房間床板很硬，地毯是舊的，並且沒有免費早餐服務。」看後，三個年輕人共同哄笑起來，他們毫不遲疑地向樓上走去。上到二層時，看到告示牌寫著：「這裡的房間還好，床板不太硬，地毯半新，但沒有免費早餐服務。」這當然也沒有留住三個年輕人上樓的步伐。他們行進到第三層時，告示牌上寫的是：「這裡的房間很舒適，床很軟，同時有免費早餐服務，唯一不足是地毯有些舊。」這層看起來還不錯，年輕人討論著，不過上面還有兩層樓，於是，他們還是放棄了。到了第四層，告示牌的內容幾乎完美地寫著：「這裡不僅房間舒適，而且所有用品都是新的，並且會有上門早餐服務，同時我們還會在房間為您準備好水果。」年輕人都已經非常感興趣了，他們商量半天，結果沒有達成一致，因為有人還想到第五層看看。

他們終於來到了第五層。但他們看到眼前的一切都傻了眼，這層樓是空蕩蕩的，沒有一個房間，告示牌上寫著一行字：「這裡沒有房間，更不用說一個舒適的夜晚。設置這一層樓的目的只是為了開個玩笑，但遺憾的是，你是又一個被玩笑捉弄的人。」

在生活中我們往往會遇到很多可選擇的機會，就像這個五層樓的旅館，它的每一層都比前一層好，因而每走一步都可能比前一步得到的更多。這個故事讓我想起了另一個小幽默，說兩個人去撿金子，其中一個只撿了幾塊就跑回家，使家裡過上了富足的生活，他也安享天年；而另外一個十分貪心，他撿了一袋子的金子，只因太沉重而行動不便，在回家途中被野獸吃掉了。

哲學家說：「真理過頭了必然會走向謬誤。」平時我們在說話或做事的時候，經常會提到適可而止，意思就是凡事不要太過，過猶而不及。如同適量的鹽可使菜的味道鮮美，太鹹就會覺得難以下嚥；適量的糖可以感覺到甜蜜，過甜則會膩；適當地做做體育運動，能增強人的體質，防止疾病的侵入，但要考慮到自身體質，過度就會對身體造成不必要的傷害。世間無論任何事物都應有它合適的區間，我們要掌控好它的平衡，因為平衡是宇宙之法。所以，我們在做任何事情時都不要太過，太過就會走向事物的反面。這就是「物極必反」。

我想，當我們一味地向前爭搶著獲取最豐厚禮物的同時，是不是要問自己一句：「你學會適可而止了嗎？」別忘了有時候多走一步，不如冷靜地站在原地，多想想。

## 事忌脫空，人怕落套 —— 凡事要因地制宜、銳意改革

**【原文】**

事忌脫空，人怕落套。

**【釋義】**

事情最怕沒有著落，人最怕流於凡俗。也就是說，做任何事時應因地制宜，具體問題具體分析，而不應因循守舊。

從前，長安城裡有一個佝僂人郭駱駝，以種樹為生，很多有錢人爭相請他去移栽樹木，因為他有豐富的種樹經驗，經他移栽的樹木長勢很好。有人向他詢問經驗時，他說：「沒有別的妙方，只是善於因地制宜，讓其自然生長。」

其實，我們想想，不僅種樹如此，世間萬事都是如此。

歷史上，諸葛亮便是一個善於因地制宜的策略人才。他為了實現他全力輔佐蜀漢帝業，達到「北定中原、興復漢室」的目的，於建興五年至十二年（西元 227-234）率諸軍北駐漢中，以漢中為根據地，向曹魏展開五次北伐。為了解決北伐期間的糧草供給，諸葛亮在漢中曾「休士勸農」，採取了一系列措施，因地制宜，興修水利，發展生產，既為北伐曹魏解決物資供應，減輕了人民的負擔，更為漢中盆地的農田水利建設和利用奠定了扎實的基礎。

諸葛亮為什麼要屯軍漢中呢？是因為他在〈隆中對〉中規劃的立國

大計，本是可以實現的，但因關羽剛愎自用而失荊州；劉備復仇，斷了和吳的「聯吳抗曹」的策略決策，這樣一來，使得本來就力量對比十分懸殊的蜀國出現了勢窮力單、孤軍無援的境地。由於受蜀漢當時所處的困境所限，諸葛亮為了扭轉「坐以待亡」的被動局面，率軍北駐漢中，揮師北伐，是必經之路，因此說：「漢中是蜀的咽喉」，漢中安則蜀安，「若無漢中，猶無蜀矣」。

「軍以糧食為本」，軍事活動的根本保證是以物資為基礎的。諸葛亮要北伐曹魏，首先應考慮的糧草資源，蜀都雖號「天府」，但距前線遠隔千里，道險運艱，無法保證軍需供給，因此，諸葛亮不能不在漢中因地制宜，就地取材來解決北伐的軍事供應。

凡是聰明之人，做事善於因地制宜，靈活應變，從而取得事半功倍之效。

曾經有個小孩子，伸手到一個裝滿糖果的瓶子裡，他盡其所能地抓了一把糖果，當他想把手收回來時，手卻被瓶口卡住了。他既不願放棄糖果，又不能把手縮回來。旁人對他說：「你只拿一半糖果，手就可以伸出來了。」

可以想像這個故事的結尾：只要這個孩子照著「旁人」因地制宜的取糖之術，肯定心想事成，得到他想要的糖果。

這個故事中的孩子，因為年幼，思想簡單，考慮問題不可能像成人一樣複雜，不善於靈活多變。但是只要他能虛心好學，認真汲取別人的長處，多拜「旁人」為師，相信他也會成為一個善於「因地制宜」的人。

經一事，長一智。人的經驗一般來自於他的經歷。一個人是否善於因地制宜，與他的經歷密切相關。如果以上故事中的孩子能經常碰到問題，又有聰明的「旁人」指點迷津，百病成醫，百鍊成鋼，也許他也會成為一個聰明的人，一個做事善於因地制宜的人。是否可以這麼說：遇到問題越多的人，可以造就他成為一個因地制宜、反應靈敏的人。

現在各行各業都提倡「與時俱進、不斷創新」，在一定程度上來說，其實也是因地制宜的同義詞。因地制宜，其實是一種突破常規的創新。創新是一種最可貴的精神。一個人若能經常創新，遇到問題時他定能因地制宜，採取最有效的方法。我們可以相信權威，但我們不能迷信於權威。就比如這個「旁人」，他告訴孩子的方法，無疑是正確的，可以採用。但條條大路通羅馬，成功的方法也不是僅僅只有一個。如果我是那個孩子的話，我也許會採用這種方式：拿起瓶子，把糖倒出來。這難道不是一種更好的因地制宜的方法嗎？所以說，因地制宜也要與時俱進，不斷思考最佳的成功方式。

## 石盡玉出，沙盡金露 —— 做事要有目標、有計劃

**【原文】**

攻玉於石，石盡而玉出；淘金於沙，沙盡而金露。

**【釋義】**

想得到石頭中的美玉，只有將石頭磨盡，玉才會顯現；想在沙中淘金，只有將沙洗盡，金才會顯露出來。

有則成語叫「南轅北轍」，這個故事告訴我們，只有朝著你想要去的方向前進，才能到達目的地。同樣，當我們樹立了正確的人生目標之後，就應該朝著目標不停的努力奮鬥，最終才能實現自己的目標，才能有所收穫。

走得最慢的人，只要他不喪失目標，也比漫無目的地徘徊的人走得快。

1940 年的一個下雨天，一個 15 歲的男孩在廚房裡寫下了一生中要完成的 127 條目標，在之後的半個多世紀裡，他從未忘記自己的夢想。這個男孩就是被稱為「當代印第安納 · 瓊斯」的探險家約翰 · 戈達德（John Goddard）。

和許多男孩一樣，自兒時起戈達德就夢想著有朝一日成為一位探險家。在他的幻想裡，探險家是那種住在叢林裡，整天與土著居民和野獸為鄰的人。和許多男孩不同的是，在長大的過程中，戈爾德從來沒有改變自己的主意，也沒有從自己的雄心壯志面前退縮。

去尼羅河、剛果河探險，攀登珠穆朗瑪峰、吉力馬札羅山，環遊世界；重遊馬可 · 波羅和亞歷山大大帝的旅行路線，在維多利亞湖游泳，去澳大利亞大堡礁潛水；學會飛行，閱讀《大英百科全書》，學習法語、西班牙語以及阿拉伯語；結婚生子，體重保持在 79 公斤以內，活到 21 世紀……戈達德把這 127 條包羅萬象的目標稱為自己的「生命清單」。

「一切都從寫下目標的那刻開始。」戈達德說，「如果你真知道你一生想要什麼，你會驚奇地發現幫助你實現夢想的機會會自己跑來。」

在半個世紀的時間裡，戈達德一邊工作，一邊用有限的時間、精力和金錢完成了一個又一個看似不可能完成的目標：

他登上了 12 座世界最高的山峰；

他跟隨馬可波羅的路線，通過中東、亞洲；

他是第一個探索世界上最長河流尼羅河的人，也是第一個徒步走完剛果河的人；

他到過世界 122 個國家，曾與 260 個不同的原始部落一起生活；

他探索了佛羅里達水下的珊瑚礁和澳大利亞的大堡礁；

他會駕駛 40 種不同類型的飛機，至今仍然擁有民用航空飛行執照；

他仔細閱讀了《聖經》、《大英百科全書》等書籍，並學會講法語，西班牙語和阿拉伯語……

戈達德的成功源自兩個簡單又容易複製的「祕密」：「我總是選擇偉大的目標，並總把目標寫下來。」戈達德說。

有句老話：「吃不窮，喝不窮，沒有計畫就受窮。」盡量按照自己的目標，有計畫地做事，這樣可以提升工作、學習效率，快速實現目標。

在實現目標的過程中，由於各種不能預知的變化，我們根據具體情況靈活機動地可以改變方式，但不要忘了最終目標。

記得中學老師曾和我們講過這樣一個故事：有三隻獵犬追一隻土撥鼠，土撥鼠鑽進了一個樹洞。這個樹洞只有一個出口，可不一會兒，從樹洞裡鑽出了一隻白色的兔子，兔子飛快的向前奔跑，三隻獵犬圍追攔截，兔子急了，「噌」的一下爬上了另一棵大樹。兔子在樹上，倉皇中沒有站穩，一下子掉了下來，砸暈了正仰頭看的三隻獵犬，兔子乘機逃跑了。

故事講完後，老師問：「這個故事有問題嗎？」

有同學說：「兔子不會爬樹。」

有同學說：「一隻兔子不可能同時砸暈三隻獵犬。」

……直到我們找不出問題了，老師才說：「可是，還有一個問題，你們都沒有提到，土撥鼠哪去了？」

趁我們思考之際，老師由此引發話題教育我們：「土撥鼠是獵犬追求的目標，可是由於兔子的出現，獵犬改變了目標，我們的思維也在不知不覺中打了岔，土撥鼠竟在我們的頭腦中消失了。做事也一個道理，目標明確了就不能放棄。在人的一生中，不能因為學習或生活方式的改變就忘了人生的目標。」

## 情留味深，興留趣多 —— 做事要留有餘地

**【原文】**

凡情留不盡之意，則味深；凡興留不盡之意，則趣多。

**【釋義】**

大凡在感情上有所保留，就會耐人尋味；大凡在興趣上有所保留，就會趣味增多。

著名的哲學家、教育家蘇格拉底曾經說過：「一顆完全理智的心就像一把鋒利的刀子，會割傷使用它的人。」在這個世界上，沒有完全絕對的事情，就像一枚硬幣一樣，具有它的一體兩面。這就告誡我們做人做事不要太絕對，要給自己和他人留有餘地。

世界上的事情總會有那麼一點意外，要學會留有餘地，就是為了去容納這些「意外」。杯子留有餘地，就不會因為加進去液體而溢出來；氣球留有空間便不會爆炸；人說話、做事留有餘地便不會因為「意外」的出現而下不了臺，這樣就能使自己有迴旋的機會。在這個充滿風險、充滿挑戰的社會裡，我們的生活、職業、娛樂、思維方式將發生很大的變化。要想在這樣的環境裡生存下去，那麼做事就必須要留有餘地。其實，每個人在給他人留有餘地的同時，也為自己留下了餘地。

我舉一個例子：端午節那天，一個婆婆叫媳婦包粽子。現在年輕的媳婦哪裡會包粽子，不過婆婆指示了也不得不勉強去做。媳婦從早忙到晚，粽子包好了，慢慢煮，慢慢煮，終於快要煮熟了，總算對婆婆有交代，卻聽到婆婆打電話給小姑：「女兒啊，你趕快來，我叫媳婦包了粽子，你快回來吃。」媳婦一聽，豈有此理，我辛苦了一天，才剛煮好，你就打電話叫你女兒回來吃。她一氣之下丟開圍裙，回了娘家。剛到門口，手機響

了，是媽媽打來的：「女兒啊，今天我讓你嫂嫂包了好多粽子，你趕快回來吃吧。」這時候，她不禁淚流滿面。

你看，原來天下的母親對女兒就是對女兒，對媳婦就是對媳婦。自己本身要認清自己的角色，就不會有意外的糾紛。那麼，婆媳關係產生了矛盾，怎麼辦呢？這就要學習跳「探戈」了。你進兩步的時候，我就退兩步；我進一步的時候，你也退一步。彼此都留有餘地，能進能退，就能和諧了。其實，不論友情、愛情或是親情，人際間的相處要多包容，少排斥，給對方留一半的空間，自然會減少衝突摩擦的發生。

一個老練的木雕藝人，在進行「創作」的時候，講究的是從上到下，從前到後，由表及裡，由淺入深，先易後難，留有餘地。有些諺語說得好：「留得肥大能改小，唯愁背薄難復肥」、「內距宜小不宜大，切記雕刻是減法」。處世為人，又何嘗不是這樣呢？

書畫家進行創作，懂得「留白」。排版進行版型設計，懂得「留白」。印刷書籍，也留有相對的空白。「留白」也就是留有餘地，給觀賞者，給讀者留下想像的餘地。

建築樓群，要留出一些餘地給綠樹、給陽光、給空氣。鋪築路面，每到一定距離，便要留下一條名為縮水線的「餘地」，以免路面發生膨脹而破裂。高速公路上，每過一段路程，就要在路邊留出一塊「餘地」，提供有問題的車輛應急停靠檢修。狡兔三窟，留有逃生的餘地。得勢不忘失勢，留有後退的餘地。強盛不忘衰敗，富有不忘破落，甚至人情世故，恩怨是非，都得留有餘地。

民間曾有許多俗語，如：「但餘方寸地，留與子孫耕。」這說的是要給子孫留有「餘」地，留生存與發展的「餘地」。如果我們只知道盲目地開發，拚命地掠奪，無節制地浪費，奢靡地消耗，不計後果，不留餘地，就會殃及子孫，禍及後代。

也聽到過這樣一個故事。一天，閻羅王對兩個小鬼說：「你們兩個可以到人間投胎去做人了，現在我手裡有兩個名額，一個一生都要忙著給別人東西；一個一生都從別人那裡拿東西，你們願意做哪一個啊？」

小鬼甲搶先跪下來說：「閻王老爺，我要做那個一生從別人那裡拿東西的人。」小鬼乙只能讓步，選擇了一生都要給予的那一個。

閻羅王也不囉嗦，撫尺一振，宣判道：「下令小鬼甲投胎到人間做乞丐，到處向別人要東西吃；小鬼乙投胎到富裕厚德的人家，時常布施賙濟別人。」

這個故事很有意思。以佛教的因果論來解釋，貧窮通常與慳吝貪得、不肯施捨、不能與人結緣有關。我們反觀現實，只想獲得、不能施予的人，一般都不會有很好的人脈關係；每次都為了最大利益機關算盡，不給對方留一點餘地的人，最終可能導致自己沒有立錐之地。

退耕還林，是給樹林一份蒼翠的餘地；保護森林，是給自然留一份和諧的餘地；保護溼地，是給水禽留一份生存的餘地；保護隱私，是給心靈一份隱祕的餘地。

批評人而留有餘地，便是給人留下改過自新的機會；表揚人而留有餘地，便是給人留下繼續進取的動力。

所謂天無絕人之路，連上天都會為每個人留有轉機，留有選擇的餘地。人在社會，無論是做人還是做事，都要學會留有餘地。話不可說滿，事不可做絕。凡事留有餘地，才能有足夠轉圜的空間。

當然留有餘地也要講究分寸，餘地留得過多就是保守了，留有餘地是一種雙面刃，用好了可以傷敵，若失手則會傷己，這個分寸需要自己掌握。我們應凡事多思考，才會萬無一失。

## 緣非易斷，情非易流 ── 凡事要遵循自然法則

【原文】

有世法，有世緣，有世情。緣非情則易斷，情非法則易流。

【釋義】

有社會生活中，有法則、有緣分、有感情。緣分離開了感情就容易中斷，感情缺少了法則就容易失控。

處世之道，說得簡單一些，就是法、緣、情三者的關係。人海茫茫，相互認識，就是有緣，關係越近，緣分越大。但如果離開了感情的融合，這種緣分是不牢靠的，而感情又必須控制在一定的規則內存在，如果越過規則，就會出現問題，甚至給自己或他人造成傷害。

人如此，大自然也是一樣。很多的自然法則是不能違背的，如果違背了這種法則，所得到的結果並不一定如人所願。人類長期的實踐生活中，發現了許多自然法則。在這裡總結出十種常見的自然法則及其留給我們的啟示：

◇ **蝴蝶效應**： 1970 年代，美國一個名叫愛德華．諾頓．羅倫茲（Edward Norton Lorenz）的氣象學家在解釋空氣系統理論時說，亞馬遜雨林一隻蝴蝶翅膀偶爾振動，也許兩週後就會引起美國德克薩斯州的一場龍捲風。蝴蝶效應是說，初始條件十分微小的變化經過不斷放大，對其未來狀態會造成極其巨大的差別。有些小事可以糊塗，有些小事如果放大，則對一個組織、一個國家來說是很重要的，就不能糊塗。

◇ **煮蛙效應**：把一隻青蛙直接放進熱水鍋裡，由於它對不良環境的反應十分敏感，就會迅速跳出鍋外。如果把一個青蛙放進冷水鍋裡，慢慢地加溫，青蛙並不會立即跳出鍋外，水溫逐漸提升的最終結局是青蛙

被煮死了，因為等水溫高到青蛙無法忍受時，牠已經來不及、或者說是沒有能力跳出鍋外了。煮蛙效應告訴我們，一些突變事件，往往容易引起人們的警覺，而易致人於死地的卻是在自我感覺良好的情況下，對實際情況的逐漸惡化，沒有清醒的察覺。

◇ **鱷魚法則**：其原意是假定一隻鱷魚咬住你的腳，如果你用手去試圖掙脫你的腳，鱷魚便會同時咬住你的腳與手。你越掙扎，就被咬住得越多。所以，萬一鱷魚咬住你的腳，你唯一的辦法就是犧牲一隻腳。譬如在股市中，鱷魚法則就是：當你發現自己的交易背離了市場的方向，必須立即停損，不得有任何延誤，不得存有任何僥倖。

◇ **鯰魚效應**：以前，沙丁魚在運輸過程中存活率很低。後有人發現，若在沙丁魚中放一條鯰魚，情況卻有所改觀，存活率會大大提升。這是何故呢？原來鯰魚在到了一個陌生的環境後，就會「性情急躁」，四處亂游，這對於大量好靜的沙丁魚來說，無疑造成了攪拌作用；而沙丁魚發現多了這樣一個「異己分子」，自然也很緊張，加速游動。這樣沙丁魚缺氧的問題就迎刃而解了，沙丁魚也就不會死了。

◇ **從眾效應**：又稱羊群效應，領頭羊往哪裡走，後面的羊就跟著往哪裡走。從眾效應最早是股票投資中的一個術語，主要是指投資者在交易過程中存在學習與模仿現象，「有樣學樣」，盲目效仿別人，從而導致他們在某段時期內買賣相同的股票。

◇ **刺蝟法則**：兩隻睏倦的刺蝟，由於寒冷而擁在一起。可因為各自身上都長著刺，於是牠們離開了一段距離，但又冷得受不了，於是湊到一起。幾經折騰，兩隻刺蝟終於找到一個合適的距離：既能互相獲得對方的溫暖而又不至於被扎。刺蝟法則主要是指人際社交中的「心理距離效應」。

◇ **手錶定律**：手錶定律是指一個人有一支錶時，可以知道現在是幾點鐘，而當他同時擁有兩支時卻無法確定。兩支錶並不能告訴一個人更準確的時間，反而會使看錶的人失去對準確時間的信心。手錶定律在企業管理方面給我們一種非常直觀的啟發，就是對同一個人或同一個組織不能同時採用兩種不同的方法，不能同時設置兩個不同的目標，甚至每一個人不能由兩個人來同時指揮，否則將使這個企業或者個人無所適從。

◇ **破窗效應**：一個房子如果窗戶破了，沒有人去修補，隔不久，其他的窗戶也會莫名其妙地被人打破；一面牆，如果出現一些塗鴉沒有被清洗掉，很快的，牆上就布滿了亂七八糟、不堪入目的東西；一個很乾淨的地方，人們不好意思丟垃圾，但是一旦地上有垃圾出現之後，人就會毫不猶疑地拋，絲毫不覺羞愧。

◇ **帕雷托定律**：又稱 80/20 法則，19 世紀末 20 世紀初義大利的經濟學家維爾弗雷多 · 帕雷托（Vilfredo Pareto）認為，在任何一組東西中，最重要的只占其中一小部分，約 20%，其餘 80% 儘管是多數，卻是次要的。社會約 80% 的財富集中在 20% 的人手裡，而 80% 的人只擁有 20% 的社會財富。這種統計的不平衡性在社會、經濟及生活中無處不在，這就是二八法則。二八法則告訴我們，不要平均地分析、處理和看待問題，企業經營和管理中要抓住關鍵的少數；要找出那些能給企業帶來 80% 利潤、總量卻僅占 20% 的關鍵客戶，加強服務，達到事半功倍的效果；企業領導人要對工作認真分類分析，要把主要精力花在解決主要問題、抓主要專案上。

◇ **馬太效應**：《聖經 · 馬太福音》中有一句名言：「凡有的，還要加給他，叫他有餘；沒有的，連他所有的，也要奪過來。」社會學家從中引申出了「馬太效應」這一概念，用以描述社會生活領域中普遍存在的兩極分化現象。

## 身在事外，宜悉利害 —— 凡事要先思考、重實踐

**【原文】**

議事者身在事外，宜悉利害之情；任事者身居事中，當忘利害之慮。

**【釋義】**

評論事情的人，自己不承擔事情，要弄清楚其中的利害關係再說話；負責做事的人自己承擔事情，要果斷決策，不能顧慮太多。

這名話告訴我們，做任何事情前，不能在不了解具體情況時說三道四；在做任何事情時，也不能在聽信別人的一面之詞而顧慮重重。總之，要學會先思考，重實踐，正如偉人所說：實踐出真知。

荀子曰：「吾常終日而思矣，不如須臾之所學也。」我們不妨改成：「終日學習而不思考，難以有所成也。」

最早完成原子彈核分裂實驗的英國學者拉塞福（Ernest Rutherford），有一天晚上走進實驗室，當時已經很晚了，見他的一名學生已然伏在工作臺上，於是問道：「這麼晚了你還在做什麼？」學生回答說：「我在工作。」又問：「那你白天做什麼呢？」答：「我也在工作。」又問：「那麼你早上也在工作？」答：「是的，教授，早上我也在工作。」這時，拉塞福提出了一個問題：「這樣一來，你用什麼時間思考呢？」

分析古今凡是有重大成績的人，我們不難發現，他們除了刻苦學習勤奮工作之外，都給自己留下了一些思考的時間。

據說愛因斯坦建立狹義相對論，用了十年的時間。他說：「學習知識需要思考、思考、再思考，我就是靠著這方法成為科學家的。」

偉大的思想家黑格爾在著書立說之前，曾緘默六年，不露鋒芒。在這六年中，他以思考為主，鑽研哲學。哲學史學家認為，這平靜的六年，其實是黑格爾一生中最重要的時刻。

牛頓從蘋果落地發現了萬有引力，有人問他有什麼訣竅，他回答說：「我並沒有什麼方法，只是對於一件事情做長時間的思考罷了。」

笛卡爾有一句名言：「我思故我在。」說得多好啊。

有這麼一個寓言：上帝在造完萬物及人類之後，讓他們在地球上按照各自的生活方式去生活，上帝只是用慈祥及欣慰的目光注視著一切。忽然有一天，人跑來找上帝。

看著滿臉委屈的人，上帝問道：「你有什麼事呀，我的孩子？」

「這太不公平了！」人叫喊著說：「您看，我跑不過馬、兔子，也沒有大象、牛的力氣大，不能像鳥在天上飛，不能像魚在水中游，上樹摘果子不如猴子，捕食又沒有老虎、獅子的爪子和牙齒……你說我該怎麼辦呀？」

「你的大腦比他們的都好，你可以思考呀！」上帝說道。

「可是他們說，我一思考，您就會發笑。思考是沒有用的。再說，好多問題我也想不明白的。」

上帝笑了，他對人說：「我的孩子，我知道有些問題你一時可能會想不明白的，可是，你的優勢就是你智慧的大腦啊！你的大腦有 1,350 毫升，你足以用它去彌補各種不足。我保證，只要你凡事好動腦思考，你就會活得比他們都好。他們都會為你所用，你將成為萬物之靈。你要是不思考，也就無法生存了。孩子，你的大腦才是世上最寶貴的財富，你要好好的利用它啊！」

從以上故事看出，做人就得要多思考，做事前必須學會先思考，不僅要多角度思考，而且還學會換位思考。

當然，一個人光會思考也不行，思考後就要付諸實施。實踐是思考的目的，不去實踐，即使想得天花亂墜也毫無意義。

科學家都是非常重視實踐的，瑪麗·居禮就是這樣一位佼佼者，她透過四年的不斷試驗和探索，終於從礦渣中發現了鐳這種新元素，成為一位兩次獲得諾貝爾獎的女性科學家。他不僅自己重視實踐，在教子方面也是如此。

大女兒伊雷娜·約里奧 - 居禮（Irene Joliot-Curie）上學的時候，老師向同學提出了一個問題：「滿滿一缸水，任何物體放進去都會使水溢出，為什麼把金魚放進去，水卻不會溢出來？」同學們絞盡腦汁，紛紛提出自己的看法。有的說，因為金魚的身體特別光滑，有的說，因為金魚的密度小等等。可老師說回答得都不對。伊雷娜越想越覺得這個問題不好回答，回到家裡，她把情況告訴了母親。

居禮夫人並沒有急於回答女兒的問題，而是說：「為什麼不實際做一下呢？」

伊雷娜去做試驗了，一次，兩次，三次，她把金魚放進盛滿水的魚缸裡，水都溢了出來。於是，她得出了結論：老師的題目出錯了！

由於居禮夫人的教育有方，後來伊雷娜也獲得了諾貝爾獎。

# 第九章
# 一心可以交萬友，二心不可交一友 —— 悟交際之道

真誠，對於我們的要求並不多；只是摒棄對別人的猜忌，信任他人。但是，真誠，對於我們的幫助卻十分巨大：有了真誠，別人願意幫你，這還有什麼辦不到的事嗎？擁有真誠，這個世界的所有人都會對你報以微笑。

## 乍交之歡，久處之厭 —— 日久見人心

**【原文】**

使人有乍交之歡，不若使人無久處之厭。

**【釋義】**

讓別人剛與自己交往時感到快樂，不如讓別人與自己長期相處不厭倦。

曾有一個人們比較熟悉的民間傳說：

話說路遙和馬力是好朋友，路遙父親是富商，馬力的父親是路遙家的僕人。雖然是主僕關係，兩人的關係很好。他們一起讀書，一起玩樂。

到了該談婚論嫁的年齡了，路遙有錢有勢，不愁沒老婆。而馬力貧困潦倒，沒人願意嫁他。

有一天，有媒人為馬力提親，馬力大喜，但是卻要昂貴的彩禮。馬力只好請同學路遙幫助。路遙說：「借錢可以，但是結婚入洞房我來替你前三天。」馬力怒火衝冠，但是又沒有辦法，總不能光棍一輩子，只好答應。於是選擇好日子結婚。

馬力煎熬過痛苦的三天，第四天該他入洞房了，心裡懊惱呀！

他天一黑就一頭栽進洞房拉被蒙頭就睡覺。新娘子就問：「夫君，為何前三夜都是通宵讀書，今天卻蒙頭大睡？」馬力這才知道路遙給他開了個大玩笑，真是又喜又惱。於是發誓好好讀書，考取功名。後來，果真考上了，並在京城做了大官。

路遙性情豪放，俠肝義膽，最後卻因坐吃山空，家業衰落。看到自己一家實在無法度日，想起曾經資助的朋友馬力，於是就和老婆商量，自己進京去找他幫助。

馬力見到路遙很高興，熱情款待。路遙說明來意，馬力卻說：「喝酒！

喝酒！人生難得幾回醉！」根本沒有幫助他的意思，路遙因此感到很懊惱。

過了幾天，馬力說：「路兄，你回家吧，免得嫂夫人牽掛！」

路遙想，可能馬力還在記恨自己當時替他入洞房之事，唉！現在說也說不清了，只得氣憤沮喪地回家。

路遙還沒進家就聽見家裡哭成一片，急忙進來。看到妻兒守著一口棺材痛哭，一見路遙進來家人又驚又喜。原來是馬力派人送來棺材說：路遙到京城後，生了重病，醫治無效而死。路遙更加惱怒，打開棺材一看裡面是金銀財物，還有一紙條上寫著：「你讓我妻守三天空閨，我讓你妻痛哭一場。」

這就是那句俗話「路遙知馬力，日久見人心」的典故。意思是說一個人的本質怎樣，是很難掩藏很長時間的，時間長了，自然就把人看出來了。這個民間故事儘管是兩人在開一個玩笑，但兩人的深厚友情卻在苦惱的玩笑中彰顯無遺。由此可知，真正的朋友不在巧言令色，貴在心犀相通，人生短短數十載，認識的朋友又有多少，但真正能懂你心，又能真心疼惜的又有幾人？若是你很幸運，已經有這樣真摯的好友，珍惜吧！別因為一些瑣碎的誤會而輕言捨棄，真心的朋友是你一生之中最珍貴的財富，讓這一路上不再孤寂。

這種「長期考察法」應該是人際社交中最有效的一種識人方法。可是，如果「長期考察法」很好用，為什麼很多領導者提拔下屬的時候，還是猶豫再三？為什麼很多人在原來的職位做得很好，到了新的職位，卻表現不佳？難道長期考察的方法錯了？

其實，「日久見人心」的精要之處不在「日久」——不是時間長了，就一定能看出人的本質來，而是因為時間長了，發生的「事件」足夠多了，人的特點就更多地暴露出來了。

打個比方，找對象確定戀愛關係一般需要多長時間？有人說兩年左右，有人說半年，有人說一個月左右。還有人說一個短期旅行之後就找到了自己的另一半。的確，影響這個過程的因素有很多方面，比如不同的人生態度、經歷、價值觀、背景等等。但是，很多人都會說，做出這個決定是在一個里程碑式的「事件」之後。這個事件讓對方的感情、思想、個性能夠有機會充分表現，你就可以做出準確判斷，從而下定決心，義無反顧了。所以即便是半年時間或一週的旅行，只要雙方充分展現和了解了，「表明立場」只是時機和形式問題，而如果他的特點沒有充分展現，即便是兩年三年後「順理成章，水到渠成」了，心裡也是有問號的。

人的特點會重複表現。長期考察的好處，就在於對重複出現的特點有更加準確的判斷力。「日久」，客觀上創造了很多讓人表現的機會，如果關鍵事件頻繁出現，我們就能夠把人看準，能夠見人心了。「日久見人心」的精要就在於用穩定的重複出現的表現，即人的素養，預測這個人未來的行為。

可是，為什麼很多人看人看了很長時間，還會走眼呢？

究其原因，是看的「點」不準，沒有找對關鍵。看人的表現，首先要判斷，需要他承擔的角色，需要他面對的事件，和現在的事件有哪些相通之處，是不是有本質的差異。就像找對象，未來的生活內容很多，但是關鍵是什麼？是同甘？還是共苦？是一起享受開創事業的風雨？還是一起經歷生活瑣碎的磨礪？要知道，考察「能否同甘」的事件和考察「能否共苦」的事件是不同的。

所以，只用時間考察人是不夠的，更重要的是在「關鍵事件」中長時間考察。否則，就失去了準確判斷的基礎，誤解了「日久見人心」的精要。

## 原其初心，觀其末路 —— 不以成敗論英雄

**【原文】**

事窮勢蹙之人，當原其初心；功成行滿之士，要觀其末路。

**【釋義】**

已經走投無路之人，要推原他當初的動機如何；功成名就的人，要看他最後的結果如何。

在現代社會中，人們普遍持有的都是結果論，即將行事的結果看得異常重要。然而，應該意識到，許多結果往往不是人力所能控制的，個人能力所及的只是過程。因此，只要在過程中做到認真、負責並全心全意地投入，結果則不應該那麼看重，正所謂「盡人事，聽天命」就是這個道理。在人際關係的處理中也應是一樣，人們不應以成敗論英雄。

關羽，兵敗麥城，但不失為忠勇仁義的猛將；趙雲一生百戰百勝，令敵人聞名喪膽，但敗於姜維，只為成就諸葛軍師計謀，並收服伯約。

人的一生中不可能事事成功，必有失敗。如果失敗多次，只是給自己累積更多的經驗，經過多次失敗，終究會成功。

人際社交中，交什麼樣的朋友，我們不能以一時的成敗而定。有的人是這方面的英雄，但在另一方面未必能成功，而有的人現在沒有成功，並不是他沒有奮鬥，不具備成功的才能，也許他還沒有遇到相對的時機，也許只是不太適合這方面的工作，而擅長另外的工作。總之，要用辯證的眼光交結朋友。

人們常說時勢造英雄，英雄是時代的產物，每個時代都有每個時代的英雄，英雄人物是時代矛盾碰撞、淬鍊出來的。保爾和蓋茲各自代表了他所在時代的精神，他們面對各自時代不同的主題，做出了一番不同凡響的

業績。然而，保爾和蓋茲畢竟分屬於不同的時代，面對的時代矛盾不同，歷史使命不同。將二人做比較，實際上是在比較兩個不同時代。保爾創造了輝煌的精神業績，是精神文明領域中的英雄；蓋茲創造了巨額財富，是物質文明領域中的英雄。這顯然是不準確的。因為保爾生於血與火的社會革命的時代，揚刀躍馬鏟盡人間不平事，拋灑一腔熱血遍種人間自由花，自然是那樣一個時代最壯美的英雄形象。如果在那個時代誰做象牙塔裡的艱深學問，他是不會有什麼出息的。而蓋茲生於和平與發展時代，「揚刀躍馬」已成為往事，按照保爾時代的標準，蓋茲太缺乏陽剛之氣了，我想，保爾若活到今天也會把馬刀換成電腦。

何況，失敗一次並不代表一輩子都失敗，只要有決心做一個成功的人，即使不能像那些人盡皆知的人，也會有一番成就的。

如果你研究一下歷史，就會發現，所有成功的故事同時也是巨大失敗的故事。但人們並不看失敗的一面，他們只看事物成功的一面，並就此認為那些成功者運氣好：「他一定是生逢其時。」其實，我們錯了。

讓我們來看看一個人的生活歷程吧。

這個人 21 歲時在生意上遭到失敗，22 歲參加議員競選失敗，24 歲再次生意遭受挫折，26 歲時心愛的人去世了，27 歲時精神崩潰，34 歲時參加國會競選失敗，45 歲時競選參議員失敗，47 歲時競選副總統受挫，49 歲競選參議員失敗，52 歲時當選美國總統。

這個人就是亞伯拉罕・林肯。

難道你會說他是一個失敗者嗎？他可能退縮過，也可能懷疑過自己。但林肯始終堅信，失敗只是暫停成功，對自信者來說絕不是死路，有句俗話：「十年河東，十年河西」說的就是這個意思。

1913 年三極管的發明者李・德・福雷斯特（Lee De Forest）被一位律師

告上法庭，說他誇大自己的新產品能夠把人的聲音傳過大西洋，以欺騙大眾購買他公司的股票。一段時間，他受到了輿論的譴責，被認為是騙子。但他最終取得成功，名留史冊。你能想像假如沒有他的發明，我們現在會怎麼樣嗎？

1903 年 12 月 10 日，一位《紐約時報》的編輯在報上對萊特兄弟試圖發明一種比重比空氣還大的飛行器表示懷疑，以為他們很不明智，並極力諷刺他們「瘋了」，許多「名流」跟著起鬨。而一個星期後，萊特兄弟在基蒂霍克（Kitty Hawk）展示了他們的飛機。

肯德基的創始人山德士上校（Colonel Sanders）在 65 歲時，只有一輛老爺車和一張 100 元的社會保險支票。他想起了他母親的食譜，於是就決定做食物到外面去賣。你能想像在他得到第一份定單之前他敲了多少家的門嗎？據估計在他得到第一份定單之前，他至少敲了 1,000 家的門。而我們有多少人在嘗試了 3 次、10 次、100 次之後就放棄了，認為自己已經盡了最大的努力了呢？

華特·迪士尼身為一個年輕的漫畫家，曾因被認為沒有才華使他的作品多次遭到報社的拒絕。一天，一個教堂的牧師雇他去畫一些卡通畫。當迪士尼在教堂附近的一個老鼠窩旁工作時，看到一隻小老鼠，於是突發靈感。就這樣，米老鼠誕生了。

成功的人並沒有做大事，而只是用一種不尋常的方法來做小事。因此，在人際社交中，我們不必看他是否成功，只須看他是否在認真做事。

## 一心萬友，二心沒有 —— 交友要坦率真誠

【原文】

一心可以交萬友，二心不可交一友。

【釋義】

一心一意可以交許多朋友，三心二意交不到一個朋友。

這句話告訴人們，交友要坦率、真誠，不能虛偽、欺騙。

我們首先來看看東漢時期范式守信的故事：

東漢時，張劭與范式一起在京城洛陽讀書，兩人結下了深厚的友誼。學業結束了，二人分別時，張劭傷心地說：「今日一別，不知什麼時候才能再相見？」范式安慰張劭說：「不要傷心，兩年後立秋的那天，我一定會去看你的。」

光陰似箭，日月如梭，約定的日期到了，張劭對母親說：「母親，范式快來了，我們趕緊準備準備迎接客人吧！」

張母說：「傻孩子，范式家離這裡有一千多里路，人家當時只不過安慰你才那麼說的，人家怎麼會真的來呢？」可是剛過中午，范式就風塵僕僕地趕到了，張母為此感嘆地說：「天下真有這麼講信用的朋友啊！」范式進堂屋拜望了張劭的父母之後，與張劭一家開懷暢飲，隨後欣然辭別。

范式守信的故事至今都是人們所津津樂道的美談。古人尚且能夠如此，在發展市場經濟的今天，我們更應該以范式為榜樣，言而有信，一諾千金。

在人際社交中，坦率真誠一直是為人處世最珍貴的素養。曾聽一位旅行家說過，早年尼泊爾的喜馬拉雅山南麓很少有外國人涉足。後來，許多日本人到這裡觀光旅遊，據說這是源於一位少年的誠信。一天，幾位日本攝影師請當地一位少年代買啤酒，這位少年為之跑了三個多小時。第二

天，那個少年又自告奮勇地再替他們買啤酒。這次攝影師們給了他很多錢，但直到第三天下午那個少年還沒回來。於是，攝影師們議論紛紛，都認為那個少年把錢騙走了。第三天夜裡，那個少年卻敲開了攝影師的門。原來，他只購得4瓶啤酒，爾後，他又翻了一座山，走過一條河才購得另外6瓶，返回時摔壞了3瓶。他哭著拿著碎酒瓶，向攝影師交回零錢，在場的人無不動容。這個故事使許多外國人深受感動。後來，到這裡的遊客就越來越多……

曾鞏是宋朝的一位大詩人。他為人正直寬厚，襟懷坦蕩，對朋友一貫有什麼就說什麼。他和宋代改革家王安石在年輕的時候就是好朋友。王安石二十五歲那年，當上了淮南判官，他從淮南請假去臨川看望祖母，還專門去拜見曾鞏。曾鞏十分高興，非常熱情地招待了他，後來還專門贈詩給王安石，回憶相見時的情景。

有一次神宗皇帝召見曾鞏，並問他：「你與王安石是布衣之交，王安石這個人到底怎麼樣呢？」曾鞏不因為自己與王安石多年的交情而隨意抬高他，而是很客觀直率地回答說：「王安石的文章和行為確實不在漢代著名文學家楊雄之下；不過，他為人過吝，終比不上楊雄。」

宋神宗聽了這番話，感到驚異，又問道：「你和王安石是好朋友，為什麼這樣說他呢？據我所知，王安石為人輕視富貴，你怎麼說是『吝』呢？」

曾鞏回答說：「雖然我們是朋友，但朋友並不等於沒有缺點。王安石勇於作為，而『吝』於改過。我所說的『吝』乃是指他不善於接受別人的批評意見而改正自己的錯誤，並不是說他貪惜財富啊！」

宋神宗聽後稱讚道：「此乃公允之論。」也更欽佩曾鞏為人正直，勇於批評。

## 三分俠氣，一點素心 —— 交際中相互幫助與包容很重要

**【原文】**

交友須帶三分俠氣，做人要存一點素心。

**【釋義】**

交友要有幾分豪爽的氣概，為人要保持一點純樸的心地。

曾有一位諾貝爾獎獲得者，他在上中學的時候，把校長心愛的狗給殺了，這位校長並沒有懲罰他，而讓他畫一幅狗的身體結構圖，在畫圖的過程中，這個孩子從中發現，胰島素可以治糖尿病。後來他為此獲得了諾貝爾獎。

這件事告訴我們，人與人之間保持互肋與包容很重要，可以取得意想不到的效果，它可以將壞事變成好事。

上中學時，還聽老師講過這樣一個故事：有一次，班上一個女同學丟了 2,500 元，當時這個班正在參加模擬考。被偷的同學心理十分的煩躁，無心複習，而且老師因為在班上查偷盜的同學弄得全班人心不安，大家都無法複習功課。這件事被女孩子的爸爸知道了，就為她寄了 2,500 元，說你告訴老師，你的錢找到了。她問爸爸為什麼要這樣？爸爸說：我這樣做有三個理由，第一你可以安心的念書，準備參加考大學；第二全班同學都可以安靜的複習；第三你寬容了她，她會終生難忘和感激你。

第二天，當這位同學告訴老師，她的 ,2500 元找到的時候，老師很動情地說：「你沒有找到，因為偷錢的那位同學，寫了一封信給我，她說她的爸爸病得很重，她偷錢為爸爸治病。她現在已經花了 1,500 元，她把餘下的 1,000 元交還給了我，讓我轉交給你，並請我代她向你道歉。她說等她存夠以後再還你 1,500 元。」

這位女同學，受她爸爸的感染，小小年紀就有如此豪爽的行為，和善良純樸的心地，難能可貴。

古人云：「將軍額上能跑馬，宰相肚中可撐船。」一個人的氣量有多大，他的事業就能做多大。換句話說，一個人的心裡能容多少事，他就能攞取到多少財富。

我們每天生活在人與人的交往中，要不斷地與人打交道，他們每個人都有自己的個性、愛好和生活方式，教養不同，教育程度不一樣，生活經歷有別，不可能大家同一節拍，更不可能都隨你的心願。難道因為別人的挑剔，你就與他斷絕一切往來？難道因為同業間存有競爭，大家有事不告訴你，你就拒絕與所有人聯絡？這當然不行。別說你完全這樣做，就是稍稍做點，你的創業道路也會平添羈絆。

做大事者要有容人之量，這樣才會有人與你共享，為你效勞，你的人脈才會興旺發達，你的事業才能不斷發展壯大。

三國時期，袁紹進攻曹操時，令陳琳寫了三篇檄文。陳琳才思敏捷，斐然成章，在檄文中，不但把曹操本人臭罵一頓，而且罵到曹操的父親、祖父的頭上。曹操當時很惱怒，氣得全身冒火。不久，袁紹戰敗，陳琳也落到了曹操的手裡。一般人會認為，曹操這下不殺陳琳就難解心頭之恨了，然而，曹操並沒有這樣做。他慕陳琳的才華，不但沒有殺他，反而拋棄前嫌，委以重任，這使陳琳很感動，後來為曹操出了不少好主意。

大凡胸懷大志、目光高遠的仁人志士，無不大度為懷，置區區小利於不顧。相反，鼠肚雞腸、競小爭微、隻字片語也耿耿於懷的人，沒有一個成就了大事業，沒有一個是有出息的人。

心胸狹窄，容不得一個「怒」字，純粹傻瓜一個。曹操和周瑜都是三國時代才華橫溢的人物，然而兩人的度量大相逕庭。曹操雖然奸詐凶狠，卻有策略家的胸懷，門下廣納賢士，而周瑜嫉賢妒能，誰都容納不下，最後被活活氣死。

周瑜是個將才，可是他沒有大將應有的度量。周瑜聰明過人，才智超群，然而，妒嫉心極重，容不得超過自己的人。他對諸葛亮一直耿耿於懷，幾次欲害之，均不得逞。赤壁之戰，周瑜損兵馬，費錢糧，卻叫諸葛亮圖了個現成，氣得周瑜「大叫一聲，金瘡迸裂」。後來，周瑜用美人計，騙劉備去東吳成親，被諸葛亮將計就計，最後是「賠了夫人又折兵」，又氣得周瑜「大叫一聲，金瘡迸裂」。最後，周瑜用「假途滅虢」之計，想謀取荊州，被諸葛亮識破，四路兵馬圍攻周瑜，並寫信規勸他，周瑜仰天長嘆：「既生瑜，何生亮！」連叫數聲而亡，可見周瑜度量之小。

因此，我們在人際社交中，要多交豪爽俠氣之友，少交那些小肚雞腸之輩，要多交那些心地純正之友，少交那些雞鳴狗盜之徒。

## 甘人之語，不論是非 —— 交際中說話要講求技巧和效果

**【原文】**

甘人之語，多不論其是非；激人之語，多不顧其利害。

**【釋義】**

說好聽話取悅別人，常常不管是否符合道理；說難聽話激怒別人，常常不顧結果是否有利。

在人際社交中，那些感情上容易接受的話，往往是說者曲意討好聽者或隨口敷衍；那些感情上難以接受的話，往往是說者未能設身處地地替聽者著想。因此，聽是非不明的話不可當真，說正經的話要講求效果。

有沒有良好的口才已成為衡量一個人素養的基本標準之一，從一個人的口才上往往能看出一個人的綜合實力，口才幾乎在每一個人的命運裡都

扮演著十分重要的角色，口才好，有可能改變你的命運。因此，在交際中要特別講求說話的技巧和效果。

據史載，當年韓信最早投靠項羽，但懷才不遇不為所用，便千里迢迢入蜀投奔劉邦，因沒有機會與劉邦談話，也不得重用，只做了個管理糧食的小官。於是心中煩悶，也欲離開，被丞相蕭何追回，力薦給劉邦。劉邦召見他時問：「丞相數薦將軍，將軍何以教寡人計策？」韓信終於有了一吐胸中經綸的機會，於是向劉邦分析了楚漢之間的形勢優劣，指出劉邦雖弱但具備戰勝項羽的條件，言之鑿鑿，頭頭是道。劉邦大喜，遂拜為大將。後來韓信果然不負其望，運籌帷幄，決勝千里，為成就漢室霸業立下戰功。

古人韓信出仕前是因為沒有說話的機會，而現代社會環境不比過去，說話的機會很多，關鍵是看我們會不會說話了。我認為，會說話要具備沒有偏頗的思想和耐心的態度。說話是為了交流，別人問多少事，或表達思想時我們都要有耐心，而且不應該認為對方幼稚或無知。別人用簡單方式問，我就要用簡單方式答；別人用複雜方式問，我也要將它調整為簡單方式回答，這才叫會說話。說話是為了表達我們內心的思想，而不是要找出別人的缺點，所以說話不要帶出別人的缺點。有時候你並不需要講很多道理，只要耐心地去聽，就是一個理解、接受、贊同別人的態度。說話太多會導致我們的話沒有分量。切忌將說話變成了一種炫耀，這就使你的話沒有力量。所以要知道什麼時候該說，什麼時候不該說。不要讓自己的話成了貼在廁所邊的字畫，顯得不值錢。

當然我們不能說謊話，說謊會使我們的話大打折扣，人家會認為你的話甚至你這個人不可靠。

有些時候我們為別人提一些好的建議，但要掌握說話的時機，要注意用對方接受得了的方式。聽到各種流言，我們要像一個法官一樣不要絕對化。我們要像法官一樣去聽，我們要客觀地聽，從不同的角度去聽。

會說話和不會說話，其效果會截然不同。曾聽同事講過一件事：A 君有一次去外地出差，住旅館退房時，服務臺小姐沒好氣地說：「你等一下再走，我先看看房間裡有沒有東西不見，有沒有物品損壞！」A 君當時心裡很不是滋味。再次到那座城市出差時，他住進了隔壁的旅館。退房時服務臺小姐微笑著說：「先生，請你稍等，我先去看看你是否有東西遺落在房間裡！」雖然意圖是一樣的，但 A 君不得不佩服這位小姐的說話技巧。當他再次出差時他還是去這家旅館。

同樣的意思，卻是兩句不同感覺的話，也獲得了兩種不同的效果。這就是說話的技巧與達到的效果的關係。

有朋友抱怨說：「某個人很差，我從沒發現他有什麼優點。」真的是這樣嗎？其實不然，你可以試著發現一下，比如說你認為一個人很笨，笨得讓人無語時，你可以試著講：「我覺得你發展的空間很大，要加油哦！」一樣的意思，但後者讓他從正面感覺到激勵。大家以後講話的時候，可以試試運用這種講話技巧。

有人說：「會說話包含兩層意思，一是會說，二是會聽。」此話不假。一個人如果說話太多，表現欲太旺，巧舌如簧，很可能會適得其反。會說話的人，大都是善於傾聽的人。

曾經有個小國到大國來，進貢了三個一模一樣的金人，金碧輝煌，把皇帝高興壞了。可是這小國不厚道，同時出一道題目：這三個金人哪個最有價值？皇帝想了許多的辦法，請來珠寶匠檢查，稱重量，看做工，都是一模一樣的。怎麼辦？使者還等著回去匯報呢。泱泱大國，不會連這個小事都不懂吧？

最後，有一位退位的老大臣說他有辦法。皇帝將使者請到大殿，老臣胸有成足地拿著三根稻草，插入第一個金人的耳朵裡，這稻草從另一邊耳朵出來了。第二個金人的稻草從嘴巴裡直接掉出來，而第三個金人，稻草進去後掉進了肚子，什麼響動也沒有。老臣說：第三個金人最有價值！使者默默無語，答案正確。

這個故事告訴我們，最有價值的人，不一定是最能說的人。老天給我們兩隻耳朵一個嘴巴，本來就是讓我們多聽少說的。善於傾聽，才是成熟的人最基本的素養。

## 用人不刻，交友不濫 —— 用人要取長，交友要謹慎

**【原文】**

用人不宜刻，刻則思效者去；交友不宜濫，濫者貢諛者來。

**【釋義】**

任用人不能要求太嚴，要求太嚴則想效力的人就會離去；交朋友不能沒有選擇，太隨便則阿諛奉承之徒就會到來。

先說用人要取長補短、揚長避短。

世界上沒有完人，也沒有全才，用人必須揚長避短和取長補短。我最近一直在看彼得·杜拉克（Peter Ferdinand Drucker）的書，他一直在強調，用人要取其長。大師的觀點總是簡單又深刻，讓人不得不佩服。這是一個從古至今一直都會發生的事情，也是一個簡單的道理，可是在領略了大師的文字下所蘊涵的深層意義後，依然覺得常新。

古代用人所長的例子比比皆是。《貞觀政要》記載著唐太宗李世民的用人之術。李世民說：「明主之任人，如巧匠之製木。直者以為轅，曲者以為輪，長者以為棟樑，短者以為拱角，無曲直長短，各種所施。名主之

任人也由是也。知者取其謀，愚者取其力，勇者取其威，怯者取其慎，無智愚勇怯，兼而用人，故良將無棄才，明主無棄士。」

其實，古代的管理經驗中，有很多深刻的道理需要現代人去學習，可是往往我們總是忽視了這部分的瑰寶，而斷章取義地照搬國外的所謂先進管理思想，盲目地在不同的土壤上施同樣的肥。我並不是說外國的管理思想不先進，相反，國外的管理思想經過一定時代的發展創造了豐富的物質資料和精神資料，是人類發展史上共同的財富。但我們必須看到，國外的管理思想本身也是在融合其他國家優秀經驗和知識的基礎上發展起來的，例如在很多美國和日本的企業中，就把古代的《孫子兵法》中的精髓列為員工學習的必備資料之一，這是由於他們看到了《孫子兵法》中的兵法之道同樣適用於現代管理領域。我們的老祖宗對管理中的這些門門道道向來就是十分有研究的，這是我們的驕傲。如果我們不好好地去學習、去領悟、去應用、去繼承、去發展，便是對文化的糟蹋。

善於帶兵打仗的人，總能根據作戰的需求，考慮到每個人的能力差異和大小，因材而用，賦予他們不同的任務，從而發揮他們的最大效益。因此，用人如用器，貴在取其長而避其短。

企業經營中也是這樣。人往往是各有所長，而經營活動需要各種人才。我們用人才是要用人之長，而非用人之短。各種人才各有各的用處，把他們都放到相對的職位上，各種人才相互配合，則能形成一種最佳的企業整體經濟效應。

美國奇異公司的總裁傑克·威爾許（Jack Welch）被稱為世界上最會用人的「頭號經理」，他領導下的奇異公司人才濟濟，各盡其才。他說：「我最大的成就就是發現人才，發現一大批人才。他們比絕大多數的執行長都要優秀。這些一流的人才在 GE（奇異電氣）如魚得水。」

再說交友要謹慎。

俗話說，「近朱者赤，近墨者黑。」這句話說明交友對一個人的思想、品德、學識會產生深刻的影響。清代馮班認為，朋友的影響比老師還大，因為這種影響是氣習相染、潛移默化的，久而久之就不知不覺際受其影響。這就是《孔子家語》中說的：「與君子遊，如入芝蘭之室，久而不聞其香，則與之化矣。與小人遊，如入鮑魚之肆，久而不聞其臭，亦與之化矣。」涉世不深的年輕人，尤應注意「謹交遊、慎擇友」的古訓。在交友時要有知人之明，不要錯把壞人當知己，受騙上當，甚至落入壞人的圈套而無法自拔。

朋友可能是暫時的，也可能是永久的。從學習、工作的需求出發，本著互惠互利、共同發展的原則，結交一些志同道合的朋友是有益的。如果不僅志同道合，而且感情深厚，心靈相通，這樣就可以從合作共事的朋友變成生死相依、患難與共的知音知己。

交什麼朋友，怎樣交友，這是一個問題的兩個方面。朋友有君子，有小人，交友也有君子之交和小人之交。君子之間的友誼平淡清純，但真實親密而能長久。小人的友誼濃烈甜蜜，但虛假多變，經不起時間的考驗。君子之交以互相砥礪道義、切磋學問、規勸過失為目的，友誼是建立在互相理解、思想一致的基礎之上的，故雖平淡如水，但能風雨同舟，生死不渝。小人之交是建立在私利的基礎上的，平時甜言蜜語，關鍵時刻背信棄義，甚至趁人之危，落井下石。

所以在交友時一定要慎重，「親君子，遠小人。」

## 良緣易合，知己難投 —— 男女交往要珍惜緣分

**【原文】**

良緣易合，紅葉亦可為媒；知己難投，白璧未能獲主。

**【釋義】**

美滿的姻緣容易結合，即使是紅葉也可以成為良媒；知己難以投合，即使抱著美玉也難以得到賞識的人。

緣分二字，說起來容易，對一些人來說卻很困難。相愛簡單，相處太難！有一首歌道出人們的心聲。而真正能遇到的，茫茫人海，又有多少人呢？

魯迅當年就很珍惜自己和許廣平的緣分。

魯迅幼年喪父，母親獨自支撐一個家庭。魯迅極為孝順母親。所以，當他得知母親騙他回國娶親的真相後，魯迅也沒有拒絕。魯迅說過，與朱安結婚是母親送給他的一個意外的禮物，是母親在娶兒媳婦，「我只能好好地保養她供養她，愛情是我所不知道的」。和朱安的名義婚姻一直持續到魯迅去世。

與許廣平相愛後，魯迅既不願因為離婚而讓母親傷心，又不想委屈許廣平，只得對外宣稱許是他的助手。即使在二人的關係公開後，許廣平也堅持二人是同居關係，仍把周夫人的名號留給朱安。

看過蕭紅懷念魯迅的散文，我想很少有人不會被魯迅和許廣平的真摯情感所打動。

上海淪陷後，許廣平曾被日本人關進監獄，要她交出魯迅的手稿和一些愛國人士的名單，遭到了許廣平的拒絕。許廣平為此受到了酷刑折磨，日本人甚至威脅要將許廣平裸體示眾。後礙於魯迅的名望和地位，日本人

終究沒有敢這樣做。在國際友人的幫助下，許廣平被釋放，但已經落下了一身的病。

建國後，宋慶齡曾勸許廣平再嫁，許廣平堅決拒絕了。

在中國文人中，沈從文也是我最欣賞的作家，其中一個原因就是他對愛情的執著，每當看到他這句話：「我一輩子走過許多地方的路，行過許多地方的橋，看過許多次數的雲，喝過許多種類的酒，卻只愛過一個正當最好年齡的人。」我都感動得想要落淚，這樣的男人世間能有幾個？

比起大多數作家，沈從文的婚戀並沒有太多的傳奇色彩。在文人的婚戀裡邊，他們兩個人是少有的白頭偕老的典範。

「文革」期間，沈家三人分散三地，沈從文從被紅衛兵翻亂的書中找到了當年張兆和回給他的第一封信，竟然一邊笑一邊抽泣起來，快七十歲的人像一個小孩子似的又快樂又傷心。1988 年 □ 月 10 日，飽經滄桑的沈從文安詳地離開了人世，把無限的眷戀留給了白髮蒼蒼的妻子，就如同給人間留下的那無限柔美的湘西。

1995 年 8 月 23 日，沈從文去世七年後，張兆和在《從文家書》的後記中寫道：「……從文跟我相處，這一生，究竟是幸福還是不幸？得不到回答。我不理解他，不完全理解他。後來逐漸有了些理解，但是，真正懂得他的為人，懂得他一生承受的重壓，是在整理編選他遺稿的現在。過去不知道的，現在知道了；過去不明白的，現在明白了……越是從爛紙堆裡翻到他越多的遺作，哪怕是零散的，有頭無尾的，就越覺斯人可貴。太晚了！為什麼在他有生之年，不能發掘他，理解他，從各方面去幫助他，反而有那麼多的矛盾得不到解決！悔之晚矣。」

不管你信不信，我相信「緣分」。男女之間以及兩性的交往，更要靠「緣分」。

我總感覺，冥冥之中有一雙無形的巨手，在左右著人世間的男人和女人。「緣分」來了，它可以把遠隔千山萬水素不相識的男女，鎖定在一個共同的時間，共同的地點，於是，彼此因為一句話或者一件事而成為朋友、戀人，甚至成為百年好合的夫妻。「緣分」盡了，可以使在一張床上共枕幾十年的夫妻分道揚鑣，甚至再想多住一個晚上都難於上青天！

這就是「緣分」。

生命中來來去去的人無法數清，出現了，又消失了，那也是一種緣分。與你緣分深的則在你生命裡停留得久些，緣分淺的則匆匆而過，甚至擦肩而過。我們不可能永遠記住所有出現過的人，不必感到遺憾，只要曾有過一段美麗的回憶便足夠了。或許在某個不經意的時候，那些記憶會從腦海的深處跳出，讓你驚訝，讓你一整天都在回味過去。那時，你會發現，很多曾經讓你氣憤得咬牙、在意得失眠的事情在現在看來是那麼的可愛！又或許，多年以前的老朋友居然在一個你沒有預料到的時間地點裡相遇了，變化、驚訝，但提起以前，擁抱一下，哈，還是朋友！這就夠了。人生終究是由大部分緣分淺的人和幾個緣分深的人合成的！

親情、愛情、友情都是人生的必修課，我們無法忽略，也無法輕視。親情的溫馨、愛情的火熱、友情的知心，都是人一生苦苦追求的。有人能輕易得到這一切卻不知珍惜；也有人苦苦追求而不可得，使它們成為那不可得的水中月。前世的五百次回眸才換得今生的擦肩而過，珍惜每一段緣分，就是我們要做的。

## 傳話者輕，好議者淺 —— 少與搬弄是非者交往

【原文】

喜傳語者，不可與語；好議事者，不可圖事。

【釋義】

喜歡把聽到的話到處傳說的人，最好少和他講話；一天到晚喜好議論事情的人，不要和他一起企劃事情。

所謂搬弄是非者，簡單的說，就是那些喜歡在背後說別人的壞話、挑撥離間的人。和這樣的人相處，自己必須正直、坦蕩。

首先，要嚴格要求自己不做搬弄是非者。不要讓自己像一張無聊的八卦日報那樣，始終是一些無聊的消息，儘管很多人都愛看。人應該具有一定的名聲，但是你不要成為搬弄是非的長舌婦。不要輕易指責他人，也不要透過諷刺貶低他人來表現你的幽默風趣。否則，你就是以眾人為敵。當你被那些曾受到你的傷害的人群起而攻之的時候，你可能沒有把握取得勝利，因為你是單槍匹馬，即使你是英雄好漢也難擋一群狼。

不要因為發現他人的缺點而暗自竊喜，也不要妄加議論他人。沒有什麼人會喜歡傳播流言蜚語的人，因為流言蜚語也可能從他身上而起。

如果你得罪的是偉大的人物，他們會把你當作一個無足輕重的小丑；如果你惹惱的是一些品行不端的人，那麼你就會非常糟糕。

有人講過這樣一個故事：小王和小梅都是部門的核心人物，兩人業績出色，又都外向活潑，被稱為銷售部裡的兩朵花。主管對她們非常欣賞。只是漂亮的小王有點看不起相貌平平的小梅，平時的言行也有些張狂，她喜歡把小梅的一些小失誤誇大後散播成小道消息，小梅卻故作不知，一副無所謂的樣子。

小梅有一回陪同主管到外地出差。途中兩人談工作、談趣聞，很是投機。主管有意將話題引到對別人的看法上，他發現小梅的著眼點總在他人的長處，基本不涉及別人的不足，對於小王，小梅只不過淡淡說了一句「她的口才很好」。與小王的搬弄是非相比，小梅的寬容、大度讓主管對她更增添了幾分好感。

從故事中我們不難看出，閒談中議論其他人是很自然的事，但善於肯定別人要比喜歡挑剔更能贏得主管的好感。尤其是在背後相互議論的時候，善於發現別人的優點，而不是一味指責，更能展現你的寬容、大度。看來，聰明的小梅十分通曉這一點，所以她才成功地利用出差的契機，向主管展現自己高於競爭對手的人格魅力。

在我們的日常生活中會經常聽到或看到有些人愛談論一些子虛烏有的事情，還有些人熱衷於對他人說三道四，以搬弄是非之能事。如果當主管的聽信弄舌人道聽途說的謠言或讒言將會給正直的人、直言上諫的人造成傷害，同時也會使工作造成失誤或損失。古往今來，謠言誤國，讒言害人，最是令人心痛！有多少有識之士，英雄豪傑，不是死在為國盡忠、為民造福的職位上，而是死在一些道聽途說、子虛烏有甚至是莫須有的罪名下。岳飛是如此，更多的教訓不勝枚舉！「讒言誤國殺俊彥，常使英雄淚滿襟」！

常言說，人言可畏！你別看那舌頭柔弱無骨，可是它殺起人來卻是連一點血也不見。我們普通人如果不明辨是非、真偽，雖然不會像政界那麼殘酷、悲壯，但也會給我們的正常生活帶來不必要的煩惱，甚至傷害人與人之間的感情！比如：作父親的聽信弄舌人對子女說三道四的話，子女就會遭受不白之冤，瓦解父子之間的感情，使家庭不和！如果夫妻之間聽信那些子虛烏有的謊言，勢必影響夫妻感情，甚至造成夫妻感情破裂或離婚！如果兄弟之間聽信弄舌人的搬弄是非，兄弟之間就會傷了情義，使手足之情形同陌路！在公司、在社會上有多少平時的好同事、好朋友因為弄舌人的搬弄是非，而產生矛盾，甚至分道揚鑣、老死不相往來。所以，我認為我們在人生的旅途中要時刻牢記做人的原則，保持清醒的頭腦，不論是在工作中還是在日常生活中，不論是對人還是對事，不要輕易相信有些人說三道四的話。

因為聽信與事實不符的言論，本來和睦的家庭就會發生「戰爭」，朋友之間、兄弟之間就會發生矛盾，甚至演變成人生的悲劇。因此，提防搬弄是非人、辨明說三道四話不僅對我們的事業有好處，對人生的幸福快樂更有益處。提防搬弄是非人、辨明說三道四話，並非難事，只要我們平時在與人交往中，近君子、遠小人，就會遠離是非，因為賢達之人，從來就不搬弄是非。而來說是非者，正是是非人。君子坦蕩蕩，小人常戚戚，高尚永遠是高尚者的墓誌銘，而卑鄙正是卑鄙者的通行證。對於這一點，只要我們有了清醒的認知，就不難辨明是非了。

# 第十章
# 處巧若拙，處明若晦，處動若靜 —— 悟心態法則

積極的心態創造人生，消極的心態消耗人生。積極的心態是成功的起點，是生命的陽光和雨露，讓人的心靈成為一隻翱翔的雄鷹。消極的心態是失敗的泉源，是生命的慢性殺手，使人受制於自我設置的某種陰影。

## 處巧若拙，處明若晦——保持一顆平常心

**【原文】**

處巧若拙，處明若晦，處動若靜。

**【釋義】**

有一點本事不要驕傲和炫耀，而要深藏不露；在成為眾人目光的焦點的時候要像普通人一樣；在事務繁多、精神緊張的時候要保持一顆鎮定的心。

這句話告訴我們，在任何時候，都要保持一顆平常心。

金錢、地位、房子、車子……太多的誘惑、太多的慾望給現代人帶來了太多的壓力和痛苦。人生若看不破「名利」二字，就會束縛了人的本真，讓自己身心疲憊不堪。要想破解這一困擾，就得以平常心為人處世。不必為眼前得到的利益而沾沾自喜，也不必為眼前失去的利益而煩惱叢生，要始終保持一種寧靜自然的心態，學會淡泊，知足常樂，用一顆平常心去平常地生活，活得實實在在，活得快快樂樂。

我有一位朋友，他一天到晚心神不寧：為孩子的事煩惱，為工作的事苦悶，為人際關係複雜頭痛，差點得了失眠。我認為，他是缺少了生活裡的一顆平常心。

在當今競爭日益激烈的環境中，人們在學習、工作和生活中，不可避免會遇到一些不開心的事情。如果不能控制自己的心緒，要麼沉默不語垂頭喪氣，要麼暴跳如雷發洩一通，要麼看不慣身邊的人和事，如此行為，都會影響到自己的健康、家人的幸福和旁人的情緒。

日常生活中，我們不難見到，有的人不是在成功的掌聲鮮花中變得飄飄然而止步不前，就是在失敗的打擊中變得心灰意冷而一蹶不振；不是在贏了的時候目空一切得意忘形，就是在輸了的時候萬念俱灰垂頭喪氣；不是讓榮譽成為包袱壓力而變得患得患失畏首畏尾，就是用一時的屈辱把自

己整個人生塗得一片漆黑……這些人，都是因為缺少了一顆平常心，既拿不起，又放不下，既輸不得，又贏不起。

其實，成功得失都有自然規則，毀譽褒貶皆為平常道理。只要懷著一顆平常心，我們就能做到豁達而不失節制，恬淡而不失執著，寧靜而不失勤勉。要知道人世間有元帥，但更多的是士兵；有韌性，但更多的是小草，我們周圍有很多人，他們兢兢業業，勤奮踏實，為了事業奉獻了一生，無怨無悔，和他們比起來我們算不了什麼。人的價值不在於職位的高低，那需要一定的機遇和客觀條件，只要對社會有貢獻就好，做事情無愧於良心，無愧於社會就行。

人世之中，平常心是一種不可小視的力量。擁有平常心之人，總是仁慈、寬容、淡泊，不失樂觀，他們不會將精力糾纏於蠅頭小利與恩怨計較之中，能夠充分享受到生活的樂趣；保持平常心之人，從不虛榮、虛偽和虛假，能夠正視自己的缺點和不足，從而做事更加完美；堅守平常心之人，更是胸襟寬廣、度量乃大，做人光明磊落、坦坦蕩蕩，深得身邊人的信任、愛戴與擁護。都說得人心者得天下，擁有 —— 顆平常心，何愁事業不成功呢？

平常心不是平庸心，不是對什麼都無所謂，得過且過，碌碌度日。具有平常心的人並不排斥同時擁有遠大抱負、勃勃雄心，只是在艱苦的付出後對成敗得失不那麼看重 —— 我努力了，奮鬥了，無愧於心就行了。具有平常心的人往往能做出不平常的事業，因為他們輕裝上陣，沒有精神負擔，成功往往會垂青他們。

平常心是經歷磨難、挫折後的一種心靈上的感悟，一種精神上的昇華。我們需要平常心來感受真實，陶冶情操，體會平淡瑣碎中的縷縷深情；我們需要平常心來獨守孤獨寂寞，走過泥濘風雨，潛心播種與耕耘；

我們同樣也需要平常心來撫慰創傷，化解恩怨，梳理愁緒，擦淨心靈上的汙垢。一句話，懷著平常心，就是要使自己從私念物慾中擺脫出來，淡泊明志，寧靜致遠。

保持平常心，最關鍵的是對自己的人生價值要有正確的定位。生活的辯證法告訴我們，恰恰就是要投身於不起眼的平常的人和事之中，才能創造出不平凡的人生價值。

曾參加一個講座，坐在旁邊的一位年輕人引起了我的注意，他那種聚精會神的聽講讓人感動，教授的演講真切地感動著他，每一個頷首，每一次微笑，都明明確確地表達出他和教授的共鳴。

教授的講座是關於弱勢群體的分析。教授告訴我們：人類社會中本來沒有所謂的弱勢和優勢之分，每一個人都渴望成功，也都能夠做出有意義的事情，即便遲緩患者也是如此，對於一位懷有天國光輝母愛的媽媽，遲緩兒的一次微笑就足以使她感動不已。人本無貴賤，所以職業歧視是沒有教養的表現。每個人都為教授的精彩演講熱烈地鼓掌，但有多少人能夠真正理解贊成教授的觀點呢？又有多少人能夠按照教授的觀點去做呢？

教授講完後，大家座談，旁邊的年輕人顯然被教授剛才的演講感染著，他發表了自己觀點以後，有一連串的反問讓我記憶尤深，他說，我們想想，我們見了主管都會點頭問好，甚至媚笑，而我們向辦公大樓裡忙碌的清潔員打過招呼嗎？我們向街頭的清潔人員點頭微笑過嗎？我們向為我們倒水的服務生表示過感謝嗎？每一種勞動都是神聖的！關鍵的是我們要保持一顆平常心。

平常心並非深不可測的玄機，它只是普通人的平凡心態而已，說穿了即是吃飯好好吃，睡覺好好睡，做事當認真，為人不計較。但是，為何如此簡單的事情許多人卻很難做到呢？那是因為人們在生存競爭的巨大壓力下、在名與利的多重誘惑下，滋長了自私、貪慾、痴迷、浮躁、報復、好勝、狂妄等種種不良心態，從而打破了一顆平常心，導致痛苦、煩惱和噩運紛至而來。

既然如此，何不從今天開始化繁為簡、回歸本源，重新用平常心去參透貧富、成敗、磨難、名利、榮辱和生死，以一種健康的心智去認認真真地生活，去感受生命的快樂呢？

## 天薄我福，厚德迓之 —— 學會隨遇而安

**【原文】**

天薄我福，吾厚吾德以迓之；天勞我形，吾逸吾心以補之；天厄我遇，吾亨吾道以通之。

**【釋義】**

上天給我的福氣淺薄，我就加厚我的品德來應對；上天使我的形體勞累，我就放鬆自己的心靈來彌補；上天讓我的遭遇不順利，我就暢通我的思想來扭轉。

有朋友問我：「你認為什麼樣的生活態度最正確？」如果在以前我會說：「嚴肅、認真、正派、謙恭等等」。但是現在我要說：「隨遇而安，並盡最大能力安居樂業。」

隨遇而安，遭遇坎坷的時候需要如此，一帆風順的時候更要如此。每個人年輕的時候都會有一種初生之犢不怕虎的衝勁，但經歷了許多磨難和坎坷之後，終會漸漸明白：忍一時風平浪靜，退一步海闊天空。是啊，能忍則安，忍是一種生活態度，忍是一種人生境界，它飽含著一個人的人生歷練，它詮釋了一個人的人生內涵，那內涵就是：人，要學會隨遇而安。

隨遇而安，會減少許多因拚命反抗而引來的刺傷；隨遇而安，會消除

很多因奮力掙扎而帶來的隱痛。所以隨遇而安是一個人成熟的外在表現，它不是怯懦，它是柔韌；它不是愚笨，它是明智；它不是追求安逸，它是保持毅力，它不是逃避挑戰，它是迎戰遭遇。

壁立千仞，無慾則剛。「無慾則剛」其實沒有得到解脫，也無從超越。因為「無慾則剛」中的「欲」是一種功利性的物慾，而「剛」又是一種欲的表現，是人們心中渴望自由、表現毅力、維護信念、追求自我價值等名理之欲較強的現象。以一種欲去抵抗另一種欲，人就難免不受其困擾，要處在對立，矛盾、爭執、衝突和是非糾葛之中。

一個人處在某些是非對立的特殊情況下，採取隨遇而安的心態是有一定的積極意義的，無慾則剛就不及隨遇而安。唐朝的武則天執政時，有個大理少卿徐有功經常據理直言，依法論爭，有一次武則天要將一個人處死，徐有功當廷指出此人罪不致死，不可處決。為此，他和武則天越爭越激烈，連君臣之間的用詞語氣都不顧了。武則天大怒，喝令將士將他推出斬首，徐有功轉過頭來大聲說道：「臣身可死，法絕不可改。」武則天被他打動了，從而赦免了他，並收回了原先處決那個人的成命。以後徐有功受到別人的誣謗，因為武則天對徐有功的信任才免於難。

這個事件說明無慾則剛的勝人之處，但是這種勝機卻不是掌握在自己手中，而是操縱在他人之手，對武則天來說，徐有功剛直帶來的衝撞，雖然傷害了她的皇帝尊嚴，但與她保江山需要忠臣的大局相比畢竟是小事，因而能夠容忍理解徐有功的偏激，給予寬恕，但是，當徐有功以這種剛正去反對、阻礙他人的根本利益時，就不可避免地會道到各種誣謗和打擊，幸虧武則天知他為人而不去信妄言。可是，歷史上因剛正不阿遭受慘死的事例比徐有功這樣倖免於難的例子要多得多。

《列子》中有這樣一個故事，有一名叫牛缺的大懦，在趕往趙國的路上遇到了一幫強盜，強盜把他的東西搶了個精光，他也不反抗，任憑掠奪。強盜見他識相地配合，就放了他一條生路，讓他走了。可是牛缺走時毫不沮喪，反而顯得精神歡然，強盜們心裡奇怪，心想，為什麼他被搶劫還高興？就追上去問他。他回答說，君子不會奪他人之需，既然遇到的不是君子，當然不必有所計較。強盜們一聽，暗中議道，像他這樣的賢德之人去趙國後一定受到重用，將來可能會對我們不利，不如殺了他以絕後患。於是一刀就把牛缺給殺死了。

有個燕國人知道了這件事後，就召集族人告誡他們，碰到強盜，不可以像牛缺那樣傻。有一次，這個燕國人的弟弟到秦國去，路上也遇到強盜。他不想跟牛缺那樣，於是就與強盜拚命，但寡不敵眾，最後還是被搶光了，他並不甘休，再追上去向強盜索討。強盜說：「我們留你一命已經對你夠意思了，你卻自不量力，窮追不捨，存心要敗露我們是不是？我們既然當了強盜，就無所謂仁慈不仁慈了，死吧。」說完手起刀落，也把他殺死了。

從這個故事中，我們知道牛缺對身外之物看得很輕，固然算得上無慾，但是當他被搶之後，內心另一種欲不由自主地出來與強盜的行為相對抗，企圖表現出自己的高貴賢達和不可剝奪的心志。結果第一層無慾則剛平息了強盜們內心的對立，第二層欲的表現又激起了強盜們內心更深層的對立，終於還是用殺戮來消滅這種對立。而燕國人不知牛缺被殺的真正心理奧祕，在第一種對立被強盜獲勝的結局自行消解後，進一步去加劇這種對立，迫使強盜用徹底的辦法來消除對立，這就更屬於愚蠢了。

就現實生活而言，消除一種對立不需十分高深的智謀，但人們明白道理是一回事，實際行動起來又是一回事。許多人都明白這種道理，但做起來卻受到情感的障礙。要在生活中將道理和情感融合一體，理從情出，情至理順，這不只是一種智慧，而是智慧背後神祕功力的展現，這就需要人真正學會隨遇而安，達到一種超越境界。

陶淵明說：「俯仰終宇宙，不樂復何如？」一個睿智之人是不會終日抱著莫名其妙的憂慮而愁眉不展的。先哲又云：「世上本無事，庸人自擾之。」無論生活在什麼環境下，聰明豁達之人都會用樂觀平和的心態面對生活。譬若一個長途跋涉在沙漠中的人，突然擁有了半杯水，如果他是個樂觀者，他定會欣喜不已，盡情享用這半杯滋潤生命的甘露瓊漿，憑藉樂觀的信念走出困境；假如他是個悲觀者，那麼他定會認為這半杯水對他來說簡直無濟於事，從而更加煩惱，心力憔悴，走不出生命的困境了。

## 寧可隨世，不可欺世 —— 回歸本真，恢復自我

**【原文】**

寧為隨世之庸愚，勿為欺世之豪傑。

**【釋義】**

寧可去做一個平庸的人，也不要去做一個欺世盜名的所謂「豪傑」。

一位長者告訴我，人的一生，大致要經歷三個階段：年輕的時候實現自我，中年的時候失去自我，晚年回歸自我。

我們無法決定我們走向何方，因為路已經存在，但可以決定走哪條路。選擇是一個起點，方向是一條曲線，我們的選擇決定我們的方向。世間的很多東西遮蔽了心靈的天空，我們慢慢在遺忘過去，又重複著過去的錯誤，是痛苦、傷心、悔恨，覺得生命在旋轉，一回又一回。走遠了，走丟了，還是需要掌握住最本真的東西，就是自我。

所以，我們提倡：回歸本真，發現自我，融入大自然。

日常的生活，總是簡單、平易，甚至是有一些枯燥的。但這日復一日的累積和迭加，便構成了生命的長程，是生命的證據，也是生命的結果。拒絕或者接受，也許是可以選擇的。但卻常常只是昧，只是欺，只是被時間之網緊緊纏繞，失去了選擇的能力，甚至從未曾產生過選擇的念頭。生命的悲哀便在此處產生，生命的沉淪亦從此地開始。

如何去尋找並走向光明之域？事實上，是不用刻意去找尋的，它只是在這每日平常的光影之中。但要對自我有足夠的追問，到底是拒絕還是接受？拒絕，將如何？接受，又將怎樣？要從生命的整個歷程來審視生命當下所處的狀態，再思考未來可能的狀態和自己希望在未來能夠擁抱的狀態。一個人，一個真正生活過的生命，必然是有足夠自覺的；一個不自覺的生命雖在，但其實是並不在的。這種自覺首先便是對生命本身可能性的認知和體察，並依其而對當下的生命狀態產生追問，拒絕還是接受？於是便有了生命和生命自身的對話，自我對自我內心的傾聽，或者也可以說是回歸，回歸自我。在這樣的回歸中，去找尋生命之光，找尋內心深處被掩埋的生長的火種。

大約在 1980 年代中期，有一位南非的領袖人物，其子觸犯刑律，法庭開審時，記者問他對此有什麼要說的，他的回答直截了當：「身為父親，我希望法庭能盡可能輕判我的兒子。」

我吃了一驚。

在我當時的認知水準上，如果他說：「我兒子觸犯了刑律，應該受到懲罰，我希望法庭審判時，一定要以事實為依據，以法律為準繩，不要考慮我的因素……」，我可能不覺意外。我們過去所受的教育就強調，在大是大非面前，要大義滅親、不殉私情，不能有兒女情長。類似的事情，親人出面沒要求「嚴懲不怠」，就算幸運的了。

回歸自我的三個階段，不僅表現在名人身上，在凡夫俗子身上也是一樣的顯現。由於我做編輯工作，接觸了眾多的普通老齡人，他們的人生軌跡、思想歷程，竟然大都與這三個階段相吻合。

回歸本真，回歸自我，也是回歸大自然。大自然對人生的作用表現在：佳境幽趣可以解除塵世的煩惱，使心靈獲得平衡和慰藉。陶淵明不為五斗米折腰，回到大自然中獲得了生活的真趣。他在〈歸田園居〉等詩篇中，抒發了隱居後輕鬆、解脫的愉快心情：「久在樊籠裡，復得返自然」；「此中有真意，欲辨已忘言」。掙脫塵世的牢籠，回歸自然，所獲得的生活真趣不可言說。陶淵明的感受是真實可信的，不然他何以能寫出自然真淳的不朽詩篇。

柳宗元被貶官到永州後，也常以山水自娛，到處搜奇覽勝，發現許多人間幽處勝境，並寫成著名的〈永州八記〉。〈永州八記〉雖然時有憂鬱不平的憤慨，但那些佳麗山水仍能使作者獲得心靈的慰籍，因而他的遊記在激憤之中仍然呈現出平淡的風格。

現代人重返大自然，只要不是匆匆忙忙地看熱鬧，而是心與自然契合，就會引起共鳴，產生種種聯想。看江河奔流，高峰聳立，胸中就會升騰起崇高壯麗的感情；看禽鳥對語，花樹交生，就會忘卻塵世的欲念煩惱，進入一個絕俗的世界；融合人類歷史活動的人文景觀，更能使人俯仰古今，引起種種追思和遐想。這說明即使在今天，大自然對人們心靈的啟示作用也是不可忽視的。

盧梭在《徒步旅行》中說：「我從來沒有像在獨自徒步旅行中那樣充分思想，充分存在，充分生活，充分展現自我。」「天氣晴朗時，步行在路上，周圍是秀麗的景色，前方是愜意的目的地：這就是我最喜歡的生活方式。」羅伯特·路易斯·史蒂文森（Robert Louis Stevenson）也寫了一篇

〈徒步旅行〉，暢談旅行的樂趣之後，感嘆世人只一刻不停地忙於做事，忙於寫作，忘記了生活本身。這幾位外國人都認為遊覽風光景物，考察世俗風情，對於人們的心智是非常有益的。我們能和大自然建立起親密和諧的關係，我們的生活將更美好，我們的心智將獲得更加全面的發展。回歸大自然，就是回歸自我，回歸本真。

## 識迷則醒，放懷則寬 —— 保持平靜豁達的心境

**【原文】**

從極迷處識迷，則到處醒；將難放懷一放，則萬境寬。

**【釋義】**

在極為令人迷惑的地方能識得這種迷惑，那麼在其他所有的地方都會有清醒的頭腦；能把最難放懷的事放在一邊，那麼心境永遠會平靜豁達。

有句古話說的好：「心曠則萬種如瓦缶，心隘則一發似車輪。」意思是說，一個心胸豁達的人，即使是一萬種的豐厚俸祿也會看成像瓦罐那樣沒有價值；一個心胸狹隘的人，即使是如髮絲一般細小的利益也會被看成像車輪那麼大。

先看這樣一個故事：

三伏天，禪院的草地枯黃了一大片。

「快撒點草種子吧！」小和尚說。

「等天涼了。隨時！」師父揮揮手說。

中秋時，師父買了一包草籽，叫小和尚去播種。秋風起，草籽邊撒、邊飄。

「不好了，好多種子都被吹飛了。」小和尚喊。

「沒關係，吹走的多半是空的，撒下去也發不了芽。隨性！」師父說。

撒完種子，跟著就飛來幾隻小鳥啄食。

「不好了，種子都被鳥吃了。」小和尚急得跳腳。

「沒關係。種子多，吃不完。隨遇！」師父說。

半夜一陣驟雨，小和尚早晨衝進禪房：「師父，這下真完了，好多草籽被雨沖走了。」

「沖到哪裡，就在哪裡發芽。隨緣！」師父說。

一個星期過去了。原本光禿的地面，居然長出許多青翠的草苗。一些原來沒播種的角落，也泛出了綠意。小和尚高興得直拍手。師父點頭：「隨喜！」

這個故事告訴我們，幸福的人只記得一生中滿足之處，不幸的人只記得相反的內容。只有心境豁達才能感受到幸福。

一般認為，豁達是一種人生的態度，但從更深的層次看，豁達卻是一種待人處事的思維方式。

我有一位朋友，他的性情並不很開朗奔放，但他對待事情幾乎從不見有焦躁緊張的時候。這並不是他好運亨通。細細觀察體會，我發覺他有一些與眾不同的反應方式：比如他被小偷扒走了錢包，發現後嘆息一聲，轉身便會問起剛才遺失的身分證、工作證的補辦手續。一次，他去參加電視臺的知識大賽，闖過預賽、初賽，進入複賽，正洋洋得意，不料，卻收到了複賽被淘汰的通知書。他發了幾句牢騷後，卻興致勃勃又拜師學起橋牌來。這些都反映出他的一種很本能很根本的思維方式，那就是認清事實。事實一旦來臨，不管它多麼有悖於心願，但這畢竟是事實。大部分人的心理會在此時產生波動抗拒，但豁達者，他的興奮點會迅速地繞過這種無益的心理衝突區域，馬上轉到下邊該做什麼的思路上去了。事後，也的確會發現，已發生的不可再改變，不如做些彌補的事情後立刻轉向，而不讓這些事在情緒的波紋中擴大它的陰影。這堪稱是一種最大的心理力量。

人有意氣，才能有豁達的胸襟。「唯江上之清風，與山間之明月，耳得之而為聲，目遇之而成色」，蘇東坡有意氣，雖遭官場與文場一齊潑來的汙水，但他仍意氣風發，「侶魚蝦而友麋鹿」，心胸豁達可見一斑。「安能摧眉折腰事權貴，使我不得開心顏」，遭人誹謗的李白，被玄宗賜金放還，雖有昭昭若明星之德，日月齊輝之才，終化為泡影，但他仍意氣風發，「舉杯邀明月，對影成三人」，酒入愁腸三分釀成月亮，七分化為劍氣，秀口一吐便是半個盛唐。若無意氣，他怎會有如此豁達的胸襟？

觀察分析一個心胸豁達的人，你往往會發現，他的思維習慣中有一種自嘲的傾向。這種傾向，有時會顯於外表，表現為以幽默的方式擺脫困境。自嘲是一種重要的思維方式。每個人都有許多無法避免的缺陷，這是一種必然。不夠豁達的人，往往拒絕承認這種必然。為了滿足這種心理，他們總是緊張地抵禦著任何會使這些缺陷暴露出來的外來衝擊。久之，心理便成為脆弱的了。一個擁有自嘲能力的人，卻可以免於此患。他能主動察覺自己的弱點，他沒有必要去盡力掩飾。從根本上來說，一個尷尬的局面之所以形成，只是因為它使你感到尷尬。要擺脫尷尬，走出困境，正面的迴避需要極大的努力，但自嘲卻為豁達者提供了一條逃遁出去的輕而易舉的途徑 —— 那些包圍我的，本來就不是我的敵人。於是，尷尬或困境，就在概念上被取消了。

人生自古逆境多於順境、磨難多於享受，感覺幸福的人並非一生順利美滿，而是已經學會豁達地看待逆境與磨難，永遠只留快樂與滿足在記憶裡。

## 書能下酒，雲可贈人——保持樂觀處世的好心態

**【原文】**

佳思忽來，書能下酒；俠情一往，雲可贈人。

**【釋義】**

美好的情思突然來時，無須佳餚，有書便能佐酒；不羈的情意一發，即使手中無物，亦可以雲贈人。

讓得有一位智者說過：「生性樂觀的人，懂得在逆境中找到光明；生性悲觀的人，卻常因愚蠢的嘆氣，而把光明給吹熄了。當你懂得生活的樂趣，就能享受生命帶來的喜悅。」他還告訴我們，「煩惱重的人，芝麻小事都會困住他；想解脫的人，天大的事情都束縛不了他。」

生性的樂觀和悲觀，其實主要還是自己的心態問題。就好像兩種性格的人走進同一片森林，悲觀的人可能會說這裡蚊子太多，吵哄哄的，影響了他欣賞花草的雅興；而樂觀的人可能會說這裡除了美麗的花草，還有蚊子在唱歌，真是太美妙了。如果兩個人再走出這森林，悲觀的人可能又會說無聊、煩悶和壓抑之類的話了；而樂觀的人就會覺得四周一片明亮，自己的內心世界豁然開朗。所以在同一環境下的兩種不同心態的人，他們對事物的看法是不同的。

人活在這個世界上，不管是花草、是陽光、還是自己周圍的人或事物，大家和平相處，互相共進退，這個世界還有什麼不是美好的呢？當自己遇到困難挫折，只要不往死裡鑽牛角尖，再大的問題都是會解決的，悲嘆是沒用的。保持一種樂觀的心態，如果一種方法行不同，那麼換一種方式，換一個心情，說不定會在另一局面上能讓你有更大的驚喜，更大的成功。

有一個大家熟知的故事：一個漂亮的女孩，天天在為買不到一雙漂亮的鞋而苦惱。有一天，她發現一個無腳的、長得和她一樣漂亮的女孩在地上吃力地爬行，突然感到自己能有一雙健全的腳太幸福了！這個小女孩前後截然不同的表現，實際上就是兩種不同的心態：前一種是悲觀的、消極的，後一種則是樂觀的、積極的。

二十年前，一個朋友問我：「一個裝了半瓶水的瓶子，你會怎麼來形容呢？」我當時沒想到朋友是在讓我做一道性格測試題。我的回答是：「還有半瓶沒有滿呢。」結果朋友說：「你是個悲觀主義者。樂觀主義者會說，還擁有半瓶水了。」

那時我確實是一個悲觀主義者，由於家庭貧困等原因，我對生活失去信心，做事也無精打采。後來，生活的坎坷與磨礪教會了我許多道理，讓我懂得了生命的意義和生存的價值，更讓我學會了樂觀處世，善意待人。

怎樣樂觀處世，我們可以聽聽某教授的一堂課：有一節課堂上，教授從講義夾中取出一張白紙，問大家：「這張紙有幾種命運？」學生們一時愣住了，沒想到教授居然會問這麼奇怪的問題，一時沒有人回答。教授把紙扔到地上，又當著大家的面在紙上踩了幾腳，紙上立刻就沾滿了灰垢，教授又問：「這張紙有幾種命運？」「這張紙現在變成廢紙了。」有學生皺著眉頭說。教授不置可否，彎腰撿起那張紙，把它撕成兩半後又扔在地上，再問一遍同樣的問題。學生們都被教授的舉動弄糊塗了，不知道他到底要說什麼。先前那個學生答道：「它還是一張廢紙。」教授不動聲色地撿起撕成兩半的紙，很快在上面畫了一幅人物素描，還配了一首詩，而剛才踩下的腳印恰到好處地變成了少女裙襬上美麗的紋路。

這時教授舉起畫問：「現在請回答，這張紙的命運是什麼？」學生們一下子明白了教授的意思，乾脆俐落地回答說：「您賦予這張廢紙希望，使它有了價值。」教授臉上露出笑容：「大家都看見了吧，一張不起眼的白紙，以消極的態度對待它，它就一文不值；以積極的態度對待它，給它一些希望和力量，白紙就會起死回生。一張白紙是這樣，一個人也是這樣啊。」

一張白紙可以被當做廢紙扔在地上，被踩來踩去，也可以作畫寫字，更可以折成紙飛機，飛得很高很高，使人仰望。一張紙片尚且有多種命運，更何況人呢？命運如紙，只要保持一種樂觀的心態，無論它怎樣變化，遭受怎樣的挫折與磨難，它依然是有價值的。

很久以前看過一幅漫畫，兩個小孩背靠背站在草地上，男孩腳下一個足球，女孩身邊一把鐵鍬。他倆都望著正在下雨的天空，男孩哭了，女孩笑了。人生也是如此，同樣是進退留轉，對心態好的人來說是一種責任，是一股動力；而對心態差的人來說，掌握不好，則會給心理、身體、家庭和事業帶來負面影響。

多年前，美國人就做過一次試驗，把 40 多位性格差異很大的人分成三類，一類是平和知足型，一類是開朗活潑型，一類是急躁易怒型。過了 30 年後再追蹤了解這些人，發現最後一類人患癌症、心臟病和精神錯亂的占了近八成，而前兩類患這些病的機率很少。

用樂觀的眼光看世界，世界是無限美好的，充滿希望的，我們生活就充滿陽光。樂觀的心態能把壞的事情變好，悲觀的心態卻把好的事情變壞。說消極話（發牢騷的）的人，第一個受害者是他自己。消極的東西像水果上發爛的部位，當有一處腐爛，它會迅速將好的水果感染壞。要想阻止繼續消極，就必須將已經壞的部分清除掉。

在人生的路上，保持樂觀的心態非常重要。只有健康的心理才能避免讓自己陷入困境，才能避免生理和心理上的疾病。

很多時候，我們不能選擇生活的境遇，但我們卻可以選擇堅強而自尊的態度；我們不能選擇生活給予我們什麼，但我們卻可以選擇積極而樂觀地回報生活什麼。這如同織毛衣，很累，最後竟成為一件傑作。這便是活著的真實，織不完的結，這也是樂趣。

## 伯牙絕弦，卞和泣玉 —— 理解並享受孤獨

【原文】

至音不合眾聽，故伯牙絕弦；至寶不同眾好，故卞和泣玉。

【釋義】

格調太高的音樂很難讓眾人接受，所以伯牙在鍾子期死後便不再彈琴；最為珍貴的寶物很難讓眾人賞識，因此卞和才會抱著璞玉在荊山之下哭泣。

人的孤獨，是生命中一種重要的體驗。而在孤獨的時候，可以看出一個人的品味。

人在孤獨的時候，才能與自己的靈魂相遇，比如世界三大宗教的創立，都是在孤獨狀態下形成的。也就是說，孤獨是精神創造的必要條件。從心理學的觀點看來，人的獨處，是為了進行內在的整合。孤獨也是一種愛，愛與孤獨是人生中最美麗的曲子，兩者缺一不可，無愛的心靈不會孤獨，未曾體會過孤獨的人也不可能懂得愛。

由於懷著愛的希望，孤獨才是可以忍受的，甚至甜蜜的。

人的孤獨，就是看到了美麗的風景，或者領悟到了內在的快樂，無處訴說，無人分享。

當人孤獨的時候，如何確定自己，處置自己，成為人群社會一個很要緊很要緊的問題。美國作家亨利．大衛．梭羅（Henry David Thoreau）是孤獨的，但也是幸福的。正如他《湖濱散記》（*Walden*）中所描繪的那樣，

十分簡單，十分安靜。他說，如果世人都自己親手造他們自己住的房子，又簡單地踏實地用食物養活了自己和一家人，那麼其才能一定會在全球發揚光大，就像那些飛禽，牠們在這樣做的時候，歌聲唱遍了全球。在經濟和金錢上，他認為，只要有起碼的生活必需品就足夠了。他有一個最重要的基本信念，就是我們通常為了生活得更加舒適、豐富而努力爭取的東西，在他看來，大部分是不值得的。大部分的奢侈品，大部分的所謂生活的舒適，非但沒有必要，而且對人類進步大有妨礙。在梭羅看來，人們的生活在瑣碎之中消耗掉了，卻並沒有得到真正的幸福，甚至忘掉了生活真正目的。他顯得有些極端地認為，一個老實的人除十指之外，便用不著更大的數字了。不必一日三餐，如果必要，一頓也夠了。

我閱讀梭羅，似乎悟到了孤獨的真正內涵：

一是，一個人怎麼看待自己，決定了此人的命運，指向了他的歸宿。二是，你無論到哪裡都能生活，哪裡的風景都能相應地為我而發光。三是，最高貴的心靈，最能知足自滿。

多數人都害怕孤獨，在一個人的時候總想要找個人陪，或者用種種娛樂活動填滿獨處的時間。相反，幾乎所有偉大的人都熱愛孤獨，他們無數次著文詠詩讚美獨處的美妙。

那麼，孤獨有什麼好處呢？第一個好處是讓人清醒，更加真切地感受到生活之美。我們一般人常常是靠著一種習慣在生活，到點起床、上班、下班、朋友聚會、看電視……這種毫無特色可言的生活方式其實埋藏著一種惰性。不妨給自己一些獨處的時間，甚至不要看書和看電視，感悟你生活中的美。所謂美，就是在不和諧中感覺到和諧，又從和諧中感覺到不和諧。你感受的美越多，你的快樂就越多……第二個好處是讓人寧靜，洗滌心思。喧鬧是一種快樂，寧靜是另一種快樂。寧靜和平的心境猶如一股清泉，能洗滌萬丈紅塵給我們帶來的種種不潔。第三個好處是有利於思考，使心有所悟，人因悟而開心。思考者多喜歡孤獨，因為這種狀態下，人的心境和思想都自由，放得開，也收得攏。不用顧慮旁人的看法和言論，在這種時候往往會心有所悟。那是一種難以言傳的喜悅。

最重要的是，孤獨並不是空虛、寂寞，無所事事。孤獨的妙處在於，傾聽自己的心聲，並認真感覺和體會在自己的生命裡，靈魂流動的韻律與詩意。

「古來聖賢皆寂寞」，寂寞也應該是孤獨。「寂寞開無主」，因無人共鳴，梅的孤獨也如聖賢一樣，那樣的飄渺。而傅雷的孤獨是真實的，因為他是父親，他是一位將教育孩子和民族發展連在一起的父親。所以他想兒子，就會孤獨，而且直至離世，他對兒子的思念仍然沒有停止，直將這深沉的思念傳遞到讀者心中。所以我就那樣想像著這位博學的老人靜靜的躺在那裡，眼睛當然是閉上了，但是心還在跳動，如江河川流不止般的不能止息，因為，這種孤獨已經因為天下人皆能心會而永恆。所以，真實的孤獨必然永恆。

名人所以成為名人，是以心靈的孤獨為代價的，這種孤獨因為擁有常人難以企及的境界，成為常人眼中那一輪高遠的明月。

# 第十一章
# 無事便思有閒雜念頭否 —— 悟修身養性

修身養性指的是培養性格，涵養性情。用現在的話來說，就是鍛鍊增強心理承受能力和心理調節能力，任何一個人只有具有良好的個人修養，才會被人們所尊重。無論什麼時候，修身養性都是人生的重要課題，需要給予足夠的重視。當然，個人修養的內容並不是一成不變的，它隨著社會的發展及人生實踐活動的深入也會變得更加豐富多彩。

## 無事有事，時時檢點 —— 時刻加強自身修養

**【原文】**

無事便思有閒雜念頭否？有事便思有粗浮意氣否？得意便思有驕矜辭色否？失意便思有怨望情懷否？時時檢點得到：從多入少，從有入無，才是學問的真消息。

**【釋義】**

沒事的時候就想一想有沒有閒雜的念頭？有事的時候就想一想有沒有急躁的思想？得意的時候就想一想有沒有驕傲的表現？失意的時候就想一想有沒有怨恨的情緒？時時刻刻認真檢查：讓這些不良心理和表現由多到少，從有到無，這才是學問的真正內容。

這句話的言外之意是說，人在無事的時候，容易胡思亂想，在忙碌的時候，又容易粗率急躁，在得意的時候，容易驕傲自滿，而在失意的時候，又容易怨天尤人，或灰心喪氣，這些都是修養功夫不足的表現。

所以我們要時刻加強自身的修養。

古人常常談論「修身養性」。「修身養性」指的是培養性格，涵養性情。如今較為普遍的情形是，人們無論是對自己還是培養孩子，更為注重的是知識的汲取，而對性格的培養關心不夠。從某種意義上說，人一生的道路順利與否，能達到多高的人生目標，性格、性情和脾氣甚至比掌握知識的多少有更大的影響。應該說，無論什麼時候，「修身養性」都是人生的重要課題，需要給予足夠的重視。

在古人心目中，修身養性要達到的境界主要表現在兩個方面，一是遇事沉著冷靜，頭腦清醒；二是與人相處寬容大度，有禮有節，能達到這種境界的人歷來很受推崇。例如：南北朝文學家劉義慶編著的《世說新語》，記述品評士大夫的言行，說到謝安時，選擇了兩則著名的故事。一

次，謝安與人下棋，他的侄兒謝玄領軍在淝水前線與敵人激戰，捷報送到謝安手中，他看後沉默不語，接著下棋。人們急切地詢問前線的消息，他說了句「小兒輩大破賊」，神色舉止，不異於常。另一次，他與友人泛遊海上，突然風起浪湧，眾人一陣慌亂，喊叫著要回去，而他神情怡然，仍在吟詩。後來風浪更大了，人們亂成一團，謝安面不改色，說：「該回去了吧？」他控制情緒的能力，令人吃驚。人們看重這種性格，當然不僅僅因為它與眾不同，而是因為在複雜多變的社會活動中，需要臨亂不驚的人。沉著才善於應變，這種人在社會活動中的凝聚力和組織作用是超出一般人的。

這種涵養還表現在對人的態度上。《世說新語》中有這樣一個故事：郗超一直與謝玄不和。當苻堅的軍隊打來，危及國家時，朝廷打算派謝玄出征，有不少人反對；而郗超極力舉薦謝玄，因為他了解謝玄，認為謝玄有能力和才幹擔此重任，能夠馬到成功，建立功勛。當時人們都讚賞郗超的遠見和大度，既嘆服他的「先覺」，「又重其不以愛憎匿善」。這種大度也與大局利益相關。

一個人，之所以要修身，是為了要健全自己；自己健全了，對於家庭、社會、朋友、事業，都有幫助。我們要如何修身呢？有四點意見：

第一、居家要儉：一個人如果貪慕榮華，只圖享樂，必然助長惡行，有時更因此而招致家敗身喪。如李商隱說：「歷覽前賢國與家，成由勤儉敗由奢」。節儉並不是慳吝、一毛不拔，而是食不求精，衣不求美，飽暖則足。司馬光說：「由奢入儉難，由儉入奢易」，養成了奢華無度的習慣，再富有的家庭終必淪為貧乏；反之，如果能謹身節用，一粥一飯不奢靡浪費，自必因此而有所積蓄，甚至轉貧為富，所以居家要儉。

第二、創業要勤：這是一個物競天擇的社會，「適者生存」是必然的定律。一個人要想成功立業，不是靠家人的聲望，也不是取決於出身的高低，而是要看自己的勤勞與努力。一個出身貧窮的人，只要能勤勞，必能轉窮為富，如：香港首富李嘉誠、日本汽車王國豐田佐吉，不都是以勤勞的汗水，創造出成功之路的嗎？所以勤勞是創業之道。

第三、待人要謙：人際間的相處，有一個重要的祕訣，那就是謙虛。一個人的學識再好，如果高傲不知謙虛，難受主管的青睞；一個人的容貌再美，如果自負不知含蓄，難受他人的讚美；一個人的能力再強，如果不懂得忍讓，難得他人的友誼。曾國藩說：「謙，則不招人忌；恭，則不招人侮。」所以「謙」是待人之道。

第四、處事要和：瞋怒，不但有害人體的健康，還常使小過變成大過、有理變成無理，甚至做出不當的抉擇，因此在待人處事上，要能心平氣和。心平氣和能讓頭腦冷靜，心平氣和才不失方寸，心平氣和才能制剛躁之氣。所以，「和」是處事之道。

曾國藩在事功建立的過程中，非常注重完善自己的人格的修練，同時以人格的修練的完善來促進事功的建立。曾國藩的修身有五字：誠、敬、靜、謹、恆。誠，即誠實，誠懇。為人表裡如一，自己的一切都可以公之於世。敬，就是人要有畏懼，人不能無法無天。表現在內心就是不存邪念，表現在外就是端莊嚴肅有威儀。靜，是指人的心、氣、神、體都要處於安寧放鬆的狀態。謹，指的就是言語上的謹慎，不說大話、假話、空話，實實在在，有一是一有二是二。恆，是指生活有規律，飲食有節，起居有常。這五個字的最高境界是「慎獨」，就是人應該謹慎地對待自己的獨處，也就是指在沒有任何人監督的情況下，都要按照聖人的標準，按照最高準則來對待。

## 山虛而受，水實而流 —— 善於學習別人以提高自己

**【原文】**

山以虛而受，水以實而流。讀書當作如是觀。

**【釋義】**

山因為中有空谷而能容人，水因為實體才可以流動。讀書的道理也與此相似。

無論是誰，都有優點和長處，也有缺點和短處，只有虛心向別人學習，做到取人之長補己之短，我們才會有所進步。古有「三人行必有我師」的名言，儘管不是所有人都能做老師，但每個人身上都有值得學習的地方，因此我們應謙虛地向他人學習。

怎樣有效地向他人學習呢？生活中常聽到很多「大話」或「埋怨」，有人目空一切，有人瞧不起別人。我覺得，這是個學習心態的問題，主要是不虛心。有些人還沒有跨進門檻就說裡面沒有東西，沒什麼可學，實際上他自己已把自己拒之門外。

有一則小故事是這樣的：

有個太太多年來不斷抱怨對面鄰居的太太很懶惰：「那個女人的衣服，永遠洗不乾淨，看，她晾在院子裡的衣服，總是有斑點。我真的不知道，她怎麼會洗衣服都洗成那個樣子……」直到有一天，有個明察秋毫的朋友到她家，才發現不是對面的太太衣服洗不乾淨。細心的朋友拿了一塊抹布，把這個太太家窗戶上的汙漬抹掉，說：「你看，現在不就乾淨了嗎？」

原來，是自己家裡的窗戶髒了。

每一個人都曾經遇過不少憤世嫉俗的人，或者，你也有過一些看什麼都不順眼、永遠覺得命運對自己比較壞的朋友，但在傾聽他們的怨言之後，總會發現有句老話說得很妙：可憐之人，必有可恨之處。

## 山虛而受，水實而流—善於學習別人以提高自己

看到外面的問題，總比看到自己內在的問題容易些；而把錯誤歸咎給別人，也比檢討自己來得容易。於是，憤世嫉俗的人常從年輕憤怒到老，遇上有人過得比自己好，都想咬對方一口。斜視久了的眼睛看什麼都不順眼。

一個背向太陽的人，只會看見自己的陰影，連別人看你，也只會看見你臉上陰黑一片。人的眼睛彷彿傻瓜相機，最怕背光照相了 —— 你的臉龐再美，只要背著光，一定是件失敗的作品啊！

春秋時代的孔子是偉大的思想家、政治家、教育家，儒家學派的創始人。人們都尊奉他為聖人。然而孔子認為，無論什麼人，包括他自己，都不是生下來就有學問的。

一次，孔子去魯國國君的祖廟參加祭祖典禮，他不時向人詢問，差不多每件事都問到了。有人在背後嘲笑他，說他不懂禮儀，什麼都要問。孔子聽到這些議論後說：「對於不懂的事，問個明白，這正是我要求知禮的表現啊。」

那時，衛國有個大夫叫孔圉，虛心好學，為人正直。當時社會有個習慣，在最高統治者或其他有地位的人死後，給他另起一個稱號，叫謚號。按照這個習俗，孔圉死後，授於他的謚號為「文」，所以後來人們又稱他為孔文子。

孔子的學生子貢有些不服氣，他認為孔圉也有不足的地方，於是就去問孔子：「老師，孔文子憑什麼可以被稱為『文』呢？」

孔子回答：「敏而好學，不恥下問，是以謂之『文』也。」意思是說孔圉聰敏又勤學，不以向職位比自己低、學問比自己差的人求學為恥辱，所以可以用「文」字作為他的謚號。

歷史告訴我們，凡是對人類有傑出貢獻的人，都是善於學習的人。一

個善於學習的民族，國家才有希望。

因此，我們需要不斷地學習，向書本學習，向別人學習，向一切好的進步的學習。

學習需要虛心，更需要實際行動。說到這裡，我不禁想起兒時大人們講的一個故事：古時候，一個村的閒漢們譏笑一位農夫起早摸黑地工作，譏諷他不知道享受生活。到了秋收的時候，這位農夫家裡稻穀滿倉，很殷實，而那些閒漢們卻吃了上頓沒下頓，反而要農夫接濟他們。這個故事告訴我們，學習不是空談，行動起來才能有收穫。

俗話說，尺有所短，寸有所長，如果我們能客觀地看別人與自己，就會發現自己的不足和別人的優點，就會吸取別人成功的經驗，從而不斷地完善自己。

## 惡鄰損友，自持兩得 —— 善於掌握住自己

**【原文】**

居不必無惡鄰，會不必無損友，唯在自持者兩得之。

**【釋義】**

住處不必一定沒有不好的鄰居，聚會不必一定沒有不好的朋友，只要善於掌握自己，就能讓雙方各有所得。

如果要求自己居住的地方和交往的朋友都是品行好的人，往往是不切實際的。善與惡本來就是相比較而存在的。孔子說：「見賢思齊焉，見不賢而內自省焉。」意思是說見到好人要想到向對方看齊，見到不好的人要想著自己有沒有對方身上的缺點。也就是說，只要自己能掌握住自己，那麼「惡鄰」、「損友」不但妨害不了自己，反而會為自己的進步提供反面的鏡子。另一方面，不好的鄰居或朋友也能在好鄰居、好朋友的示範和帶

動下有所進步。

人活著，確實得掌握住自己，能不為外界的時髦和流行所左右，保持平常平靜平穩的心態，堅定地走下去。但說說容易做起來難。我有一個在高中任教的朋友，在前些年一片「跳槽」聲裡，經不住誘惑，也稀里糊塗地「跳槽」，公開應徵到一家新聞單位，雖說待遇高了，但有些大材小用，再加上不善於處人處世，與主管、同事關係緊張，覺得還是做學問合適，經過努力考到了一所大學攻讀博士。這位朋友放棄教書，沒有充分地掌握自己，經歷了人生道路上的一段曲折與迷惘，後來迷途知返，重新掌握住了自我，獲得了成功。

掌握自己首先得明白掌握住一個什麼樣的自己。人有時生活得很盲目、很浮躁，只知道這個社會競爭很激烈，需要去奮鬥、去搏擊，但面對光怪陸離的誘惑，往往會身不由己地隨波逐流，變得「我已然不再是我」。生活把我們每個人都捲進了生存競爭的大潮，只是有些人站在浪尖上領導時代新潮流，有些人則是被潮水推著不得不走，也有的乾脆逆流而上。大道多歧，哪一條是對的，全靠自己掌握。有些人選對了路，有些人卻終生走不出命運的「迷宮」。而生活隨時隨地都有可能把你推向這樣或那樣令人困惑、徬徨、猶豫的十字路口，要你迅速做出非此即彼的選擇。這種時候，僅有熱情是不夠的，我們必須經常地自省、審視自己。

我由此想到兒時玩陀螺的情景，要陀螺轉得快就得不停地抽打它。人也是這樣，要想掌握住自己，也得「狠抽」自己。其實，生活中每個人都挨過「打」，而且打得越痛記憶越深。而在許多時候，那種痛楚與苦澀是無法說出的，它不是實實在在地打在身上，而是一次又一次地讓你體驗到冷落、失敗和不被理解的痛苦。在這種時候，就需要有種「跌倒了算什麼」的達觀，打起精神，努力奮鬥。

## 第十一章　無事便思有閒雜念頭否—悟修身養性

掌握住自己，對春風得意者來說不易，對屢受挫折者來說更難，而一個人要有所成就，就必須認準了路，往前走莫回頭。奮鬥是苦的，成功卻能為你帶來歡樂。關鍵是孤寂失意時，為自己鼓鼓掌；懈怠時，要無情地鞭策自己；迷惑時，需要掂量掂量自己；成功時，莫被鮮花和榮譽沖昏了頭腦……

學會掌握自己，就是要學會控制自己的思想，總結自己的思想，以達到使自己思想不斷進步，不斷完善，不斷獨立的過程，試想一下一個連主觀意識都沒有的人如何成就事業，如何創造未來？他只會跪拜在勝利者的膝下，卻還被愚昧牽制著喉嚨，高喊著：「戰勝者和降伏者只有一步之遙，而我就在勝利的彼岸！」但社會是現實的，是會鑑別黃金和沙子的，要形成自己獨立的想法，不模仿任何人，自己就是自己！

掌握自己，不僅要在誘惑重重的塵世裡不為名利所動，更要在稍縱即逝的機遇面前從容面對，勇敢抓住，從而不使歲月虛度，人生蒼白。

愛因斯坦的老師，沒有給他上學的機會，而他自己掌握住機會，靠自學，最終走上探索科學的道路，成為舉世矚目的科學家；貝多芬失聰的耳朵沒有給他創作音樂的機會，但他不放棄嘗試，靠牙齒咬著木棒，創做出多少優美動聽的音樂樂曲，被人們永世傳唱；司馬遷的時代沒有給他著作的機會，可是他靠自己掌握住的機會，花費了半生的時間，寫下了流芳百世的《史記》。綜觀這些成功的人士，他們都是靠自己的掌握，抓住了機會，從而獲得成功。

這讓我想起了毛遂自薦的故事。在春秋戰國時期，毛遂在平原君的門下三年，一直沒有被人重視，當平原君急需人才的時候，毛遂掌握住這次機會，勇於自薦。在與平原君交談時，他表現出傑出的才能，受到了平原君的賞識，終成為一名大將。毛遂的自薦，更讓我們深刻感受到自我掌握機會的重要。

現在的社會，競爭十分激烈，如果你終日守株待兔，等待機會的來臨，往往一無所獲。我們只有靠自己去努力，在激烈競爭中掌握住機會，用自己的勤奮汗水，去澆灌「機會」這一種子，讓它發芽、抽枝、長大……

機會如同漫天飛舞的雪花，很多，但是很微小，並且很快就會融化、消失。當雪花落在別人身上時，不要羨慕，不要嫉妒，你的機會要靠自己來掌握，並且牢牢掌握。

據說，曾經在上帝的審判室中，有一靈魂得以召見。「你真應該下地獄！」上帝對他說。這人卻喊道：「你不能送我下地獄。」上帝想了一會兒，又說：「你真應該上天堂！」「你也不能送我上天堂！」「為什麼？」上帝面帶慍色。「因為你根本只是一個愚昧無知的東西，只會每天找出虛構的藉口來遮掩自己的本質，上天堂，下地獄，都是我自己的事，我就是自己的上帝！」

## 造謗者忙，受謗者閒 —— 走自己的路

**【原文】**

造謗者甚忙，受謗者甚閒。

**【釋義】**

製造謠言的人很忙，受到中傷的人很閒。

為什麼製造謠言的人很忙而受到中傷的人很閒呢？因為，製造謠言的人處心積慮地要顛倒黑白，無中生有，用心必然很苦；在把謠言散布出去以後，因為怕被揭穿，內心必然很緊張。而受到誹謗的人知道這是假的，假的真不了，所以心情是坦蕩的。謠言止於智者，大家的眼睛是雪亮的，

真相終究會大白於天下，而那些造謠的人最後一定會搬起石頭砸自己的腳。

所以，真正的智者都不輕信謠言、流言，不為外界所左右、所迷惑，一心走自己的路。

從前，有一位成就非常傑出的畫家。一天，他突發奇想，想畫出一幅人人見了都喜歡的畫，畫完再拿到市場上去展出。他仿效著春秋時期秦相呂不韋修撰《呂氏春秋》時「一字千金」的做法，在畫旁放了一枝筆，附上說明：每一位觀賞者，如果認為此畫有欠佳欠妥之處，均可在畫上相應地方做上記號。

晚上，畫家取回了他的畫。令他不解的是，他發現整個畫面竟然被塗滿了記號 —— 事實上，沒有一筆一劃不被指責。畫家十分不快，對這一次嘗試深感失望。

在苦思冥想之後，畫家決定換另一種嘗試的方法。於是，他又畫了一張同樣的畫，然後依舊拿著它到市場上展出。不同的是，這一次，他要每位觀賞者指出的，不再是畫的欠佳不妥之處了，而是請求觀賞者在自認為最精彩的地方或自己最欣賞的妙筆標上記號。

當畫家再次取回他的畫時，他同樣感到十分不解 —— 原來，原先所有被否定指責過的地方，現在卻都換上了讚美的標記。

畫家後來不無感慨地說：我如今終於明白了一個奧妙，那就是：我們不管做什麼事，不可能讓所有的人都滿意。我們只管走自己的路，不要太顧及旁人的看法。

美國詩人華特．惠特曼（Walt Whitman）的詩集出版過程也證明了這個道理。

西元 1842 年 3 月，在百老匯的社會圖書館裡，著名作家愛默生的演講激動了年輕的惠特曼：「誰說我們美國沒有自己的詩篇呢？我們的詩人文豪就在這裡呢！……」這位身材高大的當代大文豪的一席慷慨激昂、振奮人心的講話使臺下的惠特曼激動不已，熱血在他的胸中沸騰，他渾身升騰起一股力量和無比堅定的信念，他要滲入各個領域、各個階層、各種生活方式。他要傾聽大地的、人民的、民族的心聲，去創作新的不同凡響的詩篇。

西元 1854 年，惠特曼的《草葉集》（*Leaves of Grass*）問世了。這本詩集熱情奔放，衝破了傳統格律的束縛，用新的形式表達了民主思想和對種族、民族和社會壓迫的強烈抗議。它對美國和歐洲詩歌的發展起了巨大的影響。

《草葉集》的出版使遠在康科德的愛默生激動不已。他給予這些詩以極高的評價，稱這些詩是「屬於美國的詩」，「是奇妙的」、「有著無法形容的魔力」，「有可怕的眼睛和水牛的精神。」

《草葉集》受到愛默生這樣很有聲譽的作家的褒揚，使得一些本來把它評價得一無是處的報刊馬上換了口氣，溫和了起來。但是惠特曼那創新的寫法，不押韻的格式，新穎的思想內容，並非那麼容易被大眾所接受，他的《草葉集》並未因愛默生的讚揚而暢銷。然而，惠特曼卻從中增添了信心和勇氣。西元 1855 年底，他印起了第二版，在這版中他又加進了二十首新詩。

西元 1860 年，當惠特曼決定印行第三版《草葉集》，並將補進些新作時，愛默生竭力勸阻惠特曼取消其中幾首刻畫「性」的詩歌，否則第三版將不會暢銷。惠特曼卻不以為然地對愛默生說：「那麼刪後還會是這麼好的書嗎？」愛默生反駁說：「我沒說『還』是本好書，我說刪了就是本好書！」執著的惠特曼仍是不肯讓步，他對愛默生表示：「在我靈魂深處，我的意念是不服從任何的束縛，而是走自己的路。《草葉集》是不會被刪改的，任由它自己繁榮和枯萎吧！」他又說：「世上最髒的書就是被刪減過的書，刪減意味著道歉、投降……」

第三版《草葉集》出版後獲得了巨大的成功。不久，它便跨越了國界，傳到英格蘭，傳到世界許多地方。

愛默生說過：「偏見常常扼殺很有希望的幼苗。」為了避免自己被「扼殺」，只要看準了，就要充滿自信，勇於堅持走自己的路。

## 看明世事，認得當下 —— 培養大度的襟懷

**【原文】**

看明世事透，自然不重功名；認得當下真，是以常尋樂地。

**【釋義】**

能將世事看得透澈，自然不會重視功名；只要即時明白什麼是最真實的，就要去尋讓心性感到怡悅的天地。

人生像一首詩，有甜美浪漫，也有嚴酷的現實；人生像一首歌，有高亢的歡愉，也有低旋的沉鬱；人生像五彩絢麗絢麗的舞臺；有眾星拱月的主角，也有默默無聞的配角。面對世事沉浮，想要「勝似閒庭信步」，就得有大度的襟懷。

你看那大度的人，他總是有著健康向上的思想和結實的軀體。他瀟灑、豁達、坦蕩、熱情、開朗，他絕不會被生活中瑣碎的小巧玲瓏事所困擾，他是一條江，一條河，滔滔滾滾，直奔向大海。

在大度的人面前，你不必為說錯一句話擔心受怕，也不必為做錯一件事而忐忑不安，因為他是個明智的人。他知道：人，包括他自己，是不可能沒有錯的。大度的人，聽到忠言逆耳會報以感謝，聽到讒言誹謗只會一笑了之而不發怒。

大度的人更有著驚人的免疫力。尖刻、勢利、貪婪、嫉妒幾乎與他無緣。他更不會文過飾非，乃至於暗箭傷人。他光明磊落，是個熱愛別人也為別人所熱愛的人。能戰勝千百次失敗後的沮喪、百折不撓、重新奮起是大度；不畏譏諷、中傷、打擊、陷害，義無反顧是大度；勇於承認別人的長處，善於發現和調整自我的短處是大度；能夠擺脫榮辱禍福的恩怨糾纏、成敗得失的是大度。大度是人活著的一種素養，是生存的藝術。通常人們交友，都會尋找那些大度直爽的人。

襟懷坦白、大度做人不僅是偉人、名人，普通人也一樣，要有一顆與人為善的心，人生的天地才會寬敞、明亮。

有一次，新朋舊友相聚，一桌子誘人的美味佳餚，當然免不了要喝上一杯。主人點了一瓶三千多元的養生酒，讓服務員給大家斟上。淡黃色的液體倒入透明的高腳杯，澄澈中透著淡淡的藥香。我這近視眼這時候偏偏眼尖，竟然發現酒杯裡有一根短小的頭髮，於是悄悄和服務員耳語，讓她倒掉。一行的朋友說我耍賴，酒還沒喝，就換上茶了。為了洗脫罪名，連忙把事情的真相說出來，服務員承認確有此事。當下把經理叫來，認定這頭髮不應該是酒裡面的，應該是酒具沒有清理乾淨遺漏下來的。

服務員是個高挑身材容貌俏麗的小女孩，這會淚光盈盈甚是可憐。同行的六位都動了惻隱之心，決定不追究了，揮手讓飯店經理撤離。看到諸位的大度，小女孩特別感動，連身稱謝。

按理說這酒完全可以讓商家買單賠付損失的，只是大家理解若是追究下去，必定要責怪小服務員，弄不好她薪水要賠償客人的損失。

其實我們都是遠離故鄉之人，我們應該同情這些小孩子，他們遠離了親人，來到了繁華的都市打拚，守得住一份勞苦，耐得住一份艱辛，已經很值得敬佩了。有多少正值青春的女孩子受不了這樣的甘苦，走上了出賣肉體的道路呢？所以靠勞動力吃飯、賺乾淨錢的女孩子一向讓我們敬佩。

希望朋友們在飯店裡對服務員能尊重一些，襟懷大度一點。雖然顧客是上帝，只是當你對他們大聲吆喝、頤指氣使的時候，多想一想他們工作的艱苦，想一想他們做人的尊嚴。

## 既善擔當，又能解脫 —— 學會拿得起放得下

【原文】

宇宙內事，要擔當又要善擺脫。不擔當，則無經世之偉業；不擺脫，則無出離之襟期。

【釋義】

宇宙內事，要擔當又要善擺脫。若是不能擔當，便無法改善世間的事業；如果不善解脫，則難有超世的胸懷。

愛迪生說過：「沒有放棄就沒有選擇，沒有選擇就沒有發展。」

如果你一味沉浸在過去的回憶裡，只是在浪費生命。選擇什麼樣的生活是你自己的權力，這是別人無法取代的。如果此時此地的生活並不快樂，也不成功，何不勇敢地嘗試改變，去另闢蹊徑呢？

有的人堅持著「矢志不渝」的思想，守著最初的道路不放。如果你堅信這條路是正確的，可以去堅持；如果從實際出發認為有偏頗，應該毫不猶豫地退回來，另走別的路。

一件事情未成功，不要因此輕視自己的能力，許多人之所以最後沒有成功，多半因為小看自己，或者是方向不對。其實，每個人都有很大的發展領域。這時你應該重新審視自己是否應該改弦更張。

例如：蒲松齡由於當時科舉制度不嚴謹，科場中賄賂盛行，舞弊成風，他四次考取舉人都落第了。最後他放棄了「科考」這條可以使自己走

上仕途的道路，而選擇了著書立說這條人生的道路。他立志要寫一部「孤憤之書」。後來，他終於寫成了一部文學巨著——《聊齋志異》，自己也成了萬古流芳的文學家。蒲松齡雖然科舉落第，與仕途無緣，但他找到了成就自己的另一個方向。在這條新開闢的道路上，他取得了成功，也為後人留下了寶貴的精神財富。像他這樣的例子在歷史上還有很多。

由此可見，人生並非只有一處輝煌，天涯處處有芳草，別處風景也許更加迷人。站在特定的時點，審時度勢，做出你的選擇，找到你的真正的生活目標。因此，你有時須從新的角度看待自己，重新找回自信心，你會發現自己有越來越多值得欣賞的地方。

法國哲學家、思想家蒙田（Michel de Montaigne）說過：「今天的放棄，正是為了明天的得到。」

所以，在這個世界上，有的人活得輕鬆，而有的人活得沉重。前者是因為拿得起，放得下；而後者是因為拿得起，卻放不下，所以沉重。

一個人在處世中，拿得起是一種勇氣，放得下是一種度量。對於人生道路上的鮮花、掌聲，有處世經驗的人大都能等閒視之，屢經風雨的人更有自知之明。但對於坎坷與泥濘，能以平常之心視之，就非常不容易。大的挫折與大的災難，能不為之所動，能坦然承受，則是一種胸襟和肚量。

生活有時會逼迫你，不得不交出權力，不得不放走機遇，甚至不得不拋棄愛情。你不可能什麼都得到，所以，在生活中應該學會放棄。苦苦地挽留夕陽的，是傻子；久久地感傷春光的，是蠢人。什麼也不願放棄的人，常會失去更珍貴的東西。

做大事業者不會計較一時的得失，他們都知道放棄，放棄些什麼，如何放棄。放棄，你就可以輕裝前進。放棄，你就可以擺脫煩惱和糾纏，使整個身心沉浸在輕鬆悠閒的寧靜之中。放棄還會改善你的形象，使你顯得

豁達豪爽；放棄會使你贏得眾人的信賴；放棄會使你變得更加精明，更加能幹，更有力量。

拿得起，實為可貴；放得下，才是人生處世之真諦。

西漢末年，曹操曾率軍在官渡這個地方與兵力數倍於己的袁紹隔河相峙，終以少勝多，大敗袁紹。曹軍從袁紹處繳獲得大批文件中，就有一大箱曹操的部下與袁紹暗中來往的信件。按說這些人曹操完全可以以通敵罪懲治的，然而，曹操卻說：「當時袁軍兵多將廣，聲勢浩大，而我軍勢力微弱，基礎不穩，怎能給人以必勝的信心呢？這種敵強我弱、勝敗未分的時候，連我自己都不敢確定能否保全性命，何況各位將領呢？」他連一封信都沒有動，隨即就命人把信件全部燒了。

其實，在曹操之前，劉秀也曾上演過這樣的一幕以表現個人襟懷。當初，劉秀率義軍與兵強將勇的王郎爭奪天下，王郎曾以十萬戶侯的價格來懸賞劉秀的人頭。然而，劉秀最後竟以弱勝強，滅了王郎。劉秀的士兵從王郎的府邸搜出大批文件，其中竟然發現了許多其部下將領與王郎交往的密信。劉秀連看都沒看一眼就下令焚燒了，並對眾人說：「不要讓這些信件使我們內部發生隔閡，人心都是肉長的，我知道當初寫信的人並不是真心想背叛我，只不過是給自己留條後路而已。我只希望以後我們上下一心治理好天下！」

曹操和劉秀，可以說都是深諳「放下」之聰明的人，這也是所有能夠成就大事之人的共同特點。一個人的能力再大，也是會受到時間和環境限制的，假如把一個人比喻成一輛車的話，那麼，載著你的理想前進，應該說是不成問題的，可是，你偏偏把你遇上的每一件自己喜歡的東西都裝到車上，超載將減慢車速且不說，說不定哪一天就把車壓壞了。柳宗元曾經描寫了一種動物叫做蝜蝂，天性貪婪，「善負」又兼「好上高」，路上碰到東西就撿來背上，越積越沉，偏偏又愛攀高，累得半死，猶不放棄，終墜地而死。

也許，有人會說我們只不過是一個個平凡之人，哪能與人家名人相比呢？其實不然，我們既然都是平凡之人，那麼，我們卻為什麼不願擁有一顆平常之心呢？

曾有王姓的兩兄弟，決心在此地開辦藥廠，得此天時地利，肯定日後能有發展。兄弟倆苦苦經營了十年，眼看藥廠有了起色，財源滾滾而來，然而，弟媳卻開始懷疑起了大伯多占了便宜，兄嫂也開始懷疑小叔子暗中多吞了錢財，不久，兩兄弟便鬧起，又是爭權，又是爭錢。一個好端端的藥廠，因為兩兄弟最後都把心思用到了鬧分家上，再也沒人來治理，而市場經濟是無情的，所以沒兩年便倒閉了。

真是可惜！假如兩兄弟都具有「放下」的聰明，相互信任，招攬人才，謀求大的發展，適時調整經營和治理模式，我想他們早就發展成了一個上等級上規模的大型製藥廠了。

由此故事可以得出：不管你是一個平凡之人，還是一個追求偉大的人，只要你有一顆能夠「放下」的心，你就能成為人間的卓越者、成功者。

## 忍人不忍，為人不為 —— 學會忍辱負重

**【原文】**

必能忍人不能忍之觸忤，斯能為人不能為之事功。

**【釋義】**

必須要忍耐別人不堪忍受的冒犯，才能做出別人做不到的事業。

人們常說，能屈能伸大丈夫，是說人在逆境中能忍受屈辱，在順境中能施展抱負。形容胸懷大志，能經受各種環境的考驗。縱觀古今歷史，但

凡有成就的人莫不如此。

西元 221 年，蜀主劉備不顧將軍趙雲等人的反對，出兵攻打東吳，以奪回被東吳襲奪的策略要地荊州，並為大意失荊州而被殺的關羽報仇。東吳孫權派人求和，劉備拒絕。於是孫權任命年僅 38 歲的陸遜為大都督，率領 5 萬兵馬前往迎敵。

次年初，劉備的軍隊水陸並進，直抵夷陵，在長江南岸六七百里的山地上，設置了幾十處兵營，聲勢十分浩大。陸遜見蜀軍士氣高漲，又占據有利地形，便堅守陣地，不與交鋒。當時，東吳的一支軍隊在夷道被蜀軍包圍，要求陸遜增援。陸遜不肯出兵，並對眾將說，夷道城池堅固，糧草充足，等我的計謀實現，那裡自然解圍。陸遜手下的將領見主將既不攻擊蜀軍，又不援救夷道，以為他膽小怕戰，都很氣憤。眾將領中有的是老將，有的是孫權的親戚，他們不願聽從陸遜的指揮。

於是，陸遜召集眾將議事，手按寶劍說：「劉備天下知名，連曹操都畏懼他。現在他帶兵來攻，是我們的勁敵。希望諸位將軍以大局為重，同心協力，共同消滅來犯敵人，上報國恩。我雖然是個書生，但主上拜我為大都督，統率軍隊，我當克盡職守。國家所以委屈諸位聽從我的調遣，就是因為我還有可取之處，能夠忍受委屈，負擔重任的緣故。軍令如山，違者要按軍法從事，大家切勿違反！」陸遜這一席話，把眾將領都鎮住了，從此，再也不敢不聽從他的命令了。

陸遜打定主意堅守不戰，時間長達七八個月。直到蜀軍疲憊不堪，他利用順風放火，取得了最後勝利。劉備倉皇逃歸且病故於白帝城。

陸遜的故事成就了「忍辱負重」這個成語的經久不衰。歷史上還有許多這樣的例子，比如眾所周知的范蠡和韓信：

范蠡蒙失妻之羞，將西施送到吳國，目的是渙散吳王夫差的鬥志，使其沉溺於聲色犬馬，荒於國事。越王勾踐在吳國為人質數年，臥薪嘗膽，用智慧騙取夫差的信任後被放回國。而後勵精圖治，奮發圖強，最終東山再起，打敗吳國。

韓信受胯下之辱，矢志不渝，刻苦磨練，悉心研讀兵法，後遇蕭何知遇之恩，輔佐劉邦成就霸業，因此而成為「連百萬之軍，戰必勝，攻必取」的大漢三傑之一。至於劉邦打下江山後誅殺功臣，那只是「敵國破，良臣亡」的帝王本性的大暴露。綜觀他的前半生和後半生，韓信既生逢於時，又生不逢時。

當然，不是說所有成就大業的人個個都曾忍辱負重，但需要忍辱負重時，一定要忍辱負重，因為事業上幾乎沒有一帆風順的捷徑。老子的「千里之行，始於足下」，荀子的「不積小流，無以成江海」，都表達了事情的成功是一點一滴累積起來的。它告訴人們，做事要腳踏實地，一步一腳印，切忌華而不實，貪大求全，這既是方法論，又是實踐論。至於忍辱負重，便是精神和意志的展現，這一點至關重要。如果把二者有機地結合在一起，便是事業成功的根本保證。

## 昨日之非，今日之事——學會每天更新自己

**【原文】**

昨日之非不可留，留之則根燼復萌，而塵情終累乎理趣；今日之事不可執，執之則渣滓未化，而理趣反轉為欲根。

**【釋義】**

以前的過失不能保留，保留下來就會重新生長，世俗的情慾終究會妨礙高尚的情懷；現在的事情不能執著，執著不變就會留下痕跡，高尚的情懷反過來轉變為情慾的根子。

# 第十一章　無事便思有閒雜念頭否—悟修身養性

「苟日新，日日新，又日新。」出自《大學》，意思是指一個人每天要使自己更新，一天天更新，新了又新。《論語·為政第二》中孔子也說過：「吾十有五而立志於學，三十而立，四十而不惑，五十而知天命，六十而耳順，七十而從心所欲，不踰矩。」這展現一個人隨著年齡的成長，經驗的累積，心理狀態和認知能力也應該不斷地得到成熟、提升和昇華。

現實生活中，許多人或許學習知識的能力並不差，但心理上的「自新」能力卻很是欠缺，沒有做到「苟日新、日日新、又日新」，所以很難與時俱進。因此，我們在現實生活中要不斷地清除心理的垃圾，保持心理的完好狀態和良好的社會適應狀態，才能成為一個真正「健康的人」。

有一次，我到一個朋友家去玩，在他臥室的天花板上，發現貼著幾個赫然醒目的大字：「今天，你進步了嗎？」而且問號寫得特別大。我這個朋友是一個非常進取的人，他告訴我，每天晚上睡覺的時候，躺在床上望著花板問自己這句話，是一種反省和檢討；每天早上起床睜開眼睛的時候，第一眼就看到這句話，是一種激勵和提醒。就是透過這種目標視覺化的方式每天將這句話輸入大腦潛意識，以要求不斷更新自己，不斷進步，無論學習、工作和生活。

我很欣賞這位朋友，事實上他也在用實際行動和成績來告訴我他每一天的變化。我本人是中文專業，儘管我從事的不是與電腦相關的工作，但對於電腦的一般知識還是了解的。我特別喜歡用電腦的一個「重新整理」的功能，也經常按鍵盤的「F5」鍵，我們都知道透過電腦的「重新整理」，可以得到新的數據。其實對於做人，我們何嘗不像電腦那樣經常去「重新整理」自己呢？

只有不斷地重新整理自己、知識、觀念，甚至是態度。只有不在無聊的忙碌中埋沒自己的人，才有時間來審視自己，讓自己獲得更多的精神財富。可以這樣說，現在是更新時代、遊戲在更新、知識在更新，科技在不斷地換用「新的版本」。而我們自己，更需要更新。勇於更新的人就像東升的太陽，每天都是新的，而每刻都有不同的變化。

王先生小時候胸有大志，酷愛讀書。他在讀中學時，為了爭取更多的時間讀書，特意把自己睡的木板床的一條腳鋸短半尺，成為三腳床。每天讀到深夜，疲勞時上床去睡一覺後迷糊中一翻身，床向短腳方向傾斜過去，他一下子被驚醒過來，便立刻下床，伏案夜讀。天天如此，從未間斷。結果他年年都取得優異的成績，被譽為班內的三傑之一。他由於少年時勤奮刻苦讀書，後來，終於成為傑出的經濟學家。

時間，是最能證明一切、最能改變社會、創造財富的資本。有人說過：「時間是世界上一切成就的土壤。時間給空想者痛苦，給創造者幸福。」

戴資穎是我們熟知的體育明星，她的名譽與輝煌，令千千萬萬的人們稱道，然而他那艱難的成長歷程又有幾人知曉？她超越了一個又一個對手，刷新了一個又一個新的記錄。其實，她真正超越的不是別人，而是她自己。她透過不懈的努力和奮鬥、不斷的刷新和進步譜寫了世界體育的輝煌，當然還有屬於她自己的人生輝煌。

我們每個人也許工作不一樣、年齡不一樣、環境不一樣、條件不一樣，我們也許不用和別人去比，但生活在競爭激烈的今天，最起碼你也要去不斷淘汰昨天的自己，不斷更新今天的自己。不是嗎？

# 第十二章
# 為善而急人知，善處即是惡根 —— 悟變通之術

你改變不了過去，但你可以改變現在；你不能預知明天，但你可以掌握今天；你改變不了環境，但你可以改變自己；你不能控制他人，但你可以掌握自己。讓生活多轉個彎，人生不必有那樣多的執著，既然前面的路行不通，那就走路邊的小徑吧！

## 內精外渾，好醜其平 —— 做人處事要「外圓內方」

**【原文】**

好醜心太明，則物不契；賢愚心太明，則人不親。須是內精明而外渾厚，使好醜兩得其平，賢愚共受其益，才是生成的德量。

**【釋義】**

美和醜的分別太清楚了，與外界的關係就難以融洽；賢和愚的標準太嚴格了，別人就難以親近。必須是內心精明而表面含蓄，使美和醜都感到公平，賢和愚都受到恩惠，那才是成熟的道德修養。

為人處事要做到「和諧圓滿」境界更不易。內方是自己的決斷和原則，這是自己決定的，因為每個人都有他自己的原則和底線；而外圓則是靈活多變的，是根據對方的反應來適時調整，因此必須對對方有個相當的了解，這時就需要充分運用換位思考，透過站在對方的立場上，從他人的利益和要求出發，進行合理的推理和猜測。因而這個換位思考的方式也就成為了能否達到成功的關鍵因素。因此，我們要發揮智慧的力量，在交往中學會掌握自己的情感，駕馭自己的意志，以開闊的心胸處事。這就要有與人為善的態度，寬人嚴己的風範，謙虛不躁的作風。遇到和別人發生分歧，不能得理不饒人，氣勢洶洶，言辭刻薄；而要講究方法，把原則性與靈活性相結合，這樣才能春風化雨。

把「外圓內方」作為人生修養的一個標尺，構建和諧人際關係的一個準則，還要做好「方」與「圓」的有機結合。把方與圓的智慧充分結合起來，做到該方時就方，該圓時就圓。圓內方外，圓中有方，方外有圓，才能認知自我、掌握自我，開發自我潛能，實現人生價值，才能塑造成功觀念。只圓不方，是一個八面玲瓏、滾來滾去的「0」，那就是圓滑了；只方不圓，是一個四處稜角、靜止不動的「口」，面對的就是一盤死棋。要處理好兩者的關係，關鍵是做到大事講原則，小事講風格；以誠待人，以理服人，以情感人，熱心助人，厚德容人。

在很多時候，自己認為這件事情是對的，或者說應該做出什麼改變，總在心裡認定之後，就自己認為是絕對正確了。在這種自以為是的情況下，如果自己的觀點與別人的觀點不同，就有一種把自己的觀點強加給別人的觀念，如果不能做到，就會「外方」一回，產生一些矛盾。而有時事情難以完成或者已經不可能去很好的完成，又會慢慢的失去信心，認為就是這麼回事，沒什麼大不了的，又會「內圓」一回。所以從本質上講，我們還需要好好的苦練內功，加強學習，讓自己成為有內容的人，有內涵的人。學識和涵養是「外圓內方」的基礎。有了知識，有了技術，有了信心，才能做好「外圓內方」。外圓內方的表現就是在處理事情，在處理人際關係的時候能夠做到遊刃有餘，處變不驚。這既是一個人綜合能力的展現，也是外圓內方的修養的必然結果。

企業家當中，有不少的人做到了外圓內方，他們看上去外表非常謙和，給人一種很謙虛的感覺，可實際上這些人骨子裡頭有非常堅定的東西，有一種牢不可破的信念，所以這些人是典型的可以做大事的人。

## 天欲福人，先禍儆之 —— 好事壞事能相互轉化

**【原文】**

天欲禍人，必先以微福驕之，要看他會受；天欲福人，必先以微禍儆之，要看他會救。

**【釋義】**

天要降禍給一個人，一定首先拿一點福運來滋長他的驕傲之心，這是在觀察他是否懂得享福；天要降福給一個人，一定首先拿一點災禍來向他發出警告，這是在觀察他是否懂得免災。

東漢班固的《通幽賦》，有一句「北叟頗知其倚伏」的話，即提示了「好事壞事能相互轉化」的寓意。靠近邊塞的地方，住著一位老翁。老翁精通術數，善於算卜過去未來。有一次，老翁家的一匹馬，無緣無故掙脫羈絆，跑入胡人居住的地方去了。鄰居都來安慰他，他心中有數，平靜地說：「這件事難道不是福嗎？」幾個月後，那匹遺失的馬突然又跑回家來了，還帶著一匹胡人的駿馬一起回來。鄰居們得知，都前來向他家表示祝賀。老翁無動於衷，坦然道：「這樣的事，難道不是禍嗎？」老翁家畜養了許多良馬，他的兒子生性好武，喜歡騎術。有一天，他兒子騎著烈馬到野外練習騎射，烈馬脫轠，把他兒子重重地甩了個仰面朝天，摔斷了大腿，成了終身殘疾。鄰居們聽說後，紛紛前來慰問。老翁不動聲色，淡然道：「這件事難道不是福嗎？」又過了一年，胡人侵犯邊境，大舉入塞。四鄉八鄰的精壯男子都被徵召入伍，拿起武器去參戰，死傷不可勝計。靠近邊塞的居民，十室九空，在戰爭中喪生。唯獨老翁的兒子因跛腳殘疾，沒有去打仗。因而父子得以保全性命，安度殘年餘生。所以福可以轉化為禍，禍也可變化成福。這種變化深不可測，誰也難以預料。

《水滸傳》裡有一段「李逵接母」的故事：宋江等上梁山後，許多人將家屬接上山來，於是李逵也向宋江要求把母親接上山來享福。宋江同意後，李逵連夜啟程，卻不料在接回途中，為給母親找點水喝，母親被老虎吃了。李逵接母本來是一件好事，卻因此成了一件壞事。李逵在悲憤之下一連殺死四隻老虎，為當地老百姓除害，壞事又變成了好事。當地官員要給他嘉獎，百姓也萬分感激他，擁著他披紅遊街，這本來是一件樂事，卻不料被人認出李逵是梁山大盜並告發，從而被捕入獄，於是好事再次變成了壞事。後來，在朱貴及其兄弟朱富的企劃下，打翻青眼虎李雲，不但救了李逵，還動員李雲、朱富等幾個好漢上了梁山，壞事最終又變成好事。

由此看來，我們如果懂得好事壞事能相互轉化的道理，就有可能防止好事向壞事轉化，而且還可以透過積極措施創造條件，讓壞事向好事轉化。

好事壞事本來就是辯證的，福禍是相互依存的，在一定的條件下是相互轉化的，而且就同一件事，對某些人是壞事，對有些人卻是好事。

從前有一位樂觀而有智慧的大臣，無論發生什麼壞事，他都說：這是一件好事。國王很寵信他。有一天，國王出門打獵，圍捕野獸時，不慎弄斷了一隻手指。他不但感到懊惱和疼痛，還懷疑這是不是什麼不吉的先兆。於是，詢問這們大臣。大臣說：不必為此煩惱，這是一件好事！

國王聽了大怒，覺得他幸災樂禍，立即下令把他關進監獄。

過了一段時間，國王手上的傷口癒合了，又再出門打獵。這一次，他誤出國境，中了野人的埋伏，被捕了。按野人的慣例，要把被捕者的首領殺了來祭神。看來，國王難逃被殺的命運。

他被押上了祭壇，由巫師主持祭奠儀式。巫師忽然大叫起來：這個人不能用來做祭品！原來他發現國王缺了一隻手指，因用殘缺的人來做祭品，是對神不敬，神會降禍譴責。結果，用了另一被捕的大臣，代替了國王。

國王被釋放了，狼狽地逃回王宮。他想起了那位樂觀而有智慧的大臣。大臣曾說過他失去了一隻手指，是一件好事；這一次，不正是因為失去了一隻手指，讓自己撿回了性命嗎？心裡對這位大臣很是抱歉，立即下令把他放出監獄，並設宴款待，向他謝罪。

大臣不但不怨國王，還說要感謝國王。他說：「我被關進了監獄，這是一件好事呀！」

國王聽了，莫名其妙。

大臣解釋說：「假如我不是被關進監獄，這次也一定伴隨你出門打獵，也同時被捕。那麼，代替你作為祭品的，也一定是我。我因在監獄，不致於成為祭品，這豈不是好事嗎？」國王恍然大悟，覺得他說得很有道理。

人總會遇上壞事，首先要保持樂觀，再自省反思，汲取經驗教訓，作為前車之鑑，以免重蹈覆轍，才可變為好事。

## 達士在我，至誠自然——既相信自己，又順應自然

**【原文】**

達士盡其在我，至誠貴於自然。

**【釋義】**

通達的人把自己的命運寄託在自己身上，但又尊重自然、順應自然。

相信自己，說的就是人要有自信。

小澤征爾是世界著名的交響樂指揮家。在一次世界優秀指揮家大賽的決賽中，他按照評委會給的樂譜指揮演奏，敏銳地發現了不和諧的聲音。起初，他以為是樂隊演奏出了錯誤，就停下來重新演奏，但還是不對。他覺得是樂譜有問題。這時，在場的作曲家和評委會的權威人士堅持說樂譜絕對沒有問題，是他錯了。面對一大批音樂大師和權威人士，他思考再三，最後斬釘截鐵地大聲說：「不！一定是樂譜錯了！」話音剛落，評委席上的評委們立即站起來，抱以熱烈的掌聲，祝賀他大賽奪魁。

小澤征爾因了他的自信，始終相信自己，才開啟了成功的人生。

尼克森是我們極為熟悉的美國總統，但就是這樣一個大人物，卻因為一個缺乏自信的錯誤而毀掉了自己的政治前程。1972 年，尼克森競選連

任。由於他在第一任期內政績斐然，所以大多數政治評論家都預測尼克森將以絕對優勢獲得勝利。然而，尼克森本人卻很沒自信，他走不出過去幾次失敗的心理陰影，極度擔心再次出現失敗。在這種潛意識的驅使下，他鬼使神差地做出了後悔終生的蠢事。他指派手下的人潛入競選對手總部的水門飯店，在對手的辦公室裡安裝了竊聽器。事發之後，他又連連阻止調查，推卸責任，在選舉勝利後不久便被迫辭職。本來穩操勝券的尼克森，因缺乏自信而導致慘敗。

但在現實生活中，僅僅具有自信並不能代表成功，成功在很多時候，需要人們遵循自然規律，敬畏自然，順應自然，因為自然規律是不以人的意志為轉移的。

孔子的學生子路有一次對孔子說：「老師，請問死是怎麼一回事？」孔子對這個老是喜歡提古怪問題的弟子早就有些不耐煩，他把臉一沉，說：「生的道理我還沒弄明白，怎麼懂得什麼是死呢？」把子路嗆得一鼻子灰，把頭一縮，再也不敢開口了。儒家把全部的心思都花在社會與人生上，他們對死亡談不上什麼高明的見解，可能也是事實，孔子自稱不懂得死是怎麼回事也許不是客氣話。

高山和深谷都會有所變化，何況是有著肉體的人呢？有些人一發現自己的臉上有了皺紋，或者是頭上有了幾根白頭髮，就煩惱不已，這就是不懂得自然的道理。對於生老病死要能聽其自然，這樣才能擁有一個瀟灑自在的人生。每一個人都熱愛自己的生命。熱愛自己、珍惜生命並沒有錯。《伊索寓言》中有一個故事：有一個老人上山砍柴，把柴扛在肩上走了很遠的路，他又累又渴，不得不把柴放在路邊，好歇一會兒，此時他順口說了一句：「唉！還不如死了的好。」死神聽了這話，連忙跑來問他說：「你需不需要我的幫忙呀！」老人並沒有要求死神把他帶走，反而說：「請你把那捆柴放到我的肩上！」寓言中的這位老人心態上的變化，很有意思，也頗見人生的道理。

古代有許多人祈求長生反而弄得短命。不少皇帝為了長生不老而求仙供佛，結果不是送了自己的性命，就是害了別人的性命。古往今來求仙拜佛的人有千千萬萬，長生不死的卻找不到一個。秦始皇曾派徐福帶著數千的童男童女入海求仙，到神話中的仙山蓬萊去採不死藥。徐福入海後並沒有看到什麼仙山，回來後騙秦始皇說：「海裡有一條大鯨阻撓去蓬萊山的航道。」秦始皇親自帶人到海邊射死了一條大鯨，但還是沒有採到什麼不死藥，沒過多少年，秦始皇就一命嗚呼了。

人有出生的一天，就必定有死亡的一天，這就像有黑夜就必定有白晝一樣，是自然的規律，是每一個人都逃避不掉的。所以，我們應該生的時候不歡天喜地，死的時候也不呼天搶地。無拘無束地來，無牽無掛地走，不忘記自己的來處，也不追求自己的歸宿。事情來了就欣然接受，把死和生全扔在腦後，一切順應自然的規律。

若有機會，我們可以走出戶外觀察一下大自然，在沒有人為的干擾下，萬物都以平衡的運動形式和諧地運轉著，烏兒知道在什麼時候飛向南方，樹木知道什麼時候吐出嫩葉，青蛙知道什麼時候冬眠，魚兒知道什麼時候吃食……沒有過度的緊張，也沒有揮霍無度。如果自然界不按其本身的節奏運動，世界萬物就會亂作一團。人類也是自然界的組成部分，但人類卻很少考慮內存的天性要求。

滄海桑田，那是大自然的造化，是大自然的鬼斧神工，人類要學會向自然妥協，順應自然，敬畏自然，一味地向大自然攫取，永無止境地攫取，一味地向大自然挑戰，不知天高地厚地挑戰，帶來的只能是連綿不絕的災難，洪澇、乾旱、酸雨、藍藻……

這是從大的方面來說順應自然，從小的細節方面，我們也要順應自然規律，調整生活習慣。比如年齡大的人，不能不服老，應該處處小心，才能趨吉避凶。平時要順應氣候的變化，適時地增減衣服，飲食也不能和年輕人一樣，要清淡，大魚大肉消化不了。只要保持從容不迫、順應自然的態度，那麼，任何事情都能應付自如。

於今，我們在生活中常常發現，現代人的健身方式中存有可笑的悖論：上班搭電梯上樓，然而早晚卻要跑步鍛鍊，有些人還購買電子攀登器來保持腿部線條；開著車去附近的商店或菜市場買菜，然後又匆匆回到運動踏車上，「跑」得一身大汗。我們靠機器來節省人力，反過來又購買其他機器強身健體消耗體力，防止身體垮掉。以非自然的方式來糾正不自然。這種方法不能算是順應自然的。

既充滿自信，又順應然，這才是我們需要的真正的人生。

## 惡中善念，善處惡根 —— 人和事物皆有兩面性

**【原文】**

為惡而惡人知，惡中猶有善念；為善而急人知，善處即是惡根。

**【釋義】**

做壞事怕別人知道，壞的地方還留有好的念頭；做好事唯恐別人不知道，好的地方已埋著壞的根子。

一位農夫有兩個水桶，他每天就用一根扁擔挑著兩只水桶去河邊汲水。兩水桶中有一隻有一道裂縫，因此每次到家時這個水桶總是會漏得只剩下半桶水，而另一個水桶卻總是滿滿的。就這樣，兩年以來，日復一日，農夫天天只能從河裡擔回家一桶半水。

完整無缺的水桶很為自己的完美無缺得意非凡，而有裂縫的水桶自然

為自己的缺陷和不能勝任工作而羞愧。經過兩年的失敗之後，一天在河邊，有裂縫的水桶終於鼓起勇氣向主人開了口：「我覺得很慚愧，因為我這邊有裂縫，一路上漏水，只能擔半桶水到家。」

農夫回答它說：「你注意到了嗎？在你那一側的路沿上開滿了花，而另外的一側卻沒有花？我從一開始就知道你有漏水，於是在你的那一側的路沿撒了花籽。我們每天擔水回家的路上，你就為它們澆水。兩年了，我經常從這路邊採摘鮮花來裝扮我的餐桌。如果不是因為你的所謂的缺陷，我怎麼會有美麗的鮮花裝扮我的家呢？」

這個故事告訴我們，人和事物都有一體兩面 —— 優點和缺點。辨證思想告訴我們，優點和缺點都不是絕對的，哪怕再不好，都有它的價值所在，要學會利用身邊所有的資源。

一個人的一體兩面，如同正義和邪惡，真實與虛偽，克制與放縱，愛和恨一樣的同樣存於一個軀體內。就像是一架天平的兩邊，總是在動態的過程中追求一種心理上的平衡和社會的認同。

人生活在社會中，必須按照一定的行為規則來處理人和事，不然會寸步難行的，這就讓人自覺地遵守一些公共的約定。說白了就是風俗習慣和道德規範。於是乎，著裝要整潔，說話要有禮貌，不可做的事不能做等等。這就是人的社會性的一面。這時的人，為社會人。但人又是高級動物，具有一切動物的自然本性。所以人又有自然性的一面。孩子在媽媽面前可以任意撒嬌，夫妻在床帷之內，可以恣意所為，在家中，著裝可以隨便，說話也可以自由。這時的人，叫它自然人。

如果是知心朋友，我以為不妨以自然人的角色相處，想說什麼說什麼，不必拘於禮節，就是在行為上不那麼檢點，也不會產生非議。心地透明，才可以深交。

# 第十二章　為善而急人知，善處即是惡根—悟變通之術

常做社會人，太累。常為自然人，無法生存。如果工作與休息睡眠是生理上的交替和調節的話，做回社會人又做回自然人，那是精神上的調節。社會人可以約束自然人的放蕩不拘，自然人可以緩解社會人的精神壓力。兩者並依互存，都是需要的。

不久前，聽說我的一個好友又升遷了，很為他高興。因為我這位老兄一直很努力，多年來保持著旺盛的鬥志，對他的又一步提升我感覺好運也該光顧他了。那天到他辦公室去看望他，出乎預料的是既沒見到他那春風得意、躊躇滿志的表情，也沒聽到他一向幽默詼諧的語言，而是一臉的疲勞和憔悴。他苦笑著告訴我：別提了，過去在職位上，小事上吐下瀉，遇到棘手的問題，可拜託主管幫忙。現在不行了，上要對行業部門負責，下要對部屬負責，感覺壓力挺大。

回來後，我的感想是這世上沒有十全十美的事，凡事都有一體兩面，再好的事也有它的弊端，再壞的事也有它的利端。拿大事說：當年金融危機波及到全球，多數行業受影響，特別是作產品出口的企業受影響尤為嚴重，有的甚至倒閉，但也有一部分企業反而是遇到了發展的好機遇。

再看我們身邊的一些朋友，有的人官職提升了，權力大了，可責任隨之也大了，煩惱也多了，他就無法再享受無官一身輕的幸福了；有的人企業做大了，錢賺得多了，生存環境好了，可為了企業的繼續膨脹而處心積慮，反而快樂減少了；有的人換上大房子了，活動空間增大了，生活舒適了，可是他又會為清掃衛生發愁煩惱了；有的人買上轎車了，出門方便了，可是又要為付車輛保險費、人身保險費、車位費、洗車費等等費用頭疼了，有時還要為在路上塞車生氣耗神；有的人交的朋友多了，做事方便了，可應酬增多了，健身鍛鍊的時間少了，吃大餐的次數多了，血液內的三脂也高了，他的健康可能又出現問題了……

所以說，人和事都有一體兩面，就看你取、捨哪一面，凡事不要苛求完美，完美只是相對而言，絕對的完美是不存在的。不完美的事情，才是完美的事情，不完美的人生，才是完美的人生。

## 必出方入，必入方出 —— 做事要認真、看事要淡然

**【原文】**

必出世者，方能入世，不則世緣易墜；必入世者，方能出世，不則空趣難持。

**【釋義】**

一定要有出世的襟懷，才能做入世的事情，否則在塵世中易受種種誘惑而迷惘；一定要深入世間才能真正地出世，否則就不能長久地保持超然淡泊之心。

「世」，並非僅指這個世界。因為人即使離開這個地球，到太空或別的星球上去，仍然會有精神的痛苦和煩惱，所以「世」實指人的一切所見、一切所想，也就是說宇宙中一切色相和見聞覺知的存在。

「出世」，是指人的精神超脫世間的痛苦和煩惱。「入世」，是指人的精神在於世間的痛苦和煩惱。「出世」，並不意味著圓寂升天、出家當和尚、當尼姑，不涉足於世間的俗務。「入世」，也不等於沉迷於紅塵世界，被七情六慾所牽，被物所轉。

入世是儒家的思想，出世是道家的境界。佛家則認為，所謂一切眾生皆具佛性，皆可成佛，代表了一種樂觀積極的態度。可以說，出世在渡己，入世在渡人。出世與入世，是個久遠的話題與社會現象。在以後的人類社會中，這種現象估計也不會消失。

當我們真正平心靜氣的從現實世界和詩書經集中為這一命題尋求答案

的時刻，卻發現入世和出世是兩段相背離的航程，我們探尋的腳步的落腳地恰恰就是入世和出世的兩條航道的交界處，我們所觸目的前人的每一個腳印，都曾在這裡久久地徘徊。

入世常常是無奈的，當我們從歡樂和痛苦交融的母體中降生，並爆發出第一聲啼哭的時候，我們已經別無選擇的入世了。然而一旦入世，生活則會以它冷峻的面孔來生殺掠奪我們的命運，頤指氣使我們的情感，入世在這個棱面上不免表現為痛楚和悲愴。但世人所歆羨的生命的華章，卻仍將透過入世來寫就。「朝為田舍郎，暮登天子堂」近乎神話，但它卻是屹立在入世路口，指引古時文人奔向理想的永不褪色的路標。正因為有了它，那些柔弱的靈魂才堅硬起「萬般皆下品，唯有讀書高」的信念，在入世的艱澀道路上泛白了鬢髮，終又紫袍加身。「王侯將相寧有種乎？」的吶喊又撼蕩了多少寬厚胸腔裡的熱血，入世的道路上由此不僅僅只有散落的筆墨，琅琅的書聲，更燃點了滾滾的狼煙，迴蕩起金戈伐肉的鈍響。

哲人云：「君子不患無位，患所以立。」入世同樣要恪守這個放諸四海皆準的真理。入世的人不擔心沒有地位，擔心的是你憑什麼入世？武人入世前要飽受筋骨之痛，文人入世前要歷經寒窗之苦，就連混跡江湖的浪子也要修得：一團和氣，兩句歪詩，三斤黃酒，四季衣裳。據說李白能讓楊國忠替他奉硯研墨，高立士替他捧腿脫靴，都是因為番國渤海寄予唐皇一書信，但其中文字無人能識，後賀知章向朝廷推薦了李白，才回覆了渤海國的信。李白的恃才傲物，告訴我們學富五車的軀體內，必將增生出一具異於常人的傲骨。我們又由此可知：入世若無所以立，縱使是皇親國戚，都免除了不了替人脫靴的人格悲劇。

對一個成年人來說，入世的衝動經過世事漩渦的緩衝，大都卸去了其稟賦的堅韌和執著。米爛陳倉、聲色犬馬的物質表象掩蓋不了其精神世界的迷茫和失落。自尊、敏感、孤寂、拌和成一團驅之不散的煙霧，截斷了人們審時度勢的犀利目光。當一些人在這混沌中苟延殘喘或奮力張揚的時候，也有一些人，像雲中鶴一樣振翅飛離喧囂的紅塵。他們即是一群隱士，一群出世者。

歷代小隱於山、大隱於市的現實世界和精神疆域的逃遁者是不勝枚舉的，而讓我們常常懸於唇際的，我認為，都不是真正的出世者，試想，一個決毅摒棄名利、寄情山水的人，怎會在「萬人如海」中袒露出崢嶸的稜角引來僱主的「三顧」「四訪」？《後漢書》中〈嚴光傳〉向我們播放了嚴子陵所謂隱士生活的一個鏡頭：皇帝的探子奉命尋找這個高人嚴子陵，發現「有一男子，披羊裘釣澤中」，深覺詫異後證實是他要尋找的人，據歷史學者猜測，說這個穿羊皮大衣的人當時所處的季節是夏天。姜尚的手段和嚴子陵的技法如出一轍，用樸實而毫無心計的農人為他直鉤釣魚的怪誕行徑作了放射性的宣傳，從而為他的霸業奠定了根基，助他出了一口被老婆厭棄的惡氣。

出世者中既有嚴姜式的名利狙擊手，也會有梅妻鶴子式的真隱士。真隱士既是皈依平凡的淡泊者，但又是逃避現實的脆弱者。雖然如此，他們恬淡、馨香的人性卻是我們所企盼和珍愛的。在紛擾無常的世間，我們如能「以入世的精神做事，以出世的精神做人」，那我們則可以為自己純淨素潔的生命作永恆的偈唱：出世即入世，入世即出世。

有人說過：「以出世的態度做人，以入世的態度做事。」我信服這句話，是用極簡單的語言，說出了人生極複雜的道理。人生一世，如草生一秋，是匆匆忙忙的短暫。所有的人，上自帝王顯貴，下至黎民蒼生，都是這匆匆舞臺的演員和觀眾，無論是天才還是愚鈍，到頭來都擺脫不了一個毫無二致的結局。有了這樣的洞察，人們就會在不免有些蒼茫的悲涼中，獲得某種頓悟。參透一切苦厄，把身外之物看淡，豁達、瀟灑，了無牽掛，無憂而有喜。尊重生命、尊重客觀規律、既要全力以赴，又要順其自然，以平和的心態對人，以不苛求完美的心態對事。站得高一點，看得遠一點，對有些東西看得淡一些。這樣才能排除私心雜念，以這種出世的精神去做入世的事業，就會事半功倍。

## 德怨兩忘，恩仇俱泯 —— 有一種明白叫糊塗

**【原文】**

怨因德彰，故使人德我，不若德怨之兩忘；仇因恩立，故使人知恩，不若恩仇之俱泯。

**【釋義】**

怨恨因為恩德而明顯，因此讓人感恩，不如恩怨全忘記；仇恨因為恩德而產生，所以讓人感恩，不如恩仇都勾銷。

恩恩怨怨要一筆勾銷，說白了就是裝糊塗。在這個世界上，很多時候裝糊塗就是一種處世的絕頂聰明，正如那句俗話所言：有一種明白叫糊塗。

糊塗學實際上已漸成為一種文化。對於糊塗學，古人比現代人理解深刻。被譽為揚州八怪的鄭板橋，給世人留下了一句「難得糊塗」的名言。據說，難得糊塗是鄭板橋在山東萊州的雲峰山寫的。那一年鄭板橋專程至此觀鄭文公碑，因天色已晚，不得已借宿於山間茅屋。屋主為一老翁，自稱糊塗老人，出語不凡。鄭板橋以為老人必有來歷，便題寫了難得糊塗，用了「康熙秀才，雍正舉人，乾隆進士」印章。因硯臺大，鄭板橋說老先生應寫一段跋語，老人便寫下了「得美石難，得頑石尤難，由美石而轉入頑石更難，美於中，頑於外，藏野人之廬，不入富貴之門也。」他也用

了一塊印章，「院試第一，鄉試第二，殿試第三」。鄭板橋大驚，細談之下，方知老人是位退隱的官員，有感於糊塗老人的命名，鄭板橋當下也補寫了一段：「聰明難，糊塗尤難，由聰明而轉入糊塗更難。放一著，退一步，當下安心，非圖後來報也。」

人有時候是需要難得糊塗的，糊塗不是昏庸，而是為人處世豁達大度，拿得起，放得下，不要太執著，要求人在生活中想得開，看得開，該糊塗的時候就糊塗。

聰明是一件好事，但是自認聰明，聰明過頭或耍小聰明都會給自身招來禍端；而真正聰明的人則是「大智若愚」，就是心裡明白，嘴上不說，裝糊塗人，做聰明事。

常言說：「聰明難糊塗更難」，是說我們在處理事情的時候，要保持清醒的頭腦很難，但要在適當的時候糊塗也更加難。聰明是一件好事，因為聰明的人明白如何少犯錯誤，但是聰明也未必盡是好事，尤其是自認聰明、聰明過頭的人，將會給自己招致不必要的麻煩，所謂「聰明反被聰明誤」說的就是這個道理。因此在適當的時候，裝傻不僅是真正的聰明，也是一種藝術，更是一種真正的人生大智慧。

裝糊塗人，做聰明事，是明哲保身非常有用的辦法。漢朝的蕭何是一個很精通儒家勤政、謹慎竅門的人，他侍奉大殺功臣的劉邦多年，最後能得以善終，這和他知道如何裝糊塗有很大的關係。

劉邦在滅楚之後，論功行賞，蕭何當了一人之下萬人之上的宰相。但他非常謹慎。在他官拜宰相的消息傳出後，不少人都登門向他道賀，唯有一個叫召平的人提醒蕭何：「你的災禍可能會從此發生！現在皇上離開京城，率兵打仗去了，封你為宰相，掌握護兵，一方面是為了討好你，另一方面也是為了防備你。如果你現在辭退封賞，獻出自己的財產作軍費，皇上一定會很高興，這也會減少皇上心中的疑慮。」蕭何仔細一想，覺得他的話有道理，於是，便按召平的建議去做，把自己的子弟送到軍中隨劉邦作戰，又把自家的資財捐給前方做軍費，於是得到了高祖的歡心。

在黥布叛變的時候，高祖又親自帶兵去討伐，讓蕭何留在後方。蕭何全力安撫百姓，鞏固民心。有人見他勤奮踏實，便非常擔心，勸他說：「相國小心遭殺身之禍啊！自從你入關十多年來，收攬民心，人們打心眼裡敬重你，陛下知道你眾望所歸，所以常常派人注意你的動向，唯恐你背叛他。你如果想保全家人的性命，從今天開始就要破壞自己的形象，把聲望壓下來，才能讓陛下放心。」蕭何細一思量，覺得他的話有道理，便沒收百姓土地，攏民、亂民，使百姓對他怨聲載道，蕭何的威信下降了，可是劉邦卻對他放了心。

伴君如伴虎，蕭何正是用了裝糊塗的招術才得以保全性命。如果是其他居功自傲的人，則早就人頭落地了。

誰都希望自己是一個非常聰明的人，絕大多數人也都希望能夠在眾人面前表現出自己的聰明才智，從而得到人們的認可。可是事實上，世上真正意義上的聰明人幾乎是沒有的，而本不聰明卻要自作聰明的人，卻是隨處可見，比比皆是。

三國時間，楊修在曹操手下任主薄，起初曹操很重用他，楊修卻處處耍小聰明。例如有一次有人送給曹操一盒奶酪，曹操吃了一些，就又蓋好，並在蓋上寫了一個「合」字，大家都不明白這是什麼含義，楊修見了就拿起匙子和大家分吃，並說：「這合字是叫一人吃一口啊！」還有一次，建造相府，造好大門後曹操親來察看了一下，沒說話，只在門上寫了一個「活」字就走了。楊修一見，就令工人把門改窄。別人問為什麼，他說門中加個活字不是闊嗎，丞相是嫌門太大了。這樣一來，曹操就討厭楊修每次都能猜出自己的心意了。

建安 24 年，劉備進軍定軍山，他的大將黃忠殺死了曹操的大將夏侯淵，曹操親自率軍到漢中來和劉備決戰，但戰事不利，前進則困難重重，撤退又怕被人恥笑。一天晚上，護軍來請示夜間的口令，曹操正在喝雞湯，就順便說了「雞肋」，楊修聽到以後，便不等上級命令，教隨從軍士收拾行李，準備撤退，影響了軍心。曹操知道以後，他還辯解說：「魏王傳下的口令是雞肋，可雞肋這東西，棄之可惜，食之無味，正和我們現在的處境一樣，進不能勝，退恐人笑，久駐無益，不如早歸，所以才先準備起來，以免到時慌亂。」曹操一聽，大怒道：「你小子怎敢造謠亂我軍心！」於是喝令刀斧手，推出斬首，並把首級懸掛在轅門之外，警戒三軍。

對於曹操斬楊修，一般人們會認為是曹操心眼小，藉機殺人。其實關鍵是楊修自己太聰明過頭，不懂明哲保身之道。

充分地認知自己，明確自己的能力，面對問題冷靜判斷，量力而行，這才是聰明人應該做的。如果你真的想表現得比其他人更聰明一些，那麼你就應該對自己有一個自知之明，沒有必要總是要向他人強調自己的聰明，更沒有必要利用所有可利用的以及不可利用的機會向眾人表現你的聰明。

真正難得的糊塗，是一種聰明昇華之後的糊塗；是一種心中有數、不動聲色的涵養；是一種得道高深、超凡脫俗的氣度；是一種與世無爭、悠然自得的樂趣；是一種整體掌握、不就事論事的運籌；是一種甘居下風、謙讓豁達的胸懷；是一種明哲保身、化險為夷的韜晦術。

# 附錄一 ——《增廣昔時賢文》全文

昔時賢文，誨汝諄諄。集韻增廣，多見多聞。觀今宜鑑古，無古不成今。知己知彼，將心比心。酒逢知己飲，詩向會人吟。相識滿天下，知心能幾人。相逢好似初相識，到老終無怨恨心。近水知魚性，近山識鳥音。易漲易退山溪水，易反易復小人心。運去金成鐵，時來鐵成金。讀書須用意，一字值千金。逢人且說三分話，未可全拋一片心。有意栽花花不發，無心插柳柳成蔭。畫龍畫虎難畫骨，知人知面不知心。錢財如糞土，仁義值千金。流水下灘非有意，白雲出岫本無心。路遙知馬力，事久見人心。馬行無力皆因瘦，人不風流只為貧。饒人不是痴漢，痴漢不會饒人。是親不是親，非親卻是親。美不美，鄉中水；親不親，故鄉人。相逢不飲空歸去，洞中桃花也笑人。為人莫作虧心事，半夜敲門心不驚。當時若不登高望，誰知東流海樣深。兩人一條心，有錢堪買金；一人一條心，無錢難買針。鶯花猶怕春光老，豈可教人枉度春。紅粉佳人休使老，風流浪子莫教貧。黃金無假，阿魏無真。客來主不顧，應恐是痴人。貧居鬧市無人問，富在深山有遠親。誰人背後無人說，那個人前不說人。有錢道真語，無錢語不真，不信但看筵中酒，杯杯先勸有錢人。鬧裡有錢，靜處安身。來如風雨，去似微塵。長江後浪催前浪，世人新人趕舊人。近水樓臺先得月，向陽花木早逢春。古人不見今時月，今月曾以照古人。先到為君，後到為臣。莫道君行早，更有早行人。莫道直中直，須防仁不仁？山中有直樹，世上無直人。自恨枝無葉，莫怨太陽傾。大家都是命，半點不由人。一年之計在於春，一日之計在於寅，一家之計在於和，一生之計在於勤。責人之心責己，恕己之心恕人。守口如瓶，防意如城。寧可人負我，切莫我負人。再三須重事，第一莫欺心。虎身猶可近，人毒不堪親。來說是非者，便是是非人。遠水難救近火，遠親不如近鄰。有茶有酒多兄弟，急難何曾見一人！人情似紙張張薄，世事如棋局局新。山中也有千年樹，世

# 附錄一—《增廣昔時賢文》全文

上難逢百歲人。力弱休負重，言輕莫勸人。無錢休入眾，遭難莫尋親。平生莫做皺眉事，世上應無切齒人。士者國之寶，儒為席上珍。若要斷酒法，醒眼看醉人。求人需求大丈夫，濟人須濟急時無。渴時一滴如甘露，醉後添杯不如無。久住令人賤，頻來親也疏。酒中不語真君子，財上分明大丈夫。積金千兩，不如多買經書。養子不教如養驢，養女不如養豬。有田不耕倉廩虛，有書不讀子孫愚。倉廩虛兮歲月乏，子孫愚兮禮義疏。同君一席話，勝讀十年書。人不通古今，馬牛如襟裾。茫茫四海人無數，哪個男兒是丈夫！美酒釀成緣好客，黃金散盡為收書。救人一命，勝造七級浮屠。城門失火，殃及池魚。庭前生瑞草，好事不如無。欲求生富貴，須下死功夫。百年成之不足，一旦敗之有餘。人心似鐵，官法如爐。善化不足，惡化有餘。水太清則無魚，人太察則無謀。知者減半，愚者全無。在家由父，出嫁從夫。痴人畏婦，賢女敬夫。是非終日有，不聽自然無。寧可正而不足，不右邪而有餘。寧可信其有，不可信其無。竹籬茅舍風光好，僧院道房終不如。命裡有時終須有，命裡無時莫強求。道院迎仙客，書堂隱相儒。庭栽棲鳳竹，池養化龍魚。結交須勝己，似我不如無。但看三五日，相見不如初。人情似水分高下，世事如雲任卷舒。會說說都市，不會說說屋裡。磨刀恨不利，刀利傷人指。求財恨不多，財多害人子。知足常足，終身不辱；知止常止，終身不恥。有福傷財，無福傷己。差之毫釐，失之千里。若登高必自卑，若涉遠必自邇。三思而行，再思可矣。使口不如自走，求人不如求己。小時是兄弟，長大各鄉里。嫉財莫嫉食，怨生莫怨死。人見白頭嗔，我見白頭喜，多少少年亡，不到白頭死。牆有縫，壁有耳。好事不出門，惡事傳千里。賊是小人，知過君子。君子固窮，小人窮斯濫矣。貧窮自在，富貴多憂。不以我為德，反以我為仇。寧可直中取，不向曲中求。人無遠慮，必有近憂。知我者，謂我心憂，不知我者，謂我何求？晴天不肯去，直待雨淋頭。成事莫說，覆水難收。是非只為多開口，煩腦皆皆因強出頭。忍一時之氣，免得百日之憂。近來學得烏龜法，得縮頭時且縮頭。懼法朝朝樂，欺公日日憂。人生一世，草木一春。黑髮不知勤學早，轉眼便是白頭翁。月過十五光明少，人到中年萬事休。兒孫自有兒孫福，莫為兒孫做馬牛。人生不滿百，常懷千歲憂。今朝有酒今朝醉，明日愁來明日憂。路逢險處難迴避，事到頭來不自由。藥能醫假病，酒不解真愁。人貧不語，水平不流。一家養女百家求，一馬不行百馬憂。有花方酌酒，無月不登樓。三杯通大道，一醉解千愁。深山畢竟藏猛虎，大海終須納細流。惜花須檢點，愛月不梳頭。大抵選他肌骨好，不擦紅粉也風流。受恩深處宜先退，得意濃時便可休。莫待是非來入耳，從前恩愛反成愁。留得五湖明月在，不愁無處下金釣。休別有魚處，莫戀淺灘頭。去時終須去，再三留不住。忍一句，息一怒；饒一著，退一步。三十不豪，四十不富，五十將近尋死路。生不認魂，死不認屍。一寸光陰一寸金，寸金難買寸光陰。父母恩深終有別，夫妻義重也分離。人生似鳥同林宿，大限來時各自飛。人善被人欺，馬善被人騎。人無橫財不富，馬無夜草不肥。人惡人怕天不怕，人善人欺天不欺。善惡到頭終有報，只爭來早與來遲。黃河尚有澄清日，豈可人無得運時！得寵思辱，居安思危。唸唸有如臨敵日，心心常似過橋時。英雄行險道，富貴似花枝。人情莫道春光好，只怕秋來有冷時。送君千時裡，終須一別。但將冷眼觀螃蟹，看你橫行到幾時。見事莫說，問事不知。閒事休管，無事早歸。假緞染就真紅色，也被旁人說是非。善事可作，惡事莫為。許人一物，千金不移。龍生龍子，虎生虎兒。龍游淺水遭蝦戲，虎落平陽被犬欺。　舉首登龍虎榜，十年身到鳳凰池。十載寒窗無人問，一舉成名天下知。酒債尋常行處有，人生七十古來稀。養兒防老，積穀防飢。當家才知

## 附錄一—《增廣昔時賢文》全文

鹽米貴，養子方知父母恩。常將有日思無日，莫把無時當有時。時來風送滕王閣，運去雷轟薦福碑。入門休問榮枯事，觀看容顏便得知。官清書吏瘦，神靈廟祝肥。息卻雷霆之怒，罷卻虎狼之威。饒人算之本，輸人算之機。好言難得，惡語易施。一言既出，駟馬難追。道吾好者是吾賊，道吾惡者是吾師。路逢俠客須呈劍，不是才人莫獻詩。三人行必有我師，擇其善者而從之，其不善者而改之。欲昌和順須為善，要振家聲在讀書。少壯不努力，老大徒傷悲。人有善願，天必佑之。莫飲卯時酒，昏昏醉到酉；莫罵酉時妻，一夜受孤淒。種麻得麻，種豆得豆。天網恢恢，疏而不漏。見官莫向前，做客莫在後。寧添一斗，莫添一口。螳螂捕蟬，豈知黃雀在後。不求金玉重重貴，但願兒孫個個賢。一日夫妻，百世姻緣。百世修來同船渡，千世修來共枕眠。殺人一萬，自損三千。傷人一語，利如刀割。枯木逢春猶再發，人無兩度再少年。未晚先投宿，雞鳴早看天。將相頂頭堪走馬，公侯肚內好撐船。富人思來年，窮人思眼前。世上若要人情好，賒去物件不取錢。死生有命，富貴在天。擊石原有火，不擊乃無煙。為學始知道，不學亦枉然。莫笑他人老，終須還到老。和得鄰里好，猶如拾片寶。但能依本分，終須無煩惱。大家做事尋常，小家做事慌張。大家禮義教子弟，小家凶殘訓兒郎。君子愛財，取之有道；貞婦愛色，納之以禮。善有善報，惡有惡報，不是不報，日子未到。萬惡淫為首，百行孝當先。人而無信，不知其可也。一人道虛，千人傳實。凡事要好，須問三老。若爭小可，便失大道。家中不和鄰里欺，鄰里不和說是非。年年防飢，夜夜防盜。好學者如禾如稻，不好學者如蒿如草。遇飲酒時須飲酒，得高歌處且高歌。因風吹火，用力不多。不因漁父引，怎得見波濤。無求到處人情好，不飲任他酒價高。知事少時煩惱少，識人多處是非多。世間好語書說盡，天下名山僧占多。入山不怕傷人虎，只怕人情兩面刀。強中更有強中手，惡人終受惡人磨。會使不在家豪富，風流不在著衣多。光陰似箭，日月如梭。天時不如地利，地利不如人和。黃金未為貴，安樂值錢多。萬般皆下品，唯有讀書高。為善最樂，為惡難逃。羊有跪乳之恩，鴉有反哺之義。孝順還生孝順子，忤逆還生忤逆兒，不信但看簷前水，點點滴在舊窩池。隱惡揚善，執其兩端。妻賢夫禍少，子孝父心寬。人生知足何時足，到老偷閒且是閒。但有綠楊堪繫馬，處處有路透長安。既墮釜甑，反顧何益？反覆之水，收之實難。見者易，學者難。莫將容易得，便作等閒看。用心計較般般錯，退步思量事事寬。道路各別，養家一般。從儉入奢易，從奢返儉難。知音說與知音聽，不是知音莫與彈。點石化為金，人心猶未足。信了肚，賣了屋。誰人不愛子孫賢，誰人不愛千種粟，奈五行不是這般題目。莫把真心空計較，兒孫自有兒孫福。天下無不是的父母，世上最難得者兄弟。與人不和，勸人養鵝；與人不睦，勸人架屋。但行好事，莫問前程。不交僧道，便是好人。河狹水激，人急計生。明知山有虎，莫向虎山行。路不鏟不平，事不為不成，人不勸不善，鍾不敲不鳴。無錢方斷酒，臨老始看經。點塔七層，不如暗處一燈。堂上二老是活佛，何用靈山朝世尊。萬事勸人休瞞昧，舉頭三尺有神明。但存方寸土，留與子孫耕。滅卻心頭火，剔起佛前燈。惺惺常不足，懞懞作公卿。眾星朗朗，不如孤月獨明。兄弟相害，不如友生。合理可作，小利莫爭。牡丹花好空入目，棗花雖小結實成。欺老莫欺少，欺少心不明。隨分耕鋤收地利，他時飽暖謝蒼天。得忍且忍，得耐且耐，不忍不耐，小事成大。相論逞英豪，家計漸漸消。賢婦令夫貴，惡婦令夫敗。一人有慶，兆民賴之。人老心不老，人窮志不窮。人無千日好，花無百日紅。殺人可恕，情理難容。乍富不知新受用，乍貧難改舊家風。座上客常滿，懷中酒不空。屋漏更遭連夜雨，行船又遇打頭風。筍因落籜方為竹，魚為奔波始化龍。曾記少年騎竹馬，

看看又是白頭翁。禮義生於富足，盜賊出於賭賻。天上眾星皆拱北，世間無水不朝東。君子安貧，達人知命。良藥苦口利於病，忠言逆耳利於行。順天者存，逆天者亡。人為財死，鳥為食亡。夫妻相和好，琴瑟與笙簧。有兒窮不久，無子富不長。善必壽考，惡必早亡。爽口食多偏作病，快心事過恐生殃。富貴定要依本分，貧窮不必再思量。畫水無風空作浪，繡花雖好不聞香。貪他一斗米，失卻半年糧；爭他一腳豚，反失一肘羊。龍歸晚洞雲猶溼，鹿過春山草木香。平生只會說人短，何不回頭把己量。見善如不及，見惡如探湯。人窮志短，馬瘦毛長。自家心裡急，他人不知忙。貧無達士將金贈，病有高人說藥方。觸來莫與競，事過心清涼。秋至滿山多秀色，春來無處不花香。凡人不可貌相，海水不可斗量。清清之水為土所防，濟濟之士酒所傷。蒿草之下還有蘭香，崴茅茨之屋或有侯王。無限朱門生餓殍，幾多白屋出公卿。醉後乾坤大，壺中日月長。萬事皆已定，浮生空自忙。千里送毫毛，禮輕仁義重。世事明如鏡，前程暗似漆。架上碗兒輪流轉，媳婦自有做婆時。人生一世，如駒過隙。良田萬傾，日食三升；大廈千間，夜眠八尺。千經萬典，孝弟為先。一字入公門，九牛拔不出。八字衙門向南開，有理無錢莫進來。富從升合（升、合都是較小的容積單位 —— 筆者）起，貧因不算來。萬事不由人計較，一生都是命安排。家無讀書子，官從何處來。人間私語，天聞如雷；暗室虧心，神目如電。一毫之惡，勸人莫作；一毫之善，與人方便。欺人是禍，饒人是富；天眼昭昭，報應甚速。聖賢言語，神欽鬼服。人各有心，心各有見。口說不如身逢，耳聞不如眼見。養兵千日，用兵一時。國清才子貴，家富小兒嬌。利劍割體瘡猶合，惡語傷人恨不消。有人堪出眾，無衣懶出門。公道世間唯白髮，貴人頭上不曾饒。為官須作相，及第必爭先。苗從地發，樹由枝分。父子親而家不退，兄弟和而家不分。官有公法，民有私約。閒時不燒香，急時抱佛腳。幸生太平無事日，恐防年老不多時。國亂思良將，家貧思賢妻。池塘積水須防旱，田土深耕足養家。根深不怕風搖動，樹正何愁月影斜。學在一人之下，用在萬人之上。一字為師，終身如父。忘恩負義，禽獸之徒。勸君莫將油炒菜，留與兒孫夜讀書。書中自有千鍾粟，書中自有顏如玉。莫怨天來莫怨人，五行八字命生成。莫怨自己窮，窮要窮得乾淨；莫羨他人富，富要富得清高。別人騎馬我騎驢，仔細思量我不如，等我回頭看，還有挑腳漢。路外有飢人，家中有剩飯，積德與兒孫，要廣行方便。作善鬼神欽，作惡遭天譴。積錢積穀不如積德，買田買地不如買書。一日春工十日糧，十日春工半年糧。疏懶人沒吃，勤儉糧滿倉。人親財不親，財利要分清。十分伶俐使七分，常留三分與兒孫，若要十分都使盡，遠在兒孫近在身。君子樂得做君子，小人枉自做小人。好學者則庶民之子為公卿，不好學者則公卿之子為庶民。惜錢莫教子，護短莫從師。記得舊文章，便是新舉子。人在家是中坐，禍從天上落。但求心無愧，不怕有後災。只有和氣去迎人，那有相打得太平？忠厚自有忠厚報，豪強一定受官刑。人到公門正好修，留些陰德在後頭。為人何必爭高下，一旦無命萬事休。山高不算高，人心比天高，白水變酒賣，還嫌豬無糟。貧寒休要怨，富貴不須驕。善惡隨人作，禍福自己招。奉勸君子，各宜守己，只此呈示，萬無一失。

# 附錄二 ——《小窗幽記》精華

## 小窗幽記卷一集醒

1. 倚才高而玩世，背後須防射影之蟲；飾厚貌以欺人，面前恐有照膽之鏡。
2. 花繁柳密處，撥得開，才是手段；風狂雨急時，立得定，方見腳跟。
3. 澹泊之守，須從秾豔場中試來；鎮定之操，還向紛紜境上勘過。
4. 不近人情，舉世皆畏途；不察物情，一生俱夢境。
5. 議事者身在事外，宜悉利害之情；任事者身居事中，當忘利害之慮。
6. 天薄我福，吾厚吾德以迓之；天勞我形，吾逸吾心以補之；天阨我遇，吾亨吾道以通之。
7. 事窮勢蹙之人，當原其初心；功成行滿之士，要觀其末路。
8. 居盈滿者，如水之將溢未溢，切忌再加一滴；處危急者，如木之將折未折，切忌再加一搦。
9. 甘人之語，多不論其是非；激人之語，多不顧其利害。
10. 為惡而畏人知，惡中猶有善念；為善而急人知，善處即是惡根。
11. 貪得者，身富而心貧；知足者，身貧而心富；居高者，形逸而神勞；處下者，形勞而神逸。
12. 天欲禍人，必先以微福驕之，要看他會受；天欲福人，必先以微禍儆之，要看他會救。
13. 世人破綻處，多從周旋處見；指摘處，多從愛護處見；艱難處，多從貪戀處見。
14. 待富貴人，不難有禮，而難有體；待貧賤人，不難有恩，而難有禮。
15. 山棲是勝事，稍一縈戀，則亦市朝；書畫賞鑑是雅事，稍一貪痴，則亦商賈；詩酒是樂事，少一徇人，則亦地獄；好客是豁達事，一為俗子所撓，則亦苦海。

16. 從極迷處識迷，則到處醒；將難放懷一放，則萬境寬。
17. 大事難事，看擔當;逆境順境，看襟度;臨喜臨怒，看涵養，群行群止，看識見。
18. 安詳是處事第一法，謙退是保身第一法，涵容是處人第一法，灑脫是養心第一法。
19. 良心在夜氣清明之候，真情在簞食豆羹之間。故以我索人，不如使人自反；以我攻人，不如使人自露。
20. 才人經世，能人取世，曉人逢世，名人垂世，高人出世，達人玩世。
21. 天下無不好諛之人，故諂之術不窮；世間盡是善毀之輩，故讒之路難塞。
22. 佛只是個了，仙也是個了，聖人了了不知了。不知了了是了了，若知了了，便不了。
23. 善默即是能語，用晦即是處明，混俗即是藏身，安心即是適境。
24. 處事不可不斬截，存心不可不寬舒，待己不可不嚴明，與人不可不和氣。
25. 居不必無惡鄰，會不必無損友，唯在自持者兩得之。
26. 無事便思有閒雜念頭否，有事便思有粗浮意氣否；得意便思有驕矜辭色否，失意便思有怨望情懷否。時時檢點得到，從多入少。從有入無，才是學問的真消息。
27. 透得名利關，方是小休歇；透得生死關，方是大休歇。
28. 揮灑以怡情，與其應酬，何如兀坐；書禮以達情，與其工巧，何若直陳；棋局以適情，與其競勝，何若促膝；笑談以怡情，與其謔浪，何若狂歌。
29. 事忌脫空，人怕落套。

30. 佳思忽來，書能下酒；俠情一往，雲可贈人。
31. 平生不作皺眉事，天下應無切齒人。
32. 能脫俗便是奇，不合汙便是清。
33. 真放肆不在飲酒高歌，假矜持偏於大庭賣弄；看明世事透，自然不重功名；認得當下真，是以常尋樂地。
34. 人生待足，何時足；未老得閒，始是閒。
35. 事理因人言而悟者，有悟還有迷，總不如自悟之了了；意興從外境而得者，有得還有失，總不如自得之休休。
36. 有譽於前，不若無毀於後；有樂於身，不若無憂於心。
37. 撥開世上塵氣，胸中自無火炎冰兢；消卻心中鄙吝，眼前時有月到風來。
38. 貧不足羞，可羞是貧而無志；賤不足惡，可惡是賤而無能；老不足嘆，可嘆是老而虛生；死不足悲，可悲是死而無補。
39. 昨日之非不可留，留之則根燼復萌，而塵情終累乎理趣；今日之是不可執，執之則渣滓未化，而理趣反轉為欲根。

## 小窗幽記卷二集情

40. 幾條楊柳，沾來多少啼痕；三疊陽關，唱徹古今離恨。
41. 花柳深藏淑女居，何殊弱水三千；雨雲不入襄王夢，空憶十二巫山。
42. 豆蔻不消心上恨，丁香空結雨中愁。
43. 野花豔目，不必牡丹，村酒酣人，何須綠蟻。
44. 妙唱非關古，多情豈在腰。
45. 當場笑語，盡如形骸外之好人；背地風波，誰是意氣中之烈士。
46. 陌上繁華，兩岸春風輕柳絮；閨中寂寞，一窗夜雨瘦梨花。

47. 良緣易合，紅葉亦可為媒；知己難投，白璧未能獲主。
48. 無端飲卻相思水，不信相思想殺人。

## 小窗幽記卷三集峭

49. 閒到白頭真是拙，醉逢青眼不知狂。
50. 有大通必有大塞，無奇遇必無奇窮。
51. 一失腳為千古恨，再回頭是百年人。
52. 平民種德施惠，是無位之卿相；仕夫貪財好貨，乃有爵的乞人。
53. 蒼蠅附驥，捷則捷矣，難辭處後之羞；蔦蘿依松，高則高矣，未免仰攀之恥。所以君子寧以風霜自挾，毋為魚鳥親人。
54. 有面前之譽易，無背後之毀難；有乍交之歡易，無久處之厭難。
55. 宇宙內事，要力擔當，又要善擺脫。不擔當，則無經世之事業，不擺脫，則無出世之襟期。
56. 無事如有事時堤防，可以弭意外之變；有事如無事時鎮定，可以銷局中之危。
57. 要做男子，須負剛腸，欲學古人，當堅苦志。
58. 人不通古今，襟裾馬牛；士不曉廉恥，衣冠狗彘。
59. 名山乏侶，不解壁上芒鞋；好景無詩，虛攜囊中錦字。
60. 傲骨、俠骨、媚骨，即枯骨可致千金；冷語、雋語、韻語，即片語亦重九鼎。

## 小窗幽記卷四集靈

61. 事遇快意處當轉，言遇快意處當住。
62. 眼裡無點灰塵，方可讀書千卷；胸中沒些渣滓，才能處世一番。
63. 眉上幾分愁，且去觀棋酌酒；心中多少樂，只來種竹澆花。
64. 人生莫如閒，太閒反生惡業；人生莫如清，太清反類俗情。
65. 閉門閱佛書，開門接佳客，出門尋山水，此人生三樂。
66. 不作風波於世上，自無冰炭到胸中。
67. 完得心上之本來，方可言了心；盡得世間之常道，才堪論出世。
68. 必出世者，方能入世，不則世緣易墮；必入世者，方能出世，不則空趣難持。
69. 閉門即是深山，讀書隨處淨土。
70. 聞人善則疑之，聞人惡則信之，此滿腔殺機也。
71. 打透生死關，生來也罷，死來也罷；參破名利場，得了也好，失了也好。
72. 人勝我無害，彼無蓄怨之心；我勝人非福，恐有不測之禍。
73. 成名每在窮苦日，敗事多因得志時。
74. 天下可愛的人，都是可憐人；天下可惡的人，都是可惜人。
75. 有書癖而無剪裁，徒號書廚；唯名飲而少醞藉，終非名飲。
76. 長於筆者，文章即如言語；長於舌者，言語即成文章。昔人謂「丹青乃無言之詩，詩句乃有言之畫」；余則欲丹青似詩，詩句無言，方許各臻妙境。

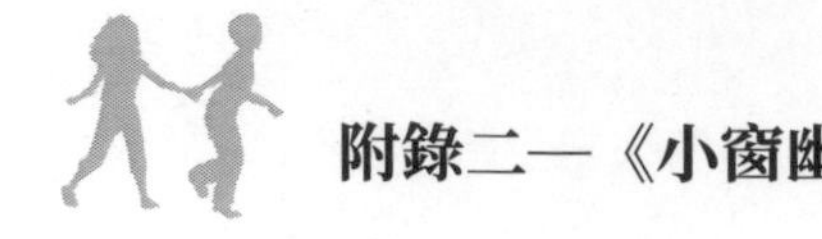



## 小窗幽記卷五集素

77. 田園有真樂，不瀟灑終為忙人；誦讀有真趣，不玩味終為鄙夫；山水有真賞，不領會終為漫遊；吟詠有真得，不解脫終為套語。
78. 居處寄吾生，但得其地，不在高廣；衣服被吾體，但順其時，不在紈綺；飲食充吾腹，但適其可，不在膏粱；宴樂修吾好，但致其誠，不在浮靡。
79. 帶雨有時種竹，關門無事鋤花；拈筆閒刪舊句，汲泉幾試新茶。
80. 但看花開落，不言人是非。
81. 鄙吝一銷，白雲亦可贈客；渣滓盡化，明月自來照人。
82. 磨墨如病兒，把筆如壯夫。
83. 流年不復記，但見花開為春，花落為秋；終歲無所營，唯知日出而作，日入而息。
84. 若想錢，而錢來，何故不想；若愁米，而米至，人固當愁。曉起依舊貧窮，夜來徒多煩惱。
85. 人生自古七十少，前除幼年後除老。中間光景不多時，又有陰晴與煩惱。到了中秋月倍明，到了清明花更好。花前月下得高歌，急須漫把金樽倒。世上財多賺不盡，朝裡官多做不了。官大錢多身轉勞，落得自家頭白早。請君細看眼前人，年年一分埋青草。草裡多多少少墳，一年一半無人掃。
86. 守恬淡以養道，處卑下以養德，去嗔怒以養性，薄滋味以養氣。
87. 會得個中趣，五湖之煙月盡入寸衷：破得眼前機，千古之英雄都歸掌握。
88. 心事無不可對人語，則夢寐俱清；行事無不可使人見，則飲食俱健。

## 小窗幽記卷六集景

89. 山經秋而轉淡，秋入山而倍清。
90. 山居有四法：樹無行次，石無位置，屋無宏肆，心無機事。
91. 遠山宜秋，近山宜春，高山宜雪，平山宜月。

## 小窗幽記卷七集韻

92. 有花皆刺眼，無月便攢眉，當場得無妒我；花歸三寸管，月代五更燈，此事何可語人？
93. 機息便有月到，風來不必苦海。人世心遠，自無車塵馬跡，何須痼疾丘山？
94. 與梅同瘦，與竹同清，與柳同眠，與桃李同笑，居然花裡神仙；與鶯同聲，與燕同語，與鶴同唳，與鸚鵡同言，如此話中知己。
95. 生平願無恙者四：一曰青山，一曰故人，一曰藏書，一曰名草。

## 小窗幽記卷八集奇

96. 君子不傲人以不如，不疑人以不肖。
97. 讀諸葛武侯〈出師表〉而不墮淚者，其人必不忠；讀韓退之〈祭十二郎文〉而不墮淚者，其人必不友。
98. 人生不得行胸懷，雖壽百歲，猶夭也。
99. 論名節，則緩急之事小；較生死，則名節之論微。但知為餓夫以採南山之薇，不必為枯魚以需西江之水。

## 小窗幽記卷九集綺

100. 昔人有花中十友：桂為仙友，蓮為淨友，梅為清友，菊為逸友，海棠名友，荼蘼韻友，瑞香殊友，芝蘭芳友，臘梅奇友，梔子禪友。昔人有禽中五客：鷗為閒客，鶴為仙客，鷺為雪客，孔雀南客，鸚鵡隴客。會花鳥之情，真是天趣活潑。
101. 到來都是淚，過去即成塵。

## 小窗幽記卷十集豪

102. 驥雖伏櫪，足能千里；鵠即垂翅，志在九霄。
103. 不能用世而故為玩世，只恐遇著真英雄；不能經世而故為欺世，只好對著假豪傑。
104. 交友須帶三分俠氣，作人要存一點素心。
105. 管城子無食肉相，世人皮相何為；孔方兄有絕交書，今日盟交安在。
106. 忍到熟處則憂患消，談到真時則天地贅。
107. 敢於世上放開眼，不向人間浪皺眉。

## 小窗幽記卷十一集法

108. 一心可以交萬友，二心不可以交一友。
109. 凡事留不盡之意則機圓，凡物留不盡之意則用裕，凡情留不盡之意則味深，凡言留不盡之意則致遠，凡興留不盡之意則趣多，凡才留不盡之意則神滿。
110. 有世法，有世緣，有世情。緣非情，則易斷；情非法，則易流。
111. 莫行心上過不去事，莫存事上行不去心。

112. 白沙在泥，與之俱黑，漸染之習久矣；他山之石，可以攻玉，切磋之力大焉。

113. 用人不宜刻，刻則思效者去；交友不宜濫，濫則貢諛者來。

114. 事係幽隱，要思回護他，著不得一點攻訐的念頭；人屬寒微，要思矜禮他，著不得一毫傲睨的氣象。

115. 昨日之非不可留，留之則根燼復萌，而塵情終累乎理趣：今日之是不可執，執之則渣滓未化，而理趣反轉為欲根。

116. 精神清旺，境境都有會心；志氣昏愚，處處俱成夢幻。

## 小窗幽記卷十二集倩

117. 書者喜談畫，定能以畫法作書；酒人好論茶，定能以茶法飲酒。

118. 醫俗病莫如書，贈酒狂莫如月。

119. 美女不尚鉛華，似疏雲之映淡月；禪師不落空寂，若碧沼之吐青蓮。

120. 高士豈盡無染？蓮為君子，亦自出於汙泥；丈夫但論操持，竹作正人，何妨犯以霜雪。

# 出社會太久，一片冰心成黑心？
## 掃除幽暗心靈，笑看人生苦難事，讓古人帶你上一堂為人處世的必修課

編　著：恩維，老泉
發行人：黃振庭
出版者：崧燁文化事業有限公司
發行者：崧燁文化事業有限公司
E-mail：sonbookservice@gmail.com
粉絲頁：https://www.facebook.com/sonbookss/
網　址：https://sonbook.net/
地　址：台北市中正區重慶南路一段六十一號八樓 815 室
Rm. 815, 8F., No.61, Sec. 1, Chongqing S. Rd., Zhongzheng Dist., Taipei City 100, Taiwan
電　話：(02)2370-3310
傳　真：(02)2388-1990
印　刷：京峯彩色印刷有限公司（京峰數位）
律師顧問：廣華律師事務所 張珮琦律師



定　價：375 元
發行日期：2023 年 03 月第一版
◎本書以 POD 印製

**國家圖書館出版品預行編目資料**

出社會太久，一片冰心成黑心？掃除幽暗心靈，笑看人生苦難事，讓古人帶你上一堂為人處世的必修課 / 恩維，老泉 編著 . -- 第一版 . -- 臺北市 : 崧燁文化事業有限公司 , 2023.03
面；　公分
POD 版
ISBN 978-626-357-090-0( 平裝 )
1.CST: 修身
192.1　　112000210

電子書購買

臉書